寅恪
陳寅恪印

陳寅恪集

讀書札記一集

生活·讀書·新知三聯書店

圖書在版編目（CIP）數據

陳寅恪集．讀書札記一集／陳寅恪著．—3 版．—北京：生活 · 讀書 · 新知三聯書店，2015.7 （2021.7 重印）
ISBN 978－7－108－05407－4

Ⅰ．①陳… Ⅱ．①陳… Ⅲ．①陳寅恪（1890 ~ 1969）－文集 ②中國歷史－史籍研究－文集 Ⅳ．① C52 ② K204−53

中國版本圖書館 CIP 數據核字（2015）第 131981 號

封面所用拓片文字節自一九二九年立於清華大學內王國維紀念碑碑銘（陳寅恪撰文，林志鈞書丹）

陳寅恪集編者 陳美延
責任編輯 孫曉林 潘振平
封扉設計 陸智昌
版式設計 寧成春
責任印制 董歡
出版發行 生活 · 讀書 · 新知 三聯書店
（北京市東城區美術館東街二十二號）
郵編 一〇〇〇一〇
經銷 新華書店
印刷 北京新華印刷有限公司
版次 二〇〇一年九月北京第一版
二〇〇九年九月北京第二版
二〇一五年七月北京第三版
二〇二一年七月北京第十次印刷
開本 六三五毫米×九六五毫米 十六開
印數 三五，五〇一－四〇，五〇〇冊
字數 四〇三千字 印張 四十一．二五
定價 一百五十元

出版說明

陳寅恪（一八九〇——一九六九），江西修水人。早年留學日本及歐美，先後就讀於德國柏林大學、瑞士蘇黎世大學、法國巴黎高等政治學校和美國哈佛大學。一九二五年受聘清華學校研究院導師，回國任教。後任清華大學中文、歷史系合聘教授，兼任中央研究院理事、歷史語言研究所研究員、第一組主任及故宮博物院理事等，其後當選為中央研究院院士。一九三七年「蘆溝橋事變」後挈全家離北平南行，先後任教於西南聯合大學、香港大學、廣西大學和燕京大學。一九四四年被選為英國科學院通訊院士。一九四二年後為教育部聘任教授。一九四六年回清華大學任教。一九四八年南遷廣州，任嶺南大學教授，一九五二年後為中山大學教授。一九五五年後并為中國科學院哲學社會科學學部委員。

陳寅恪集十三種十四冊，收入了現在所能找到的作者全部著述。其中寒柳堂集、金明館叢稿初編、金明館叢稿二編、隋唐制度淵源略論稿、唐代政治史述論稿、元白詩箋證稿、柳如是別傳七種，八十年代曾由上海古籍出版社出版。此次出版以上海古籍版為底本（隋唐制度淵源略論稿、唐代政治史述論稿二書原據三聯書店一九五七年版重印），內容基本不變。惟寒柳堂集增補了「寒柳堂記夢未定稿（補）」一文。詩集（原名陳寅恪詩集附唐篔詩存）和讀書札記一集（原名陳寅恪讀書札記舊唐書新唐書之部）八九十年代分別由清華大學出版社和上海古籍出版社出版，此次出版均有增補。書信集、讀書札記二集、讀書札記三集、講義及雜稿四種均為新輯。全書編輯體例如下：

一、所收內容，已發表的均保持發表時的原貌。經作者修改過的論著，則採用最後的修改本。未刊稿主要依據作者手跡錄出。

二、本集所收已刊、未刊著述均予校訂，凡體例不一或訛脫倒衍文字皆作改正。引文一般依現行點校本校核，如二十四史、資治通鑑等。尚無點校本行世的史籍史料，大多依通行本校核。少量作者批語、論述係針對原版本而來，則引文原貌酌情予以保留。以上改動均不出校記。

三、凡已刊論文、序跋、書信等均附初次發表之刊物及時間，未刊文稿盡量注明寫作時間。

四、根據作者生前願望，全書採用繁體字豎排。人名、地名、書名均不加符號注明。一般採用通行字，保留少數異體字。引文中凡為閱讀之便而補入被略去的內容時，補入文字加〔 〕，凡屬作者說明性文字則加（ ）。原稿不易辨識的文字以□示之。

陳寅恪集的出版曾得到季羡林、周一良、李慎之先生的指點，並獲得海內外學術文化界人士的熱情相助。在此，謹向所有關心、支持和參與了此項工作的朋友表示衷心的感謝，並誠懇地希望廣大讀者批評指正。

生活·讀書·新知三聯書店二〇〇〇年十二月

陳寅恪集總目

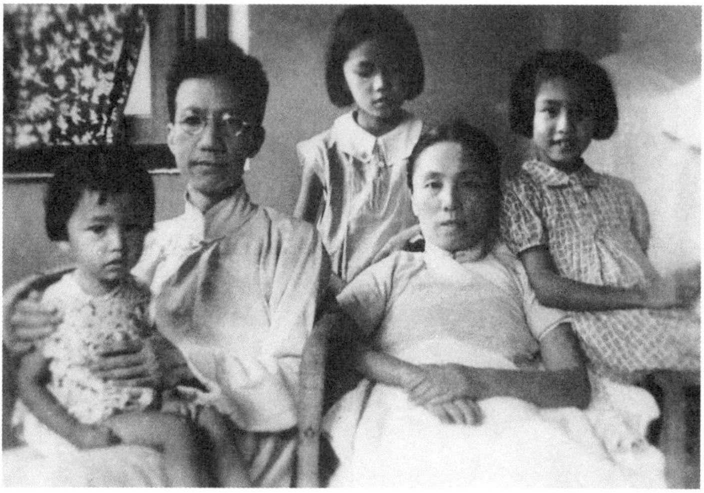

全家攝於香港九龍寓所，時唐篔大病初癒

一九三九年暑假

攝於廣州中山大學東南區一號樓上
寓所陽臺
一九五九年

陳寅恪夫婦與幼女美延攝於廣州中山大學
一九六〇年暑假

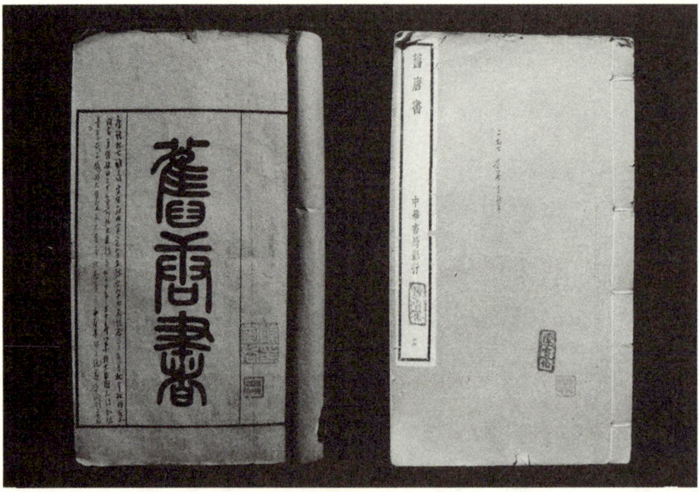

陳寅恪批校之舊唐書封面、扉頁

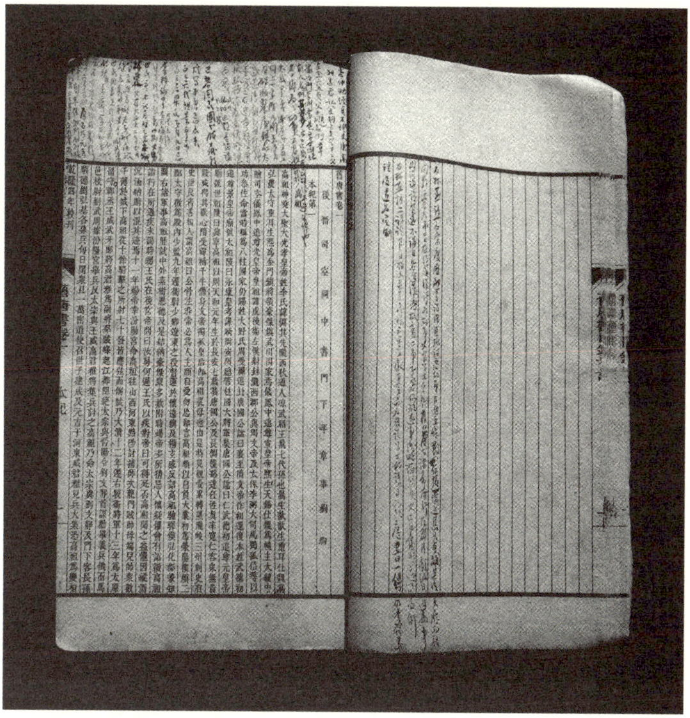

陳寅恪寫有批語之舊唐書卷一首頁

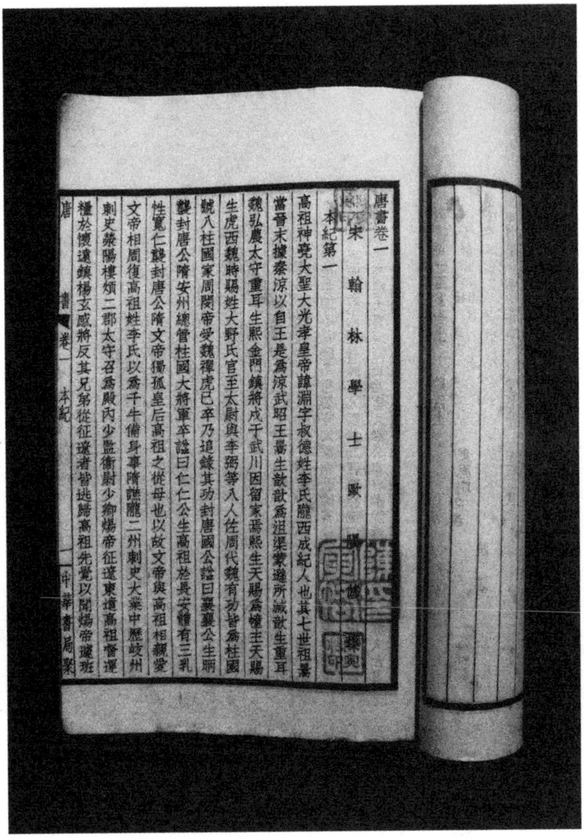
唐書卷一
宋　翰　林　學　士　歐　陽
本紀第一
高祖神堯大聖大光孝皇帝諱淵字叔德姓李氏隴西成紀人也其七世祖暠當晉末據秦涼以自王是爲涼武昭王暠生歆歆爲沮渠蒙遜所滅歆生重耳魏弘農太守重耳生熙金門鎮將戍于武川因留家焉熙生天賜爲幢主天賜生虎西魏時賜姓大野氏官至太尉與李弼等八人佐周代魏有功皆爲柱國號八柱國家周閔帝受魏禪虎已卒乃追錄其功封唐國公謚曰襄襄公生昞襲封唐公隋安州總管柱國大將軍卒謚曰仁仁公生高祖於長安體有三乳性寬仁襲封唐公隋文帝獨孤皇后高祖之從母也以故文帝與高祖相親愛文帝相周復高祖姓李氏以爲千牛備身事隋譙隴二州刺史大業中歷岐州刺史滎陽樓煩二郡太守召爲殿內少監衛尉少卿煬帝征遼東遣高祖督運糧於懷遠鎮楊玄感將反其兄弟從征遼者皆逃歸高祖先覺以聞煬帝遽班
唐書卷一本紀　一　中華書局聚

陳寅恪批校之新唐書卷一首頁

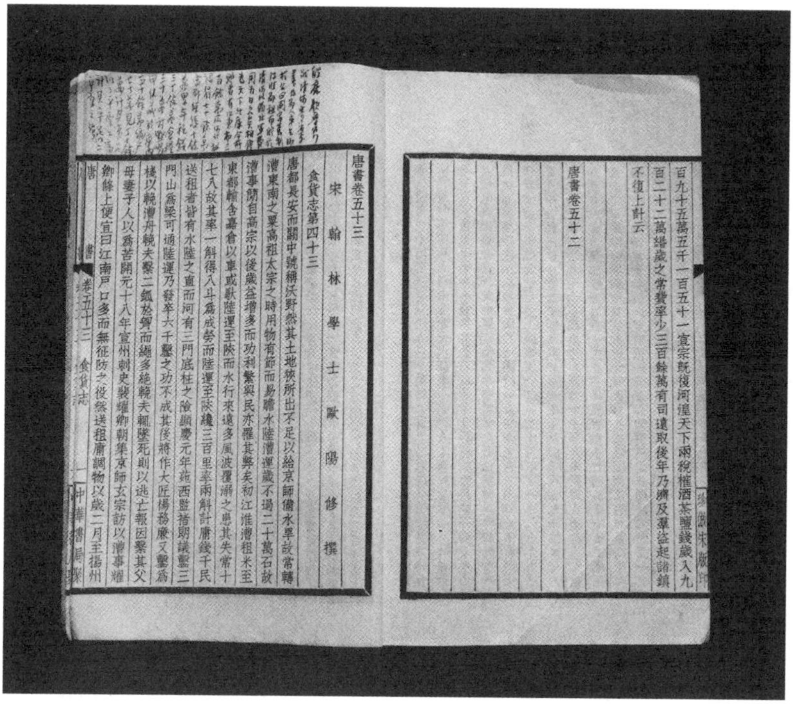

陳寅恪寫有批語之新唐書食貨志首頁

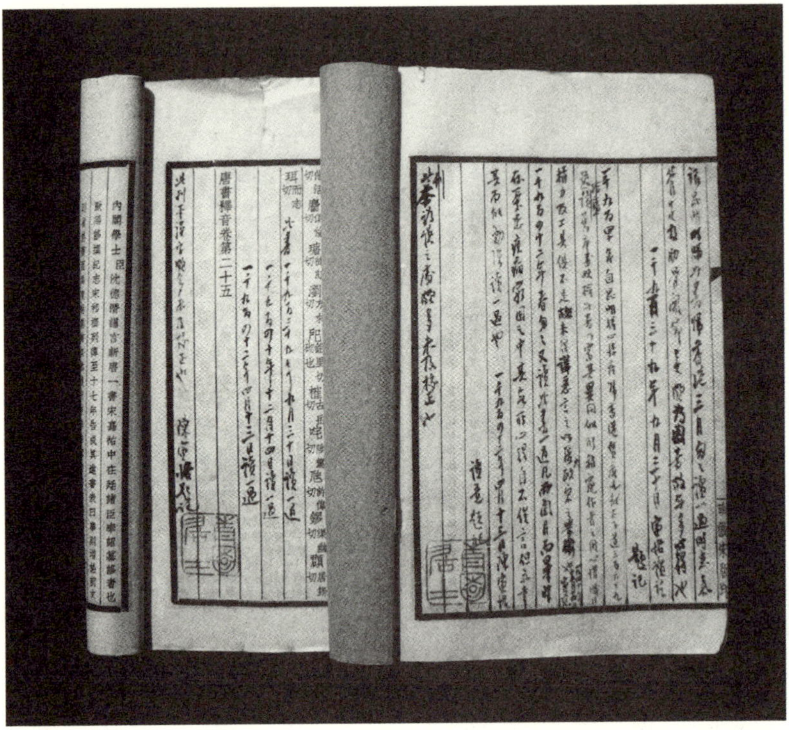

新唐書陳寅恪讀訖題記

目次

陳寅恪先生讀書札記弁言

寅恪先生生平讀書，有圈點，誌其行文脈絡鰓理；有校勘，對本校或意校其譌誤；有批語，眉批或行間批。批校最多且最不易整理之書，為梁慧皎高僧傳初集，其批校字跡之細小幾如毫髮之難於辨識，為所見先生批校書中最難於爬梳者。

今存所見先生批校書，凡史記、漢書、後漢書、晉書、後漢紀、舊唐書、新唐書（四部備要本）、資治通鑑考異、人物志、酉陽雜俎、唐律疏議、列子沖虛至德真經、高僧傳初集、二集、三集、唐人小說集（汪辟疆校録本）等共十六種。史漢三史及舊唐書，均竹簡齋光連紙印本，其他，大都四部叢刊初編本。他若三國志一書，昔年余假之師攜往瀋陽，九一八之難失之。時余在瀋陽北陵第三高中任教，事變發生後須步行至皇姑屯車站始可上火車，因將所攜書並先生書及家藏朱尊霖公（樞祖母之曾祖父，乾隆間官瑞州知府）手書册葉和皮大衣等，裝黑皮箱中，託友人庋存東北大學某幢樓三樓中，後為人破窗將箱盜去。別有武强賀氏刊本韓翰林集一厚册，剛主假去不還，聞已歸北京社會科學院圖書館。劉賓客集一册（商務林紓評選本）、陸宣公奏議一册（商務國學基本叢書本），今所能見寅恪先生批校書，僅上述十八種而已（合下列三種，共二十一種）。

先生生平讀書，用思之細，達於無間，常由小以見其大，復由大以歸於細；讀者倘能由小以見其大，斯得之矣。先生讀書，用思綿密，用語雅雋，立言不多而能發人深省。所記，大抵申抒己見，或取新材料補證舊史；或考校異同，與前賢札記之以鋪叙例證得出結論者，頗異其趣。將來先生書出，對於未來學術界將有深遠影響，可預卜也。

綜觀先生批校書，上述二十一種，不及什之一；他若長沙大火失去之書，其中當多有批校本。而最為巨大之損失，在先生任教昆明時，由他人代交滇越鐵路轉運之兩大木箱中外圖籍，全部為越南人盗去(另以滿裝磚塊之兩大木箱換走)。聞其中僅世說新語一書，即有批校本數部之多。

先生生平所著書，大多取材於平素用力甚勤之筆記，其批校特密者往往即後來著書之藍本。以故，長沙及滇越鐵路失去之書，無異間接減少先生著述若干種。竊意先生初聞失書時，當有不眠之夜也。後來先生居粤時，有學生梁秩風，在河内購得先生批校之舊五代史一書，本想寄粤，因越南人禁書出境，致終燬於河内大火。文化之不幸有如是歟！

一九八七年九月及門蔣天樞敬撰時值第三屆教師節

舊唐書之部

後晉　劉昫　等撰

竹簡齋影印殿本，一九二三年
上海中華書局印行

目次

（録者注：批於舊唐書卷一之前空頁處）

石林燕語一

仁宗慶曆初，嘗詔儒臣檢討唐故事，日進五條，數諭近臣以為有補。其後久廢。元祐間，蘇子容為承旨，在經筵復請如故事，史官學士采新舊唐書諸帝所行，及羣臣獻納，日進數事。因詔講讀官，遇不講日，各進漢唐故實二事。子容仍於逐事後，略論得失大旨。當時遂以為例。

石林燕語二

講讀官自楊文莊等後條云：

宋宣獻夏文莊為侍讀學士，始請讀唐書一傳，仍參釋義理。後遂為定制。

卷一　本紀第一　高祖

高祖神堯大聖大光孝皇帝姓李氏，諱淵。

岑仲勉續貞石證史唐高祖造象記（史料與史學下二百六十七頁），同書一百六十五頁父子同名例章。據此則李淵當是字世淵。北朝人名，此例甚多，亦足徵李氏習於胡俗，不避父諱也。李綽尚書故實云：「高祖太武皇帝本名與文皇同上一字，後乃刪去。嘗有碑版，鑿處俱在。太武是陵廟玉册所稱，神堯乃母后追尊。顏公曾抗疏極論，為袁傪所沮而寢。」此疑是論謚法。巴黎國民圖書館藏敦煌寫本唐忌辰表：「皇六代祖景皇帝皇后梁氏，五月九日忌。」金石萃編四十有大業元年大海寺唐高祖造象記，只題「鄭州刺史男世民」云云，未記高祖之名，不能斷定。又有大業二年正月八日立唐高祖為子祈疾疏，題為「鄭州刺史李淵為男世民，因患病先於此寺求仙」云云。但據耒齋金石刻考略云：「石方廣尺許，在鄠縣草堂寺，非原石，乃元寺僧重刻，未佳。」然則不能據今本以斷定其有無鑿改可知也。

〔武德元年〕八月丁亥，又詔曰：「隋右驍衛大將軍李金才、左光禄大夫李敏，並鼎族高門，元功世胄，横受屠殺，朝野稱寃。然李氏將興，天祚有應，冥契深隱，妄肆誅夷。朕受命君臨，志存刷蕩，申寃旌善，無忘寤寐。金才可贈上柱國、申國公，敏可贈柱國、觀國公。又前代酷濫，子孫被流者，並放還鄉里。」

大約周、隋李賢、李穆族最盛，所以當時有「李氏將興」之說。

〔二年〕秋七月壬申，置十二軍，以關内諸府分隸焉。

關中府軍。

〔四年春正月〕辛巳，命皇太子總統諸軍討稽胡。

稽胡。

〔九年〕夏五月辛巳，以京師寺觀不甚清淨，詔曰：「乃有猥賤之侶，規自尊高；浮惰之人，苟避徭役。妄爲剃度，託號出家，嗜欲無厭，營求不息。……諸僧、尼、道士、女冠等，有精勤練行、守戒律者，並令大寺觀居住，給衣食，勿令乏短。其不能精進、戒行有闕、不堪供養者，並令罷遣，各還桑梓。所司明爲條式，務依法教，違制之事，悉宜停斷。京城留寺三所，觀二所。其餘天下諸州，各留一所。餘悉罷之。」事竟不行。

昌黎所謂「齊民逃賦役，高士著幽禪」者也。

卷二　本紀第二　太宗上

太宗文武大聖大廣孝皇帝諱世民，高祖第二子也。母曰太穆順聖皇后竇氏，隋開皇十八年十二月戊午生於武功之別館。及高祖之守太原，太宗時年十八。〔武德〕九年八月癸亥，詔傳位於皇太子，太宗即位於東宫顯德殿。貞觀元年春正月乙酉，改元。

唐會要一帝王門，本書七十二虞世南傳，貞觀政要慎終篇。

太宗曰：「昔蕭王推赤心置人腹中，並能畢命，今委任敬德，又何疑也？」

白氏新樂府七德舞「速在推心置人腹」本此，不僅用漢光武典故也。

〔貞觀元年八月〕是月關東及河南、隴右沿邊諸州霜害秋稼。

霜儉。

〔貞觀二年八月〕是月，河南、河北大霜，人餓。

霜儉。

卷三　本紀第三　太宗下

〔貞觀六年〕十二月辛未，親録囚徒，歸死罪者二百九十人于家，令明年秋末就刑。其後應期畢至，詔悉原之。

見新書刑法志。

〔十一年六月〕己未，定制諸王爲世封刺史。

本書六四荆王元景傳。

〔十三年〕夏四月戊寅，幸九成宮。甲申，阿史那結社爾犯御營，伏誅。秋八月庚辰，立右武侯大將軍、化州都督、懷化郡王李思摩爲突厥可汗，率所部建牙于河北。冬十月甲申，至自九成宮。

參本書突厥傳、房玄齡傳、于志寧傳、承乾傳及新書承乾傳、通典邊防典突厥條。

〔十七年〕秋七月庚辰，京城訛言云：「上遣棖棖取人心肝，以祠天狗。」遞相驚悚。上遣使遍加宣諭，月餘乃止。

天狗，日本所傳，當由唐代輸入。

〔十八年〕十一月壬寅，車駕至洛陽宮。庚子，命太子詹事、英國公李勣爲遼東道行軍總管，出柳城，禮部尚書、江夏郡王道宗副之；刑部尚書、鄖國公張亮爲平壤道行軍總管，以舟師出萊州，左領軍常何、瀘州都督左難當副之。發天下甲士，召募十萬，並趣平壤，以伐高麗。十二月辛丑，庶人承乾死。

是年十二月辛丑朔，而承乾死于十二月壬寅，蓋「辛丑」下有奪文誤連之故也。

〔二十年〕九月甲辰，鐵勒諸部落俟斤頡利發等遣使相繼而至靈州者數千人，來貢方物，因請置吏，咸請至尊爲可汗。

至尊為可汗。

史臣曰：若文皇自定儲於哲嗣，不騁志於高麗，用人如貞觀之初，納諫比魏徵之日。況周發、周成之世襲，我有遺妍；較漢文、漢武之恢弘，彼多慚德。迹其聽斷不惑，從善如流，千載可稱，一人而已！

「若」字以下諸句頗妙。

卷四　本紀第四　高宗上

〔永徽六年〕八月尚藥奉御蔣孝璋員外特置，仍同正，員外同正自蔣孝璋始也。

員外同正。

七年春正月辛未，廢皇太子忠爲梁王，立代王弘爲皇太子。壬申，大赦，改元爲顯慶。

顯慶元年。是年正月丙寅朔，壬申為正月七日。

夏四月戊申，御安福門，觀僧玄奘迎御製并書慈恩寺碑文，導從以天竺法儀，其徒甚盛。

玄奘。

〔龍朔元年夏五月丙申〕是日，皇后請禁天下婦人爲俳優之戲，詔從之。

禁婦人為俳優。

卷五　本紀第五　高宗下

〔上元元年〕十二月壬寅，天后上意見十二條，請王公百僚皆習老子，每歲明經一準孝經、論語例試於有司。又請子父在爲母服三年。

此時天后尚無革命意，故仍請崇老子也。子父在為母服三年。

〔三年閏三月〕戊午勑制：「比用白紙，多爲蟲蠹，今後尚書省下諸司州縣宜並用黄紙。」

白紙、黄紙。

卷六　本紀第六　則天皇后

則天皇后武氏諱曌，并州文水人也。太宗聞其美容止，召入宫。大帝於寺見之，復召入宫。進號宸妃。永徽六年，立武宸妃爲皇后。高宗稱天皇，武后亦稱天后。嗣聖元年二月己未，改元文明。皇太后仍臨朝稱制。九月，改元爲光宅。改尚書省及諸司官名。初置右肅政御史臺官員。

石林燕語五：唐制惟弘文舘、集賢院置學士，宰相得兼條：本朝（宋）改端明（殿學士）為文明（殿學士），以命程羽；自後文明避真宗謚號，改紫宸；既又以紫宸非人臣所稱，改觀文。

龍城録上武居常有身後名條云：武居常，天后高祖也。少時遊洛下，人呼為「猴頰郎」，以居常頤下有鬚若猿頷也。其上有四靨。一日，伊水上遇一丐者，曰：「郎君當有身後名。面骨法當刑，然有女，當八十年後起家暴貴，尋立浸微。」居常不信。後卒如言。丐者豈非異人乎？

〔載初元年七月〕有沙門十人僞撰大雲經，表上之，盛言神皇受命之事。制頒於天下，令諸州各置大雲寺，總度僧千人。九月九日壬午，革唐命，改國號爲周。改元爲天授，大赦天下，賜酺七日。乙酉，加尊號曰聖神皇帝，降皇帝爲皇嗣。

參閱本書一百八十三外戚傳武承嗣傳附薛懷義傳。

〔載初二年〕秋七月，徙關内雍、同等七州户數十萬以實洛陽。

徙關中户以實洛陽。

〔聖曆三年秋七月〕壬寅,制曰:「隋尚書令楊素,昔在本朝,早荷殊遇。稟凶邪之德,有諂佞之才,惑亂君上,離間骨肉。摇動冢嫡,寧唯掘蠱之禍;誘扇後主,卒成請蹯之釁。隋室喪亡,蓋惟多僻,究其萌兆,職此之由。生爲不忠之人,死爲不義之鬼,身雖幸免,子竟族誅。斯則姦逆之謀,是爲庭訓;險薄之行,遂成門風。刑戮雖加,枝胤仍在,何得肩隨近侍、齒列朝行?朕接統百王,恭臨四海,上嘉賢佐,下惡賊臣。常欲從容於萬機之餘,褒貶於千載之外,况年代未遠,耳目所存者乎!其楊素及兄弟子孫已下,並不得令任京官及侍衛。」

此武后與其外家楊氏之關係,非僅因楊元禧忤張易之之故也。參本書七十七楊纂傳附元禧傳,新書一百六楊弘禮傳附元禧傳。

新書一百、本書六十二楊恭仁附執柔傳:恭仁,隋司空、觀王雄之長子也。恭仁弟續。續孫執柔,則天時為地官尚書,則天以外氏近屬,甚優寵之。時武承嗣、攸寧相次知政事,則天嘗曰:「我令當宗及外家,常一人為宰相。」由是執柔同中書門下三品。

參閱新書二百六、本書一百八十三外戚傳及新書一百一、本書六十三蕭瑀傳。

參閱本書一百八十四宦官傳、新書二百七宦者傳楊復光傳。參志磐佛祖統紀三十九法運通塞志十七之六,唐彦悰集卷三沙門不應拜俗等事,卷六道宣上榮國夫人楊氏請論不合拜親啓,卷五賀蘭敏之議狀主應拜君親,此與榮國夫人異趣,此其所以終得罪於則天之故歟?

沙州文録大雲無想經疏殘本，大般涅槃經二十梵行品第八之七阿闍世王弑父事，隋書一高祖本紀，北史十一隋本紀，本書一百五、新書一百三十四楊慎矜傳。

〔大足二年〕冬十月，日本國遣使貢方物。

大足二年，日本國來貢。

卷七　本紀第七　中宗　睿宗

〔神龍二年十二月〕甲申，募能斬默啜者，封授諸大衛大將軍。

此郝靈荃所以嫌賞薄也。

卷八　本紀第八　玄宗上

〔唐隆元年〕七月己巳，睿宗御承天門，皇太子詣朝堂受册。是日有景雲之瑞，改元爲景雲。

當時年號唐隆，故避太子諱改也。

〔開元二十年〕九月乙巳，中書令蕭嵩等奏上開元新禮一百五十卷，制所司行用之。

開元禮。

〔二十二年〕八月，先是駕至東都，遣侍中裴耀卿充江淮、河南轉運使，河口置輸場。壬寅，於輸場東置河陰縣。又遣張九齡於許、豫、陳、亳等州置水屯。

通鑑考異云：舊紀作「充江淮以南回造使」。檢岑本勘校記，亦無「回造使」之文，俟考。惟新唐書六二宰相表中開元二十二年八月耀卿為江淮以南回造使，蓋本之實録。

〔二十二年九月〕辛巳，移登州平海軍於海口安置。

玉海引地理以為海運，是也。

〔開元二十四年〕冬十月戊申車駕發東都還西京，丁丑至自東都。

新書卷五及通鑑二百十四皆作「丁卯」，此「丑」字誤。

卷九　本紀第九　玄宗下

〔開元二十六年〕冬十月戊寅，幸温泉宫。

新書有「壬辰，至自温泉宫」之語，應補入。

〔天寶元年冬十月辛丑〕新成長生殿，名曰集靈臺，以祀天神。

長生殿。

〔十五載六月〕壬寅，次散關，分部下爲六軍，潁王璬先行，壽王瑁等分統六軍，前後左右相次。

六軍。

卷十　本紀第十　肅宗

〔天寶十四載六月〕丁酉，至馬嵬頓，六軍不進，請誅楊氏。於是誅國忠，賜貴妃自盡。

六軍。

時從上惟廣平建寧二王及四軍將士纔二千人，自奉天而北。

四軍。

〔至德二載十二月戊午朔〕近日所改百司額及郡名、官名，一依故事。

至德二載十二月戊午，改復官司額及郡名、官名。

〔乾元元年九月〕癸巳，廣州奏大食國、波斯國兵衆攻城，刺史韋利見棄城而遁。

通鑑二百二十肅宗紀乾元元年九月癸巳。

卷十一　本紀第十一　代宗

〔廣德二年九月〕自七月大雨未止，京城米斗值一千文。蝗食田。

京城米斗值一千文。

〔大曆四年〕八月丙申朔。自夏四月連雨至此月，京城米斗八百文。

京城米斗八百文。

〔五年秋七月〕是月，京城斗米千文。

京城米斗千文。

〔九年春正月壬寅〕澧朗兩州鎮遏使、澧州刺史楊猷擅浮江而下，至鄂州。詔許赴汝州，遂泝漢而上，復、郢、襄等州皆閉城拒之。

盧綸詩：「更堪江上鼓鼙聲！」

〔十二年五月〕甲寅，諸道邸務，在上都名曰留後，改爲進奏院。

進奏院。

卷十二　本紀第十二　德宗上

〔大曆十四年六月己亥朔〕，天下進獻，事緣郊祀陵廟所須，依前勿闕，餘並停。己未，揚州每年貢端午日江心所鑄鏡，幽州貢麝香，皆罷之。秋七月庚午，詔：邕州所奏金坑，誠爲潤國，語人以利，非朕素懷，其坑任人開採，官不得禁。辛未，罷右銀臺門客省歲給廩料萬二千斛。癸酉，減宫中服御常貢者千數。己卯，詔王公卿士不得與民争利，諸節度觀察使於揚州置迴易邸，並罷之。庚辰，罷商州歲貢穪膠。辛卯，罷天下榷酒。丁酉，詔國用未給，其宣王已下開府俸料皆罷給。

新書五十一食貨志一末。又通鑑二百二十五大曆十四年七月條。

〔建中元年二月〕癸亥，朱泚兼四鎮北庭行軍、涇原節度使。

趙元一奉天録貳云：（朱）泚以國家府庫之殷，重賞（當有脱文）應在京城公卿家屬，皆月給俸料，以安衆心。泚外賜軍士，中撫班列，兼修戎械之具、攻守器備，費用巨萬。洎泚之敗，而府藏不竭。

〔四年六月庚戌〕凡諸道之軍出境，仰給於度支，謂之食出界糧，月費錢一百三十萬貫。判度支趙贊巧法聚斂，終不能給。至是又税屋，所由吏秉筆持算，入人廬舍而抄計，峻法繩之，愁嘆之聲，徧於天下。

食出界糧。

卷十三　本紀第十三　德宗下

〔貞元四年春〕改左右射生爲左右神威軍。

神威軍。

〔六年〕是歲，吐蕃陷我北庭都護府，節度使楊襲古奔西州。迴紇大相頡干迦斯紿襲古，請合軍收復北庭，乃殺襲古，安西因是阻絶，唯西州猶固守之。迴紇亦爲吐蕃所逼，取浮圖川，乃遷部落羊馬於牙帳之南以避之。

北庭陷，安西道絶。新書七德宗紀，通鑑二百三十三貞元六年。

〔九年春正月〕癸卯，初稅茶，歲得錢四十萬貫，從鹽鐵使張滂所奏。茶之有稅，自此始也。

初稅茶。

本書四十九食貨志：「建中四年，度支侍郎趙贊議常平事，竹木茶漆盡稅之，茶之有稅，肇於此矣。」

〔秋七月〕故事，宰相秉筆決事，每人十日一易。至是賈耽、趙憬、陸贄、盧邁同平章政事，百僚有所關白，更相讓而不言。始詔令旬日秉筆，後詔每日更秉筆。

更宰相秉筆之制。

〔十年秋七月〕庚辰，賜南詔異牟尋金印銀窠，其文曰「貞元册南詔印」。先是，吐蕃以金印授南詔，韋皋因其舊而請之。

昭通豆沙關摩崖，袁滋題名。向達撰文考證頗詳。

〔十一年五月〕甲午，初鑄河東監軍印，監軍有印自王定遠始也。

監軍印。

〔十二年〕四月庚辰，上降誕日，命沙門、道士加文儒官討論三教，上大悦。

白氏長慶集五百九十三教論衡。

南部新書乙。

〔六月〕乙丑，初置左右護軍中尉監、中護軍監，以授宦官。以左右神策軍使竇文場、霍僊鳴爲左右神策護軍中尉監，以左右神威軍使張尚進、焦希望爲左右神威中護軍監。

宦官禁軍職。

〔十四年秋七月〕左神策護軍中尉霍僊鳴卒。丁丑，以宦者第五守亮代僊鳴爲中尉。己卯，左右神策置統軍，品秩奉給視六軍統軍例。

第五守亮代霍僊鳴。

〔十五年〕十二月庚午，朔方等道副元帥、河中絳州節度使、檢校司徒、兼奉朔中書令渾瑊薨。丁酉，以同州刺史杜確爲河中尹、河中絳州觀察使。

參考會真記。

〔十六年五月〕徐泗濠節度使、檢校尚書右僕射、徐州刺史張建封卒。壬子，徐州軍亂，不納行軍司馬韋夏卿，迫建封子愔爲留後。

壬子，五月十五。

〔十七年六月戊戌〕以中官楊志廉爲右神策護軍中尉。

楊志廉。

〔冬十月〕辛未，宰相賈耽上海内華夷圖及古今郡國縣道四夷述四十卷。庚戌，淮南節度使杜佑進通典，凡九門，共二百卷。

華夷圖、古今(郡國)縣道四夷述、通典。

〔十九年十一月〕壬申，監察御史崔薳入臺近，不練故事，違式入右神策軍，上怒，笞四十，配流崖州。

違式入神策軍。

卷十四　本紀第十四　順宗　憲宗上

〔貞元二十一年二月〕辛卯，以吏部郎中韋執誼爲尚書左丞、同中書門下平章事。

「辛卯」當作「辛亥」。白氏長慶集二十七為人上宰相書云：又伏見今月十一日制詞云云。今月者，上書之月，即二月。是歲二月辛丑朔，故十一日為辛亥也。

史臣韓愈曰：順宗之爲太子也，每於敷奏，未嘗以顏色假借宦官。

此所以卒為俱文珍等所脅迫幽死也。

憲宗聖神章武孝皇帝諱純，順宗長子也。〔永貞元年〕八月丁酉朔，受內禪。乙巳，即皇帝位於宣政殿。冬十月丙申朔。丁酉，集百僚發曾太皇太后沈氏哀於肅章門外。辛丑，太常上大行曾太皇太后沈氏謚曰睿真皇后。

沈后久失蹤，今始發喪。

〔元和元年八月〕乙亥，册妃郭氏爲貴妃。

此與楊貴妃之不為皇后同。

〔二年春正月〕庚子，迴紇請于河南府、太原府置摩尼寺，許之。

摩尼寺。

〔二月〕庚午，司天造新曆成，詔題爲元和觀象曆。壬申夜，月掩歲星。

白居易新樂府司天臺詩或譏此事。

〔八月〕壬戌，刑部奏改律卷第八爲鬬競律。

順宗諱誦，避「訟」字嫌名。

〔十二月〕癸亥，御史臺奏：「文武常參官准乾元元年三月十四日敕，如有朝堂相弔慰及跪拜、待漏行立失序，語笑諠譁；入衙入閤，執笏不端，行立遲慢；立班不正，趨拜失儀，言語微諠，穿班穿仗，出入閤門，無故離位；廊下飲食，行坐失儀諠鬧；入朝及退朝不從正衙出入；非公事入中書等：每犯奪一月俸。班序不肅，所由指撝，猶或飾非，即具奏貶責。臣等商量，於舊條每罰各減一半，所貴有犯必舉。」從之。

可知秩序不佳，以前之敕令成為具文也。

壬申，禮部舉人，罷試口義，試墨義十條，五經通五，明經通六，即放進士。舉人曾爲官司科罰，曾任州縣小吏，雖有辭藝，長吏不得舉送，違者舉送官停任，考試官貶黜。

温飛卿即因此致困屈。

丙子，令宰臣宣敕：百僚遊宴，過從餞別，此後所由，不得奏報，務從歡泰。

參閱吕衡州集。

己卯，史官李吉甫撰元和國計簿，總計天下方鎮凡四十八，管州府二百九十五，縣一千四百五十三，户二百四十四萬二百五十四，其鳳翔、鄜坊、邠寧、振武、涇原、銀夏、靈鹽、河東、易定、魏博、鎮冀、范陽、滄景、淮西、淄青十五道，凡七十一州，不申户口。每歲賦入倚辦，止於浙江東西、宣歙、淮南、江西、鄂岳、福建、湖南等八道，合四十九州，一百四十四萬户。比量天寶供稅之户，則四分有一。天下兵戎仰給縣官者八十三萬餘人，比量天寶士馬，則三分加一，率以兩户資一兵。其他水旱所損，徵科發斂，又在常役之外。吉甫都纂其事，成書十卷。

通典六食貨典六云：自開元中及於天寶，開拓邊境，多立功勳，每歲軍用日增，其費：糴米粟則三百六十萬疋段（朔方、河西各八十萬，隴右百萬，伊西、北庭八萬，安西十二萬，河東節度及羣牧使各四十萬）；給衣則五百三十萬（朔方百二十萬，隴右百五十萬，河西百萬，伊西、北庭四十萬，安西三十萬，河東節度四十萬，羣牧五十萬）；别支計則二百一十萬（河東五十萬，幽州、劍南各八十萬）；餽軍食則百九十萬石（河東五十萬，幽州、劍南各七十萬）：大凡一千二百六十萬。

通鑑二百三十七胡注：宋白曰：國計簿比較數：天寶租稅、庸、調每年計錢、粟、絹、布、絲、綿約五千二百三十餘萬端、匹、屯、貫、石；元和兩稅、榷酒、斛㪷、鹽利、茶利總三千五百一十五萬一千二百二十八貫、石，比較天寶所入賦稅計少一千七百一十四萬八千七百七十貫、石。

通鑑二百三十七胡注：鳳翔……河東皆被邊，易定……淄青皆藩鎮世襲，故並不申户口，納賦稅。

新書五十二食貨志：京西北、河北以屯兵廣，無上供。

〔三年六月〕丁丑，沙陀突厥七百人携其親屬歸振武節度使范希朝，乃授其大首領舃勒河波陰山府都督。

沙陀。

〔四年〕九月甲辰朔。庚戌，以成德軍都知兵馬使、鎮府右司馬王承宗起復檢校工部尚書，充成德軍節度使；以德州刺史薛昌朝檢校左常侍，充保信軍節度、德棣等州觀察等使。朝廷以承宗難制，乃割二州爲節度，以授昌朝。制纔下，承宗以兵虜昌朝歸鎮州。冬十月癸未，詔：「承宗在身官爵，並宜削奪。」以神策左軍中尉吐突承璀爲鎮州行營招討處置等使。

新書七憲宗紀：四年三月乙酉，成德軍節度使王士真卒，其子承宗自稱留後。本書一百四十二王武俊傳：王士真四年三月卒。通鑑二百三十七元和四年三月，成德軍節度使王士真薨，其子副大使承宗自為留後。四月，上欲革河朔諸鎮世襲之弊，乘王士真死，欲自朝廷除人，不從，則興師討之。

四年十月癸未詔分討王承宗。通鑑二百三十八憲宗元和四年十月癸未，制削奪承宗官爵，使吐突承璀將兵討之。

〔十一月〕己巳，彰義軍節度使、檢校司空、同平章事吳少誠卒。

新書七憲宗紀：元和四年十一月己巳，彰義軍節度使吳少誠卒，其弟少陽自稱留後。

〔五年〕九月辛亥，以吐突承璀復爲左軍中尉。諫官以承璀建謀討伐無功，請行朝典。上宥之，降承璀爲軍器使。乃以内官程文幹爲左軍中尉。

程文幹。

〔十一月〕庚子，右金吾衛大將軍伊慎降爲右衛將軍，以行賂三十萬與中尉第五從直，求爲河東節度故也。

第五從直。

〔六年四月己卯〕王播奏：江淮河嶺已南，兗鄆等鹽院，元和五年都收賣鹽價錢六百九十八萬五千五百貫。校量未改法已前四倍擡估，虛錢一千七百四十六萬三千七百貫。

擡估虛錢。

卷十五　本紀第十五　憲宗下

〔元和七年十二月〕己亥，魏博奏管内州縣官員二百五十三員，請吏部銓注。

中央政府復得施其命官之權。

〔八年二月〕捕獲受于頔賂爲致出鎮人梁正言，及交構權貴僧鑒虚，並付京兆杖死。

鑒虚。

〔秋七月〕癸酉，命中尉彭中獻修興唐觀，壯其規制，北拒禁城，開複道以通行幸。

彭中獻。

〔九月壬申〕以前朔方靈鹽節度使王佖爲右衛將軍。將相出入，翰林草制，謂之白麻，至佖，奏罷中書草制，因爲例也。

内制白麻。

〔冬十月己巳〕以蘇州刺史張正甫爲湖南觀察使。

張正甫。

〔十年八月〕丁未，淄青節度使李師道陰與嵩山僧圓淨謀反。小將楊進、李再興告變，留守呂元膺乃出兵圍之，賊突圍而出，入嵩岳，山棚盡擒之。

山棚。

〔十一年十二月甲寅〕初置淮潁水運使，運揚子院米，自淮陰泝流至壽州四十里入潁口，又泝流至潁州沈丘界，五百里至於項城，又泝流五百里入溵河，又三百里輸於郾城。得米五十萬石，茭一千五百萬束。省汴運七萬六千貫。

淮潁水運。

〔十二年夏四月〕辛丑，駙馬都尉于季友居嫡母喪，與進士劉師服歡宴夜飲。季友削官爵，笞四十，忠州安置；師服笞四十，配流連州；于頔不能訓子，削階。

劉師服，見昌黎集。

〔八月〕戊辰，以同州刺史張正甫爲河南尹。

張正甫。

〔十四年五月丙戌〕以忠武軍節度使李光顔爲邠寧慶節度使，仍以忠武軍六千人赴鎮。

可注意。

〔十四年十一月丁酉〕上服方士柳泌金丹藥。十五年春正月甲戌朔，上以餌金丹小不豫，罷元會。丙申，義成軍節度使劉悟來朝。戊戌，上對悟於麟德殿。上自服藥不佳，數不視朝，人情恟懼，及悟出道上語，京城稍安。〔庚子〕是夕，上崩於大明宫之中和殿，享年四十三。時以暴崩，皆言内官陳弘志弑逆，史氏諱而不書。

本書一百八十四宦官傳王守澄傳：憲宗疾大漸，内官陳弘慶等弑逆。憲宗英武，威德在人，内官祕之，不敢除討，但云藥發暴崩。

本書一百五十九路隨傳：初，韓愈撰順宗實録，説禁中事頗切直，内官惡之，往往於上前言其不實，累朝有詔改修。及隨進憲宗實録後，文宗復令改正永貞時事，隨奏曰：「聖旨以前件實録記貞元末數事，稍非摭實，蓋出傳聞，審知差舛，便令刊正。頃因坐日，屢形聖言，通計前後，至于數四。（略）」詔曰：「其實録中所書德宗、順宗朝禁中事，尋訪根柢，蓋起謬傳，諒非信史。宜令史官詳正刊去，其他不要更修。餘依所奏。」

通鑑二百四十一：上服金丹，多躁怒，左右宦者多獲罪，有死者，人人自危。庚子，暴崩於中和殿。時人皆言内侍陳弘志弑逆，其黨類諱之，不敢討賊，但云藥發，外人莫能明也。

新書七憲宗紀。

卷十六　本紀第十六　穆宗

〔長慶元年二月〕乙酉，天平軍節度使馬總奏：「當道見管軍士三萬三千五百人，從去年正月已後，情願居農者放，逃亡者不捕。」先是，平定河南，及王承元去鎮州，宰臣蕭俛等不顧遠圖，乃獻銷兵之議，請密詔天下軍鎮，每年限百人内破八人逃死，故總有是奏。

長慶元年二月乙酉銷兵，參蕭俛傳。

〔三月丁未〕平盧薛平奏：「海賊掠賣新羅人口於緣海郡縣，請嚴加禁絶，俾異俗懷恩。」從之。

掠賣新羅人，可參杜牧作張保皋傳，新書二百二十新羅傳亦載其事，即取於樊川文集也。

卷十七上　本紀第十七上　敬宗　文宗上

〔長慶四年二月辛丑〕，以米貴，出太倉粟四十萬石，於兩市賤糶，以惠貧民。

粟……石。

〔九月〕甲子，吐蕃遣使求五臺山圖。

五臺山圖。

〔寶曆元年五月〕丁卯，湖南觀察使沈傳師奏：「當道先配吐蕃羅没等一十七人，準赦放還本國，今各得狀不願還。」從之。

參韓昌黎集十，貶潮州武關西逢配流吐蕃七絶，所謂「湖南地近得生全」者也。

〔二年二月〕辛丑，容管經略使嚴公素奏：「當州普寧等七縣，請同廣、昭、桂、賀四州例北選。」從之。

其他南選可知。

〔六月〕辛酉，幸凝碧池，令兵士千餘人，於池中取大魚長大者送入新池。

長安之凝碧池。

〔秋七月〕癸巳，敕鄠縣渼陂尚食管係，太倉廣運潭復賜司農寺。

參杜詩秋興八首之末。

〔十一月〕己丑，詔朝官及方鎮人家不得置私白身。

私白。

十二月甲午朔。辛丑，帝夜獵還宮，與中官劉克明、田務成、許文端打毬，軍將蘇佐明、王嘉憲、石定寬等二十八人飲酒。帝方酣，入室更衣，殿上燭忽滅。劉克明等同謀害帝，即時殂於室內。時年十八。

通鑑二百四十三寶曆二年十二月辛丑，蘇佐明等弑上於室內。時事起倉猝，守澄等以翰林學士韋處厚博通古今，一夕處置，皆與之共議。守澄欲號令中外，而疑所以為辭。處厚曰：「正名討罪，於義何嫌？安可依違，有所諱避！」

舊書一百五十九、新書一百四十二韋處厚傳同。

〔庚戌〕以翰林學士路隨承旨，侍講學士宋申錫充書詔學士。

書詔學士。

〔大和元年五月〕戊辰，詔：「自今已後，紫宸坐朝，衆僚既退，宰臣復進奏事，其監搜宜停。」

停搜檢宰臣。

〔二年五月庚子〕帝與侍講學士許康佐語及取蚺蛇膽，生剖其腹，爲之惻然。乃詔度支曰：「每年供進蚺蛇膽四兩，桂州一兩、賀州二兩、泉州一兩，宜於數內減三兩，桂、賀、泉三州輪次歲貢一兩。」

足證當時蚺蛇膽取自今廣西、福建地，而廣東不及焉。

卷十七下　本紀第十七下　文宗下

〔大和四年春正月〕辛丑，以尚書左丞杜元穎檢校户部尚書，充武昌軍節度、鄂岳蘄黄安申等州觀察使。

元穎已於前一月貶循州司馬。此誤，當作元稹。蓋「稹」字譌為「穎」，遂加杜字於上也。

夏四月辛未，鎮州王廷湊請修建初、啓運二陵，從之。

修李天賜等陵。

〔六年秋七月〕甲午，以諫議大夫王彦威、户部郎中楊漢公、祠部員外郎蘇滌、右補闕裴休並充史館修撰。故事，史官不過三員，或止兩員，今四人並命，論者非之。

故事，史官不過二三員。

冬十月庚子朔。甲子，詔魯王永宜册爲皇太子。

全唐文七十五册魯王為皇太子文年月日為大和七年八月七日。

七年春正月乙丑朔，比年以用兵、雨雪，不行元會之儀。故書，吴、蜀貢新茶，皆於冬中作法爲之，上務恭儉，不欲逆其物性，詔所供新茶，宜於立春後造。

冬中作茶。

〔八年〕十二月己亥，以宗正卿李仍叔爲湖南觀察使，代李翺；以翺爲刑部侍郎，代裴潾。

本書一百六十李翺傳：〔大和〕七年，改授潭州刺史、湖南觀察使。八年，徵為刑部侍郎。

〔九年二月〕丁亥，發神策軍一千五百人修淘曲江。如諸司有力，要於曲江置亭館者，宜給與閒地。

曲江。

〔秋七月〕戊申，填龍首池爲鞠場，曲江修紫雲樓。

曲江紫雲樓。

〔冬十月〕乙亥，内出曲江新造紫雲樓彩霞亭額，左軍中尉仇士良以百戲於銀臺門迎之。時鄭注言秦中有災，宜興土功厭之，乃濬昆明、曲江二池。上好爲詩，每誦杜甫曲江行云：「江頭宫殿鎖千門，細柳新蒲爲誰緑？」乃知天寶已前，曲江四岸皆有行宫臺殿、百司廨署，思復昇平故事，故爲樓殿以壯之。……壬午，賜羣臣宴於曲江亭。

曲江。

王涯獻榷茶之利，乃以涯爲榷茶使。茶之有榷税，自涯始也。

茶税。

十二月壬申朔，諸道鹽鐵轉運榷茶使令狐楚奏：「榷茶不便於民，請停。」從之。

參本書大和九年十月王涯請榷茶條及本書十八上武宗紀開成五年十一月復税茶條。

丁丑，敕諸道府不得私置曆日板。

足見當日有私印日曆者。

諫院印。

辛卯，置諫院印。

〔開成二年春正月〕庚寅，户部侍郎、判度支王彦威進所撰供軍圖，略序曰：「至德、乾元之後，迄于貞元、元和之際，天下有觀察者十，節度二十有九，防禦者四，經略者三。掎角之師，犬牙相制，大都通邑，無不有兵，約計中外兵額至八十餘萬。長慶户口凡三百三十五萬，而兵額又約九十九萬，通計三户資奉一兵。今計天下租賦，一歲所入，總不過三千五百餘萬，而上供之數三之一焉。三分之中，二給衣賜，自留州留使兵士衣食之外，其餘四十萬衆，仰給度支焉。」

二月戊申，王彦威進所撰唐典七十卷，起武德，終永貞。

參本書一百五十七王彦威傳，新書一百六十四王彦威傳，本書十四憲宗紀上元和二年。

〔秋七月甲申〕詔除河北三鎮外，諸州府不得以試銜奏官。

河北三鎮為中央權力所不及。

〔三年〕二月丁未，以同州刺史孫簡爲陝虢觀察使盧行術。

「盧」上奪「代」字。

〔夏四月〕己酉，改法曲爲仙韶曲，仍以伶官所處爲仙韶院。

仙韶。

癸丑，屯田郎中李衢、洒王府長史林贊等進所修皇唐玉牒一百五十卷。

皇唐玉牒。

〔六月辛酉〕廢晉州平陽院礬官，並歸州縣。

礬官。

〔四年五月〕丁亥，閤内上謂宰臣曰：「新修開元政要如何？」楊嗣復曰：「臣等未見。陛下欲以此書傳示子孫，則宣付臣等，參定可否。緣開元政事與貞觀不同，玄宗或好畋遊，或好聲色，選賢任能，未得盡美。選述示後，所貴作程，豈容易哉！」

開元政要。

卷十八上　本紀第十八上　武宗

〔開成五年〕九月，以淮南節度使、檢校尚書左僕射李德裕爲吏部尚書、同中書門下平章事，尋兼門下侍郎。

新書六十三宰相表下：開成五年九月丁丑，淮南節度副大使、檢校右僕射李德裕為門下侍郎、同中書門下平章事。新書武宗紀同。

十一月，鹽鐵轉運使奏江淮已南請復税茶，從之。

復税茶，蓋王涯誅後罷税茶也。

參本書十七下文宗紀大和九年十月以王涯為榷茶使條及十二月令狐楚請停榷茶條。

〔會昌元年〕十二月，中書門下奏修實録體例：「舊録有載禁中之言。伏以君上與宰臣公卿言事，皆須衆所聞見，方可書於史册。且禁中之語，在外何知？或得之傳聞，多涉於浮妄，便形史筆，實累鴻猷。今後實録中如有此色，並請刊削。又宰臣與公卿論事，行與不行，須有明據。或奏請允愜，必見褒稱；或所論乖僻，因有懲責。在藩鎮上表，必有批答，居要官啓事者，自有著明，並須昭然在人耳目。或取捨存於堂案，或與奪形於詔敕，前代史書所載奏議，罔不由此。近見實録多載密疏，言不彰於朝聽，事不顯於當時，得自其家，未足爲信。今後實録所載章奏，並須朝廷共知者，方得紀述，密疏並請不載。如此則理必可法，人皆向公，愛憎之志不行，褒貶之言必信。」從之。李德裕奏改修憲宗實録所載吉甫不善之迹，鄭亞希旨削之，德裕更此條奏，以掩其迹。搢紳謗議，武宗頗知之。

如李相國論事集之所言，皆詆誹吉甫者也。

〔三年二月〕制曰：「其迴紇既以破滅，義在翦除，宜令諸道兵馬使同進討。河東立功將士已下，優厚賞給，續條疏處分。應在京外宅及東都修功德迴紇，並勒冠帶，各配諸道收管。」

收管迴紇。

〔四年八月〕宰相李德裕守太尉，進封衛國公，加食邑一千户。〔十二月〕帝曰：「貢院不會我意。不放子弟，即太過，無論子弟、寒門，但取實藝耳。」德裕曰：「臣無名第，不合言進士之非。然臣祖天寶末以仕進無他伎，勉强隨計，一舉登第。自後不於私家置文選，蓋惡其祖尚浮華，不根藝實。然朝廷顯官，須是公卿子弟。何者？自小便習舉業，自熟朝廷間事，臺閣儀範，班行准則，不教而自成。寒士縱有出人之才，登第之後，始得一班一級，固不能熟習也。則子弟成名，不可輕矣。」

「伎」改作「歧」。「自」改作「目」。

唐語林七補遺云：李衛公頗升寒素。舊府解有等第。衛公既貶，崔少保龜從在省，子殷夢為府解元。廣文諸生為詩曰：「省司府局正綢繆，殷夢元知作解頭。三百孤寒齊下淚，一時南望李崖州。」盧渥司徒以府元為第五人，自此廢等第。

寅恪案：「三百」當依摭言七作「八百」，因摭言一散序進士條固言歲貢常不減八九百人也。

唐摭言七好放孤寒條云：李太尉德裕頗為寒畯開路，及謫官南去，或有詩曰：「八百孤寒齊下淚，一時南望李崖州。」

唐摭言一散序進士條云：縉紳雖位極人臣，不由進士者，終不為美，以至歲貢常不減八九百人。其推重謂之「白衣公卿」，又曰「一品白衫」；其艱難謂之「三十老明經，五十少進士」。摭言七升沈後進條云：大和中，蘇景文、張元夫為翰林主人，楊汝士與弟虞卿及漢公尤為文林表式，故後進相語曰：

「欲入舉場，先問蘇張；蘇張猶可，三楊殺我。」

玉泉子云：李相德裕抑退浮薄，獎拔孤寒於時朝貴朋黨，德裕破之，由是結怨而絶於附會，門無賓客。

樊川文集十二上宣州高大夫書，新唐書選舉志上，會要氏族條、嫁娶條，舊書一百七十三、新書一百六十五鄭覃傳，東觀奏記，唐語林四企羨門宣宗尚文學、宣宗愛羡進士及宣宗好儒進士舉人各樹名甲條，玉泉子李衛公以己無科第條，説郛引盧氏雜説宣宗愛羡進士等。

五年春正月己酉朔，敕造望僊臺於南郊壇。時道士趙歸真特承恩禮，諫官上疏，論之延英。李德裕對曰：「臣不敢言前代得失，只緣歸真於敬宗朝出入宫掖，以此人情不願陛下復親近之。」帝曰：「非直一歸真，百歸真亦不能相惑。」由是與衡山道士劉玄靖及歸真膠固，排毁釋氏，而拆寺之請行焉。宰臣李德裕等率文武百僚上徽號曰仁聖文武章天成功神德明道皇帝。

李文饒别集七三聖記：「有唐寶曆二年，歲次丙午，八月丙申朔，十五日庚戌，玉清玄都大洞三道弟子、正議大夫、持節潤州諸軍事李德裕，上為五廟聖主，次為七代先靈，下為一切含識，於茅山崇元觀南，敬造老君殿院及造老君、孔子、尹真人象三軀。」

〔夏四月〕敕祠部檢括天下寺及僧尼人數，大凡寺四千六百，蘭若四萬，僧尼二十六萬五百。

秋七月庚子，敕併省天下佛寺。八月，制：「其天下所拆寺四千六百餘所，還俗僧尼二十六萬五百人，收充兩稅户，拆招提、蘭若四萬餘所，收膏腴上田數千萬頃，收奴婢爲兩税户十五萬人。隸僧尼屬主客，顯明外國之教。勒大秦穆護、祆三千餘人還俗，不雜中華之風。」還俗僧尼二十六萬五百人，新書五十二食貨志作「二十六萬五千人」；大秦穆護、祆三千餘人，作「二千餘人」。

卷十八下　本紀第十八下　宣宗

〔大中元年二月〕敕：「自今進士放牓後，杏園任依舊宴集，有司不得禁制。」武宗好巡遊，故曲江亭禁人宴聚故也。

禁進士宴集，亦由李德裕之惡進士。

四月，積慶太后蕭氏崩，謚曰貞獻，文宗母也。

通鑑二百四十八武宗會昌五年正月，庚申，義安太后王氏崩。宣宗大中元年四月己酉積慶太后蕭氏崩。與新書紀傳、舊書紀傳同。本書五十二穆宗貞獻皇后蕭氏即積慶太后傳「會昌中崩」。新書八宣宗紀及七十七穆宗貞獻皇后蕭氏傳皆作「大中元年崩」，與舊書十八下宣宗紀同。而圓仁入唐求法記會昌四年載蕭太后崩事。圓仁日記無預書之理，其所記雖有譌誤，但只在名號氏族，斷不能無故而載二太后之崩殂也。舊書王太后傳未載。

通鑑大中元年十二月戊午，貶太子少保分司李德裕為潮州司馬。

〔秋七月〕以太子少保分司東都、衛國公李德裕爲人所訟，貶潮州司馬員外置同正員。

〔二年二月〕御史臺奏：「天長縣令張弘思。」

江都。

其月，敕：「李德裕先朝委以重權，不務絶其黨庇，致使冤苦，直到于今，職爾之由，能無恨歎！昨以李威所訴，已經遠貶，俯全事體，特爲從寬，宜準去年敕令處分。」

去年敕令處分，即大中元年七月貶潮州司馬之敕也。

「李恪詳驗款狀，蠹害最深，以其多時，須議減等，委京兆府決脊杖十五，配流天德。」

（黑綫框内）十五字應據十七史商榷七十五删。

李德裕於大中六年歸葬洛陽，殆據此敕奏請而得之也。

〔三年〕六月癸未，五色雲見于京師。敕：先經流貶罪人，不幸殁於貶所，有情非惡逆，任經刑部陳牒，許令歸葬，絶遠之處，仍量事官給棺櫝。

九月辛亥，西川節度使杜悰奏收復維州。制曰：「守潮州司馬員外置同正員李德裕，動多詭異之謀，潛懷僭越之志。秉直者必棄，向善者盡排。誣貞良造朋黨之名，肆讒構生加諸之釁。計有踰於指鹿，罪實見其欺天。可崖州司户參軍，所在馳驛發遣，縱逢恩赦，不在量移之限。」

〔十二月〕崖州司户參軍李德裕卒於貶所。

通鑑二百四十八大中二年秋九月，甲子，再貶潮州司馬李德裕為崖州司户。

〔六年秋七月丙辰〕敕犯贓人平贓，據律以當時物價上旬估。請取所犯之處，其月内上旬時估平之。從之。

時估。

〔十一年十月〕入迴鶻册禮使、衛尉少卿王端章貶賀州司馬，副使國子禮記博士李潯爲郴州司馬，判官河南府士曹李寂永州司馬。端章等出塞，黑車子阻路而迴故也。

見通鑑二百四十九大中十一年十月及敦煌掇瑣西征記。又參唐大詔令集一百二十九大中十年十二月册回鶻可汗文。

卷十九上　本紀第十九上　懿宗

大中十三年八月十三日，柩前即帝位。

咸通元年春正月，上御紫宸殿受朝。二月，葬宣宗皇帝於貞陵。十一月丙午朔。丁未，上有事於郊廟，禮畢，御丹鳳門，大赦，改元。

唐語林七補遺：宣宗崩，内官定策立懿宗，入中書商議，命宰臣署狀，宰相將有不同者。夏侯孜曰：「三十年前，外大臣得與禁中事。三十年以來，外大臣固不得知，但是李氏子孫，内大臣立定，外大臣即北面事之，安有是非之説？」遂率同列署狀。（録者注：本批語原在書首，今移此。）

是年閏十月小，十一月初二冬至，爲丁丑日。詳張宗泰校語。新書、通鑑均作「丁丑」，是。丙午當作「丙子」。

〔四年〕十一月，長安縣尉、集賢校理令狐滈爲左拾遺。制出，左拾遺劉蜕、起居郎張雲上疏，論滈父綯秉權之日，廣納賂遺，滈不宜居諫諍之列。時綯在淮南，上表論訴，乃貶雲興元少尹，蜕華陰令，滈改詹事司直。

本書一百七十二令狐滈傳作「咸通二年」，「二」字乃「四」字之誤。

〔七年〕七月，沙州節度使張義潮進甘峻山青骹鷹四聯、延慶節馬二匹、吐蕃女子二人。僧曇延進大乘百法門明論等。

今敦煌寫本百法明論甚多。

卷十九下　本紀第十九下　僖宗

〔乾符元年十二月〕右軍中尉韓文約以疾乞休致，從之。

韓文約。

〔四年三月〕以草賊大寇河南、山南，詔曰：「近淮諸道奏報，草賊稍多，江西、淮南，宋、亳、曹、潁，或攻郡縣，或掠鄉村。……若諸軍全捕得一火草賊數至三百人已上者，超授將軍，賞錢一千貫。如鄉村有幹勇才略，而能率合義徒，驅除草寇者，本處以聞，亦與重賞。」

草賊。草寇。

仍諭河南方鎮曰：「王仙芝本爲鹽賊，自號草軍，南至壽、盧，北經曹、宋。」

落草之義所從出。

十二月，賊陷江陵之郛，知溫窮蹙，求援於襄陽，山南東道節度使李福悉其師援之。時沙陀軍五百騎在襄陽，軍次荆門。騎軍擊賊，敗之。賊盡焚荆南郛郭而去。

沙陀軍。

廣明元年春正月乙卯朔，上御宣政殿，制曰：「近日東南州府，頻奏草賊結連。」

草賊。

〔七月〕李琢、赫連鐸又擊敗于蔚州，降文達，李克用部下皆潰，獨與國昌及諸兄弟北入達靼部。

達靼部。

〔十二月〕辛巳，賊據潼關。時左軍中尉田令孜專政，宰相盧攜曲事之，相與誤謀，以至傾敗。令孜恐衆罪加己，請貶攜官，命學士王徽、裴徹爲相。

田令孜。

〔中和三年四月〕庚辰，收復京城。天下行營兵馬都監楊復光上章告捷行在，曰：「今月八日，遣衙隊將前鋒楊守宗、……忠武黃頭軍使龐從等三十二都，隨李克用自光泰門先入京師，力摧凶逆。」

黃頭軍使見本書一百六十一李光進傳、新書六十四方鎮表興鳳隴欄大中五年條，新書四十三下地理志七下：羈縻州，回紇州，雞田州（以阿跌部置）。

四年四月辛卯朔。甲寅，沙陀軍次許州，節度使周岌、監軍田從異以兵會戰。賊將尚讓屯太康，黄鄴屯西華，稍有芻粟。己未，沙陀分兵攻太康、西華賊砦。庚申，尚讓、黄鄴遁去，官軍得其芻粟，黄巢亦退保郾城。五月辛酉朔。癸亥，沙陀追黄巢而北。丁卯，次尉氏。戊辰，大雨，平地水深三尺，溝河漲溢。賊至中牟，臨汴河欲渡，沙陀遽至，賊大駭，其黨分潰，殺傷溺死殆半。尚讓一軍降時溥，别將楊能等降朱全忠，李周、楊景彪以殘衆走封丘。己巳，沙陀渡汴河，趨封丘，黄巢兄弟悉力拒戰，李克用擊敗之。黄巢既敗，以其殘衆東走。庚午，李克用急躡黄巢，一日夜行二百里，馬疲乏死者殆半。宿冤朐，糧運不及，騎軍至寡，乃與忠武監軍田從異班師。

沙陀軍殆以騎軍見長，故當時中原無敵手也。

〔光啓元年〕閏三月，鎮冀節度使王鎔獻耕牛千頭，農具九千，兵仗十萬。

農具。

卷二十下　本紀第二十下　哀帝

〔天祐二年六月〕丙申，敕：「福建每年進橄欖子，比因閹豎出自閩中，牽於嗜好之間，遂成貢奉之典。雖嘉忠藎，伏恐煩勞。今後只供進蠟面茶。其進橄欖子宜停。」

唐代荔枝疑與此有關，然則亦關高力士，不獨楊玉環也。

卷二十一　志第一　禮儀一

〔序〕：隋氏平陳，寰區一統，文帝命太常卿牛弘集南北儀注，定五禮一百三十篇。煬帝在廣陵，亦聚學徒，修江都集禮。由是周、漢之制，僅有遺風。神堯受禪，未遑制作，郊廟宴享，悉用隋代舊儀。……又皇太子入學及太常行山陵……天子上陵、朝廟、養老於辟雍之禮，皆周所闕，凡增多二十九條。

唐會要三十六禮篇目類作「皆周隋所闕」，多一「隋」字，當從之。

卷二十三　志第三　禮儀三

玄宗乙酉歲生，以華岳當本命。先天二年七月正位，八月癸丑，封華岳神爲金天王。

封華岳神為金天王敕文載唐大詔令集。

卷二十六　志第六　禮儀六

太常博士顧德章議曰：謹按定開元六典敕曰：「聽政之暇，錯綜古今，法以周官，作爲唐典。覽其本末，千載一朝。春秋謂考古之法也，行之可久，不曰然歟？」此時東都太廟見在，六典序兩都宮闕，西都具太廟之位，東都則存而不論，足明事出一時，又安得曰「開元之法」也？

六典。

卷二十八　志第八　音樂一

隋文帝家世士人，銳興禮樂，踐祚之始，詔太常卿牛弘、祭酒辛彥之增修雅樂。弘集伶官，措思歷載無成，而郊廟侑神，黃鐘一調而已。開皇九年平陳，始獲江左舊工及四懸樂器，帝令廷奏之，歎曰：「此華夏正聲也，非吾此舉，世何得聞？」乃調五音爲五夏、二舞、登歌、房中等十四調，賓、祭用之。隋氏始有雅樂，因置清商署以掌之。隋世雅音，惟清樂十四調而已。隋末大亂，其樂猶全。高祖受禪，樂府尚用隋氏舊文。

隋楊家世，殆非士人也。隋之雅樂亦得之江左。

貞觀元年，宴羣臣，始奏秦王破陣之曲。太宗謂侍臣曰：「朕昔在藩，屢有征討，世間遂有此樂，豈意今日登於雅樂。然其發揚蹈厲，雖異文容，功業由之，致有今日，所以被於樂章，示不忘於本也。」尚書右僕射封德彝進曰：「陛下以聖武戡難，立極安人，功成化定，陳樂象德，實弘濟之盛烈，爲將來之壯觀。文容習儀，豈得爲比？」太宗曰：「朕雖以武功定天下，終當以文德綏海內。文武之道，各隨其時，公謂文容不如蹈厲，斯爲過矣。」德彝頓首曰：「臣不敏，不足以知之。」其後令魏徵、虞世南、褚亮、李百藥改制歌辭，更名七德之舞。七年，太宗制破陣舞圖，更名七德之舞。癸巳，奏七德、九功之舞，觀者見其抑揚蹈厲，莫不扼腕踴躍，凛然震竦。武臣列將咸上壽云：「此舞皆是陛下百戰百勝之形容。」羣臣咸稱萬歲。蠻夷十餘種自請率舞，詔許之，久而乃罷。永徽二年十一月，高宗親祀南郊，黄門侍郎宇文節請奏九部樂。上因曰：「破陣樂舞者，情不忍觀，所司更不宜設。」言畢，慘愴久之。顯慶元年正月，改破陣樂舞爲神功破陣樂。麟德二年十月，制曰：「其郊廟享宴等所奏宫懸，文舞宜用功成慶善之樂，皆著履執拂，依舊服袴褶、童子冠。其武舞宜用神功破陣之樂，皆被甲持戟，其執纛之人，亦著金甲。〔儀鳳二年十一月六日〕〔韋〕萬石又與刊正官等奏曰：「立部伎内破陣樂五十二遍，修入雅樂，祇有兩遍，名曰七德。」

「文武之道，各隨其時」，即白香山七德舞所謂「善戰善乘時」者也。

會要三十三破陣樂條云：七年正月七日。參考白居易新樂府七德舞。按：會要三十三云：十五日奏之於庭。貞觀七年正月朔，故癸巳為十五日。

新唐書二百十六下吐蕃傳，劉元鼎入蕃，記臧河之北川，贊普之夏牙，謁見贊普，樂奏秦王破陣曲等，百伎皆中國人。

慈恩法師傳五：玄奘至羯朱嗢祇羅國，鳩摩羅王問曰：「師從支那來，弟子聞彼國有秦王破陣樂歌舞之曲，未知秦王為何人，復有何功德致此稱揚？」法師報曰：「秦王者，即今支那之天子也。未登皇極之前，封為秦王。天以帝子之親，重安宇宙，再耀三光，六合懷恩，故有茲詠。」王曰：「如此之人，乃天所以遺為物主也。」參唐會要三十三破陣樂。

〔儀鳳〕三年七月，上在九成宮咸亨殿宴集，有韓王元嘉、霍王元軌及南北軍將軍等。樂作，太常少卿韋萬石奏稱：「破陣樂舞者，是皇祚發跡所由，宣揚宗祖盛烈，傳之於後，永永無窮。自天皇臨馭四海，寢而不作，既緣聖情感愴，羣下無敢關言。臣忝職樂司，廢缺是懼。依禮，祭之日，天子親總干戚以舞先祖之樂，與天下同樂之也。今破陣樂久廢，羣下無所稱述，將何以發孝思之情？」上矍然改容，俯遂所請，有制令奏，樂舞既畢，上欷歔感咽，涕泗交流，臣下悲淚，莫能仰視。久之，顧謂兩王曰：「不見此樂，垂三十年，乍此觀聽，實深哀感。追思往日，王業艱難勤苦若此，朕今嗣守洪業，可忘武功？古人云：『富貴不與驕奢期，驕奢自至。』朕謂時見此舞，以自誡勖，冀無盈滿之過，非爲歡樂奏陳之耳。」

白詩所謂「聖人有作垂無極」及「王業艱難示子孫」者也。

卷二十九　志第九　音樂二

高祖登極之後，享宴因隋舊制，用九部之樂，其後分爲立坐二部。

讌樂。

自破陣舞以下，皆雷大鼓，雜以龜茲之樂，聲振百里，動蕩山谷。大定樂加金鉦，惟慶善舞獨用西涼樂，最爲閑雅。

可知唐世廟堂雅樂，亦雜胡聲也。

西涼樂者，後魏平沮渠氏所得也。晉、宋末，中原喪亂，張軌據有河西，苻秦通涼州，旋復隔絕。其樂具有鐘磬，蓋涼人所傳中國舊樂，而雜以羌胡之聲也。魏世共隋咸重之。

通典亦載之。參隋書百官志北齊中書省條。此由魏經齊而傳隋唐之證。

後魏有曹婆羅門，受龜茲琵琶於商人，世傳其業，至孫妙達，尤爲北齊高洋所重，常自擊胡鼓以和之。周武帝聘虜女爲后，西域諸國來媵，於是龜茲、疏勒、安國、康國之樂，大聚長安。胡兒令羯人白智通教習，頗雜以新聲。

據此知龜茲琵琶亦由魏經齊而傳隋唐，不僅周武娶突厥后之故也。

宋世有高麗、百濟伎樂。魏平拓跋，亦得之而未具。

「拓跋」當為「馮跋」之誤。

德宗朝，又有驃國亦遣使獻樂。

元稹、白居易驃國樂詩。

散樂者，歷代有之，非部伍之聲，俳優歌舞雜奏。

散樂。

大抵散樂雜戲多幻術，幻術皆出西域，天竺尤甚。漢武帝通西域，始以善幻人至中國。漢世有橦木伎，又有盤舞。

參觀本書一百七十五莊恪太子傳，王建尋橦歌。

卷三十　志第十　音樂三

貞觀二年，太常少卿祖孝孫既定雅樂，至六年，詔褚亮、虞世南、魏徵等分制樂章。其後至則天稱制，多所改易，歌辭皆是内出。開元初，則中書令張説奉制所作，然雜用貞觀舊詞。自後郊廟歌工樂師傳授多缺，或祭用宴樂，或郊稱廟詞。二十五年，太常卿韋縚令博士韋逌、直太樂尚沖、樂正沈元福、郊社令陳虔申懷操等，銓叙前後所行用樂章爲五卷，以付太樂、鼓吹兩署，令工人習之。時太常舊相傳有宫、商、角、徵、羽讌樂五調歌詞各一卷，或云貞觀中侍中楊恭仁妾趙方等所銓集，詞多鄭衛，皆近代詞人雜詩，至縚，又令太樂令孫玄成更加整比爲七卷。又自開元已來，歌者雜用胡夷里巷之曲，其孫玄成所集者，工人多不能通，相傳謂爲法曲。

然則法曲亦胡音也。

新書二十二禮樂志：初，隋有法曲，其音清而近雅。其器有鐃、鈸、鍾、磬、幢簫、琵琶。琵琶圓體修頸而小，號曰「秦漢子」，蓋絃鼗之遺製，出於胡中，傳為秦、漢所作。其聲金、石、絲、竹以次作，隋煬帝厭其聲澹，曲終復加解音。玄宗既知音律，又酷愛法曲，選坐部伎子弟三百教於梨園，聲有誤者，帝必覺而正之，號「皇帝梨園弟子」。宮女數百，亦為梨園弟子，居宜春北苑梨園。法部更置小部音聲三十餘人。

新書二十一 禮樂志十一：高宗自以李氏老子之後也，於是命樂工製道調。

卷三十二　志第十二　曆一

高祖受隋禪，造戊寅曆。高宗時，詔李淳風造麟德曆。初，隋末劉焯造皇極曆，其道不行。淳風約之爲法，時稱精密。天后時，瞿曇羅造光宅曆。中宗時，南宮説造景龍曆。皆舊法之所棄者，復取用之。徒云革易，寧造深微，尋亦不行。

李氏麟德曆本於劉氏皇極曆。劉氏，北齊學者也。

卷三十六　志第十六　天文下

元和三年七月癸巳蝕。憲宗謂宰臣曰：「昨司天奏太陽虧蝕，皆如其言，何也？又素服救日，其儀安在？」李吉甫對曰：「日月運行，遲速不齊。古者日蝕，則天子素服而修六官之職；月蝕，則后素服而修六宮之職：皆所以懼天戒而自省惕也。」上曰：「素服救日，自貶之旨也，朕雖不德，敢忘兢惕！卿等當匡吾不逮也。」

白居易新樂府司天臺一首疑與此事有關。

卷三十七　志第十七　五行

貞觀二年六月，京畿旱蝗食稼。太宗在苑中掇蝗，咒之曰：「人以穀爲命，而汝害之，是害吾民也。百姓有過，在予一人，汝若通靈，但當食我，無害吾民。」將吞之，侍臣懼帝致疾，遽諫止之。上曰：「所冀移災朕躬，何疾之避？」遂吞之。是歲，蝗不爲災。

新書三十六五行志亦同。

開元四年五月，山東螟蝗害稼，分遣御史捕而埋之。興元元年秋，關輔大蝗，田稼食盡，百姓饑，捕蝗爲食，蒸曝，颺去足翅而食之。明年夏，蝗尤甚，自東海西盡河、隴，羣飛蔽天，旬日不息。經行之處，草木牛畜毛，靡有孑遺。關輔已東，穀大貴，餓饉枕道。京師大亂之後，李懷光據河中，諸軍進討，國用罄竭。衣冠之家，多有殍殕者。旱甚，灞水將竭，井皆無水。有司奏國用裁可支七旬。德宗減膳，不御正殿。百司不急之費，皆減之。元和元年夏，鎮、冀蝗，害稼。

白香山捕蝗樂府之作，實因元和元年夏蝗災而作，但前乎此者，以興元元年及開元四年之蝗災為最，故詩中兼言及之也。

卷四十　志第二十　地理三

台州上　唐興　吴始平縣，晉改始豐，隋末廢。武德四年，復置。八年，又廢。貞觀八年，復爲臨海縣。上元二年，改爲唐興。

新書四十一地理五上元上有「高宗」二字，元和郡縣志則為肅宗。按：唐有二「上元」，今參以通典州郡志「臨海」之下尚無改「唐興」之文，因杜君卿著述迄於天寶，故肅宗以後所改遂不著録也。且「唐興」之名取中興之義，與肅宗時事尤符合也。

卷四十一　志第三十一　地理四

蒙州　隋始安郡之隋化縣。……西南至象州一百七十六里。

象州下　隋始安郡之桂林縣。……東至象州一百七十六里，……

「象」字為「蒙」字之譌。

卷四十二　志第三十二　職官一

武德七年定令：以太尉、司徒、司空爲三公；尚書、門下、中書、秘書、殿中、内侍爲六省；次御史臺；次太常、光禄、衛尉、宗正、太僕、大理、鴻臚、司農、太府爲九寺；次將作監；次國子學；次天策上將府；次左右衛、左右驍衛、左右武衛、左右領軍、左右武候、左右監門、左右屯、左右領爲十四衛府。

石林燕語四：樞密使，唐書、五代史皆不載其創始之因，蓋在唐本宦者之職。唐中世後，宦人使名如是者多，殆不勝記，本不係職官輕重，而五代特因唐名而增大之，故史官皆不暇詳考。據續事始云：「代宗永泰中，以中人董秀管樞密，因置内樞密使。」續事始為蜀馮鑑所作也。

從第九品下階：諸衛羽林長上……諸率府左右執戟。（已上職事官。長上、執戟爲武，餘並爲文。）

「長上」之義參考資治通鑑晉隆安二年胡注及通典職官志兵部尚書條。

卷四十三　志第二十三　職官二

尚書都省：尚書省領二十四司。尚書令一員（正二品）。令總領百官，儀刑端揆，其屬有六尚書：一曰吏部，二曰户部，三曰禮部，四曰兵部，五曰刑部，六曰工部。凡庶務，皆會而決之。左右僕射各一員（從二品），掌統理六官，綱紀庶務，以貳令之職。

石林燕語三：本朝沿襲唐制，官制行始用六典，別尚書、門下、中書為三省。左僕射兼門下侍郎以行侍中之職，右僕射兼中書侍郎以行中書令之職，而別置侍郎以佐之，則三省互相兼矣。然左右僕射既為宰相，則凡命令進擬，未有不由之出者，而左僕射又為之長，則出令之職，自已身行，尚何省而覆之乎？方其進對，執政無不同，則所謂門下侍郎者，亦預聞之矣。故批旨皆曰：「三省同奉聖旨。」既已奉之，而又審之，亦無是理。門下省事惟給事中封駁而已，未有左僕射與門下侍郎自駁已奉之命者，則侍中、侍郎所謂省審者，殆成虛文也。元祐間，議者以詔令稽留，吏員冗多，徒為重複，因有併廢門下省之意。後雖不行，然事有當奏稟，左相必批送中書，左相將上而右相有不同，往往或持之不上，或退送不受，左相無如之何。侍郎無所用力，事權多在中書。自中書侍郎遷門下侍郎，雖名進，其實皆未必樂也。

兵部尚書一員，侍郎二員，郎中二員。郎中一員掌判帳及天下武官之階品，衛府之名數。凡諸衛及率府三衛，貫京兆、河南、蒲、同、華、岐、陝、懷、汝、鄭等州，皆令番上，餘州皆納資。凡兵士隸衛，各有其名。總名曰衛士。皆取六品已下子孫，及白丁無職役者點充。凡三年一簡點，成丁而入，六十而免。量其遠邇，以定番第。凡衛士，各立名簿。其三年已來征防差遣，仍定優劣爲三第。凡差衛士征戍鎮防，亦有團伍。其居常則皆習射，唱大角歌。番集之日，府官率而課試。凡關内，有團結兵，秦、成、岷、渭、河、蘭六州，有高麗羌兵。黎、雅、邛、翼、茂五州，有鎮防團結兵。凡軍行器物，皆以當州分給之，如不足，則令自備，貧富必以均焉。

府兵制。此節取之六典及節録宮衛令、軍防令之文也。

翰林院。（玄宗即位，張説、陸堅、張九齡、徐安貞、張垍等，召入禁中，謂之翰林待詔。王者尊極，一日萬機，四方進奏、中外表疏批答，或詔從中出。宸翰所揮，亦資其檢討，謂之視草，故嘗簡當代士人，以備顧問。至德已後，天下用兵，軍國多務，深謀密詔，皆從中出。尤擇名士，翰林學士得充選者，文士爲榮。亦如中書舍人例置學士六人，内擇年深德重者一人爲承旨，所以獨承密命故也。德宗好文，尤難其選。貞元已後，爲學士承旨者，多至宰相焉。）

翰林學士。

卷四十四　志第二十四　職官三

武官：左右衛　親府、勳一府、勳二府、翊一府、翊二府等五府：每府中郎一人，中郎將一人。（皆四品下。録者注：「中郎一人」用引號括出，句末有疑誤記號△。）

新書作「每府中郎將一人（正四品下）」。

左右驍衛　翊府中郎、中郎將、左右中郎將、左右郎將（職掌如左右衛）。（録者注：「中郎、中郎將、左右」以引號括出。）

新書作「左右翊中郎將、府中郎將各一人」。

卷四十六　志第二十六　經籍上

七賢傳七卷（孟仲暉撰）。

孟仲暉。

高僧傳六卷（虞孝敬撰）。

疑即惠敏高僧傳，郡齋讀書志所著録者，蓋在慧皎書後。

卷四十七　志第二十七　經籍下

曆疏一卷（崔浩撰）。

崔浩曆疏一卷。

遁甲開山圖一卷（王琛撰）。

水經注「琛」作「粲」。

白澤圖一卷。

巴黎敦煌遺書內有白澤圖。

五藏論一卷。

宗密禪源諸詮集都序引此書，近有敦煌殘本。

卷四十八　志第二十八　食貨上

及安祿山反於范陽，兩京倉庫盈溢而不可名。楊國忠設計，稱不可耗正庫之物，乃使御史崔衆於河東納錢度僧尼道士，旬日間得錢百萬。

贊寧高僧傳八神會傳云：（天寶）十四載，安祿山舉兵內向，兩京板蕩，駕幸巴蜀。副元帥郭子儀率兵平殄，然飛輓索然，用右僕射裴冕計：大府各置戒壇度僧，僧稅緡，謂之香水錢，聚是以助軍須。初，洛都先陷，會越在草莽時，盧奕為賊所戮。羣議乃請會主其壇，度所獲財帛，頓支軍費。代宗、郭子儀收復兩京，會之濟用，頗有力焉。

本書一百十三裴冕傳云：乃下令賣官鬻爵，度尼僧道士，以儲積為務。人不願者，科令就之，其價益賤，事轉為弊。

新書五十一食貨志云：及安祿山反，司空楊國忠以為正庫物不可以給士，遣侍御史崔衆至太原納錢度僧尼道士，旬日得百萬緡而已。肅宗即位，明年，鄭叔清與宰相裴冕建議，以天下用度不充，度道士僧尼不可勝計。及兩京平，又於關輔諸州，納錢度道士僧尼萬人。

元和十五年八月，中書門下奏：「請商量付度支，據諸州府應徵兩稅，供上都及留州留使舊額，起元和十六年已後，並改配端匹斤兩之物爲稅額，如大曆已前租庸課調，不計錢，令其折納。仍約元和十五年徵納布帛等估價。其舊納虛估物與依虛估物迴計，如舊納實估物並見錢，即於端匹斤兩上量加估價迴計。」

虛估、實估。

卷四十九　志第二十九　食貨下

〔建中〕四年，度支侍郎趙贊議常平事，竹、木、茶、漆盡稅之。茶之有稅，肇於此矣。

本書十三德宗紀下：〔貞元〕九年正月癸卯，初稅茶，歲得錢四十萬貫，從鹽鐵使張滂所奏。茶之有稅，自此始也。

建中四年六月，户部侍郎趙贊請置大田。

大田。參考魏書、北史刁雍傳。

卷五十一　列傳第一　后妃上

高祖太穆皇后竇氏

京兆始平人，隋定州總管神武公毅之女也。

周書三十(竇熾傳附毅傳)。

中宗韋庶人

新書七十六后妃傳上。

玄宗貞順皇后武氏

玄宗貞順皇后武氏，則天從兄子恒安王攸止女也。及王庶人廢後，特賜號爲惠妃，宮中禮秩，一同皇后。惠妃以開元二十五年十二月薨，年四十餘。

新書七十六后妃傳上此傳不著妃薨年，殆知與楊貴妃傳「二十四年惠妃薨」説衝突。但新書玄宗紀亦書惠妃薨於二十五年十二月丙午(與通鑑同)，蓋篇帙稍遠，未及詳核耳。

玄宗楊貴妃

開元初，武惠妃特承寵遇，故王皇后廢黜。二十四年惠妃薨，帝悼惜久之，後庭數千，無可意者。

「二十四年惠妃薨」之記載新傳亦同誤矣。

卷五十二　列傳第二　后妃下

肅宗張皇后

新書七十七后妃傳下。

憲宗懿安皇后郭氏

貞元十一年，生穆宗皇帝。文宗孝而謙謹，奉祖母有禮，膳羞珍果，蠻夷奇貢，獻郊廟之後，及三宮而後進御。武宗即位，以后祖母之尊，門地素貴，奉之益隆。既而宣宗繼統，即后之諸子也，恩禮愈異於前朝。大中年崩於興慶宮，謚曰懿安皇太后，祔葬於景陵。

據裴延裕東觀奏記上謂宣宗追恨光陵商臣之酷，郭太后以此暴崩。

憲宗孝明皇后鄭氏

宣宗之母也。蓋内職御女之列，舊史殘缺，未見族姓所出入宮之由。

錢易南部新書戊：李錡之誅也，二婢配掖庭，曰鄭，曰杜。鄭則幸于元和，生宣皇帝，是為孝明皇后；杜則杜秋。獻替録云：杜仲陽即杜秋也，漳王養母。

后大中末崩，謚曰孝明。

通鑑二百五十：咸通六年冬十二月壬子，太皇太后鄭氏崩。通鑑考異：舊傳「大中末崩」，誤也。今從實録。

穆宗恭僖皇后王氏

后少入太子宫，元和四年生敬宗。穆宗皇帝立爲妃。文宗即位之初，號寶曆太后。大和八年詔：「今寶曆太后居義安殿，宜準故事稱義安太后。」

本書十八上武宗紀：會昌五年正月庚申，義安太后崩，敬宗之母也。新書八武宗紀：會昌五年正月庚申，皇太后崩。

穆宗貞獻皇后蕭氏

元和四年十月生文宗皇帝。文宗孝義天然，大和中，太皇太后居興慶宫，寶曆太后居義安殿，皇太后居大内，時號「三宮太后」。武宗即位，供養彌謹。蕭太后徙居積慶殿，號積慶太后。會昌中崩，謚號貞獻。

鍾輅（新書藝文志作鍾輅）前定録李生條，有「懿安太后，宣宗幽崩」之語。圓仁入唐求法巡禮記四：「會昌四年八月中，太后薨。郭氏大（和皇）后緣太后有道心，信佛法，每條疏僧尼時，皆有詞諫。皇帝令進藥酒而藥殺矣。又義陽殿皇后蕭氏，是今上阿孃，甚有容，今上召納為妃。而太（皇）后不奉命，天子索弓射數，一箭透入胸中而薨。

寅恪案：義陽，疑即義安之譌。蕭氏，武宗時徙居積慶，號積慶太后。當時義安太后乃穆宗恭僖皇后王氏也。大和為文宗之年號，而文宗后氏族事迹無考。若指憲宗懿安皇后郭氏，則郭后薨於宣宗大中元年。圓仁所記，適當會昌時，斷無預書之理。蓋因穆宗恭僖皇后王氏（敬宗母）崩於會昌五年正月庚申，而誤以為懿安耳。文宗大和時「三宮太后」為：太皇太后即憲宗懿安皇后郭氏，穆宗母；寶曆太后即穆宗恭僖皇后王氏，敬宗母，又號義安太后；皇太后即穆宗貞獻皇后蕭氏，文宗之母，武宗即位後，徙居積慶殿，號積慶太后。在會昌中崩者，一為穆宗恭僖皇后王氏，即敬宗母，一為穆宗貞獻皇后蕭氏，即文宗母。蕭太后號積慶太后，王太后號義安太后，唐書八武宣二宗本紀書王、蕭二太后崩，皆曰「皇太后崩」，故圓仁誤指為憲宗懿安皇后郭氏。

卷五十三　列傳第三

李　密

李密字玄邃，本遼東襄平人。魏司徒弼曾孫，後周賜弼姓徒何氏。

新書八十四：其先遼東襄平人。

隋虎賁郎將裴仁基率其子行儼以武牢歸密，拜爲上柱國，封河東郡公。密復下迴洛倉而據之，大修營塹，以逼東都，仍作書以移郡縣曰：柱國、絳郡公裴行儼，大將軍、左長史邴元真等，並運籌千里，勇冠三軍，擊劍則截蛟斷鼇，彎弧則吟猿落鴈。

壺關録作裴行儉。

單雄信者，曹州人也。翟讓與之友善。少驍健，尤能馬上用槍，密軍號爲「飛將」。密偃師失利，遂降於王世充，署爲大將軍。太宗圍逼東都，雄信出軍拒戰，援槍而至，幾及太宗，徐世勣呵止之，曰：「此秦王也。」雄信惶懼，遂退，太宗由是獲免。東都平，斬於洛陽。

劉肅大唐新語所記與此事類，然非太宗而為元吉，疑本一事也。新書八十四同。

卷五十五　列傳第五

劉武周

武周自稱太守，遣使附于突厥。於是襲破樓煩郡，進取汾陽宮，獲隋宮人以賂突厥。始畢可汗以馬報之，兵威益振。乃攻陷定襄，復歸于馬邑。突厥立武周爲定楊可汗，遺以狼頭纛。因僭稱皇帝，以妻沮氏爲皇后，建元爲天興。

此與始畢可汗助唐高祖者事同一律。

卷五十六　列傳第六

梁師都

師都陰結徒黨數十人，殺郡丞唐宗，據郡反。自稱大丞相，北連突厥。僭即皇帝位，稱梁國，建元爲永隆。突厥始畢可汗遺以狼頭纛，號爲大度毗伽可汗。師都乃引突厥居河南之地，攻破鹽川郡。武德二年，高祖遣延州總管段德操督兵討之。及劉武周之敗，師都大將張舉、劉旻相次來降，師都大懼，遣其尚書陸季覽説處羅可汗曰：「比者中原喪亂，分爲數國，勢均力弱，所以北附突厥。今武周既滅，唐國益大，師都甘從亡破，亦恐次及可汗。願可汗行魏孝文之事，遣兵南侵，師都請爲鄉導。」處羅從之。

通鑑作「道武」，如依文義所改，其實當時或竟是「孝文」二字，未可知也。

卷五十八　列傳第八

武士彠

義旗起，以士彠爲大將軍府鎧曹。從平京城功，拜光禄大夫，封太原郡公。武德中，累遷工部尚書，進封應國公，又歷利州、荆州都督。

香祖筆記十一：利州乃武(后)生處。今四川廣元縣是也。嘉陵江岸皇澤寺有其遺像，乃是一比丘尼。倫敦博物館藏敦煌寫本大雲經疏云：伏承神皇幼小時已被緇服。

據通鑑考定武曌年歲，其在太宗崩後，居感業寺為尼時，年廿七。則此幼小時為尼一事，必非指此，蓋古人不謂廿七歲為幼小也。

卷六十二　列傳第十二

李大亮

時頡利可汗敗亡，北荒諸部相率內屬。有大度設、拓設、泥熟特勤及七姓種落等，尚散在伊吾，以大亮爲西北道安撫大使以綏集之，多所降附。

新書九十九同。通鑑一百九十三貞觀四年七月：西突厥種落散在伊吾。通典邊防突厥作「柘羯」，然則即指此也。

卷六十三　列傳第十三

封倫

宇文化及之亂，逼帝出宮，使倫數帝之罪，帝謂曰：「卿是士人，何至於此？」倫赧然而退。

參觀本書一百九十上袁朗傳。

卷六十四　列傳第十四　高祖二十二子

隱太子建成

時太宗功業日盛，高祖私許立爲太子。建成密知之，乃與齊王元吉潛謀作亂。及劉黑闥重反，王珪、魏徵謂建成曰：「殿下但以地居嫡長，爰踐元良，功績既無可稱，仁聲又未遐布。而秦王勳業克隆，威震四海，人心所向，殿下何以自安？今黑闥率破亡之餘，衆不盈萬，加以糧運限絶，瘡痍未瘳，若大軍一臨，可不戰而擒也。願請討之，且以立功，深自封植，因結山東英俊。」後太宗亦使張亮陰引山東豪傑以俟變，見本書六十九張亮傳。又元吉傳言秦王初平東都，偃蹇顧望事。

巢王元吉

建成謂元吉曰：「既得秦王精兵，統數萬之衆，吾與秦王至昆明池，於彼宴别，令壯士拉之於幕下，因云暴卒，主上諒無不信。吾當使人進說，令付吾國務。正位已後，以汝爲太弟。敬德等既入汝手，一時坑之，孰敢不服？」

此與蕭瑀、陳叔達後來說高祖以國務付太宗者正同。

荆王元景

永徽四年，坐與房遺愛謀反賜死，國除。

元景為高祖見存子中之最長者，故藉房遺愛欲立之為君說而除之，疑非其罪也。參本書六十九薛萬徹傳。

卷六十五　列傳第十五

長孫無忌

新書一百五。

卷六十七　列傳第十七

李　靖

大業末，累除馬邑郡丞。會高祖擊突厥於塞外，靖察高祖，知有四方之志，因自鎖上變，將詣江都，至長安，道塞不通而止。

金石録五十一李靖碑。靖由馬邑至江都上變，不必道由長安。司馬公不信此説，甚有識。

太宗初聞靖破頡利，大悦，謂侍臣曰：「朕聞主憂臣辱，主辱臣死。往者國家草創，太上皇以百姓之故，稱臣於突厥，朕未嘗不痛心疾首，志滅匈奴，坐不安席，食不甘味。今者暫動偏師，無往不捷，單于款塞，恥其雪乎！」

貞觀政要卷二任賢篇，新書二百十五上突厥傳，大唐新語七容恕篇十四。

李勣

新書九十三。

卷六十八　列傳第十八

尉遲敬德

新書八十九。

敬德曰：「王今處事有疑，非智；臨難不決，非勇。王縱不從敬德言，請自決計，其如家國何？其如身命何？且在外勇士八百餘人，今悉入宮，控弦被甲，事勢已就，王何得辭！」

參考敦煌本李義府常何墓志銘。是在外八百人之能入宮，非偶然也。參本卷張公謹傳。

張公謹

新書八十九。

六月四日，公謹與長孫無忌等九人伏於玄武門以俟變。

九人之能伏於玄武門，疑是與常何有關。參本卷尉遲敬德傳。

卷六十九　列傳第十九

張亮

張亮，鄭州滎陽人也。素寒賤，以農爲業，倜儻有大節，外敦厚而内懷詭詐，人莫之知。大業末，李密略地滎、汴，亮杖策從之，未被任用。屬軍中有謀反者，亮告之，密以爲至誠，署驃騎將軍，隸於徐勣。及勣以黎陽歸國，亮頗贊成其事，乃授鄭州刺史。會王世充陷鄭州，亮不得之官，孤軍無援，遂亡命於共城山澤。後房玄齡、李勣以亮倜儻有智謀，薦之於太宗，引爲秦府車騎將軍。漸蒙顧遇，委以心膂。會建成、元吉將起難，太宗以洛州形勝之地，一朝有變，將出保之。遣亮之洛陽，統左右王保等千餘人，陰引山東豪傑以俟變，多出金帛，恣其所用。元吉告亮欲圖不軌，坐是屬吏，亮卒無所言，事釋，遣還洛陽。

參本書六十四建成傳王珪、魏徵說建成之語及元吉密令人上封事所言。

〔貞觀〕二十年，有陝人常德玄告其事，并言亮有義兒五百人。太宗謂侍臣曰：「亮有義兒五百，畜養此輩，將何爲也？正欲反耳。」

足知當時畜養義子之風氣尚不盛，但後來河北藩鎮及五代將帥則受胡化，故多畜義子，蓋部落遺制也。

卷七十　列傳第二十

戴　胄

先是，每歲水旱，皆以正倉出給，無倉之處，就食他州，百姓多致饑乏。〔貞觀〕二年，胄上言：

「水旱凶災，前聖之所不免。國無九年儲蓄，禮經之所明誡。今喪亂已後，户口凋殘，每歲納租，未實倉廩。隨即出給，纔供當年，若有凶災，將何賑卹？故隋開皇立制，天下之人，節級輸粟，名爲社倉，終文皇代，得無饑饉。及大業中年，國用不足，並取社倉之物以充官費，故至末塗，無以支給。〔今請〕自王公已下，爰及衆庶，計所墾田稼穡頃畝，每至秋熟，準其〔見〕苗以理勸課，盡令出粟。稻麥之鄉，亦同此稅，各納所在，立爲義倉。」太宗從其議。

據隋書食貨志，開皇民間社倉，以辦理不善，致消耗殆盡，故特令西北邊諸州社倉改歸官理，又分別等户納稅。戴胄之言，專美開皇而咎大業，未為實録也。節級，即分等之謂。

〔貞觀〕五年，太宗將修復洛陽宫，胄上表諫曰：「比見關中、河外，盡置軍團，富室强丁，並從戎旅。亂離甫爾，户口單弱，一人就役，舉家便廢。七月已來，霖潦過度，河南、河北，厥田洿下，時豐歲稔，猶未可量。」

元和郡縣志二十河北道相州内黄縣條及文選十九謝靈運述祖德詩善注，河外，恐指河南道。

岑文本

又先與令狐德棻撰周史，其史論多出於文本。

周書史論多出文本。

卷七十一　列傳第二十一

魏　徵

新書九十七。

太宗素器之，引爲詹事主簿。及踐祚，擢拜諫議大夫，封鉅鹿縣男，使安輯河北，許以便宜從事。徵至磁州，遇前宮千牛李志安、齊王護軍李思行錮送詣京師。徵謂副使李桐客曰：「今若釋遣思行，不問其罪，則信義所感，無遠不臻。古者，大夫出疆，苟利社稷，專之可也。況今日之行，許以便宜從事。主上既以國士見待，安可不以國士報之乎？」即釋遣思行等，仍以啓聞，太宗甚悦。

全唐詩一函卷二魏徵述懷詩。

其後又頻上四疏，以陳得失。其三曰：「然隋氏以富強而喪敗，動之也；我以貧寡而安寧，靜之也。靜之則安，動之則亂，人皆知之，非隱而難見也，微而難察也。鮮蹈平易之塗，多遵覆車之轍，何哉？在於安不思危，治不念亂，存不慮亡之所致也。昔隋氏之未亂，自謂必無亂；隋氏之未亡，自謂必不亡。所以甲兵屢動，徭役不息，至于身將戮辱，竟未悟其滅亡之所由也，可不哀哉！」

隋煬帝若不大興工役及勞動師旅，殆可不亡。

及病篤，輿駕再幸其第，撫之流涕，問所欲言，徵曰：「嫠不恤緯，而憂宗周之亡。」後數日，太宗夜夢徵若平生，及旦而奏徵薨，時年六十四。太宗親臨慟哭。

白氏新樂府七德舞有「魏徵夢見天子泣」之句及自注，而今貞觀政要任賢篇及他篇俱不載，恐是戈氏刪去。若白詩本於吴（兢）書，而吴氏又本之太宗實録，此事頗要，似吴氏必取入政要也。

〔徵〕嘗密薦中書侍郎杜正倫及吏部尚書侯君集有宰相之材。徵卒後，正倫以罪黜，君集犯逆伏誅，太宗始疑徵阿黨。徵又自録前後諫諍言辭往復以示史官起居郎褚遂良，太宗知之，愈不悦。先許以衡山公主降其長子叔玉，於是手詔停婚。

魏謩亦諫止文宗閱起居注，殆由其祖因此見惡於太宗耶？

舊唐書卷七十一考證

魏徵傳○臣德潛按：新、舊二書所載魏徵言行去取，各有所見：新書有諫鄭仁基女事，舊書無；與封德彝論「太亂易治，猶饑人之易食也」云云，新書有，舊書無；論長樂公主資送倍于永嘉長公主事，舊書有，新書無；帝于苑中作層臺以望昭陵事，新書有，舊書無；徵上四疏，舊書全録，新書不載「十思」；「貞觀之初，導人使諫。三年以後，見諫者悦而從之。比一二年，勉彊受諫，而終不平也」云云，新書有，舊書無；「十漸不終」疏，新書有，舊書無；却封禪議，舊書有，新書無；（録者注：原考新舊倒置，已改正。）又舊書祇載停婚，而遺征遼還，重爲立碑之事，于君臣之義有遺憾也，必合二書參考之，乃見完備。

王氏新舊唐書魏徵傳注甚詳。

卷七十二　列傳第二十二

虞世南

〔貞觀八年〕有星孛于虚、危，歷于氐，百餘日乃滅。世南曰：「昔齊景公時有彗星見。景公懼而修德，後十六日而星没。然願陛下勿以功高古人而自矜伐，勿以太平漸久而自驕怠，慎終如始，彗星雖見，未足爲憂。」太宗斂容謂曰：「吾之撫國，良無景公之過。但吾纔弱冠舉義兵，年二十四平天下，未三十而居大位，自謂三代以降，撥亂之主，莫臻於此。吾頗有自矜之意，以輕天下之士，此吾之罪也。上天見變，良爲是乎？」

高祖為太原留守，為隋大業十三年，太宗年二十，故曰「纔弱冠舉義兵」也。太宗年二十四，即武德四年，平充戮竇年也。武德九年八月，即秦王年二十九，故曰「未三十而居大位」也。唐會要一帝王門亦同。本書二太宗紀載太宗生於隋開皇十八年十二月戊午。此言「弱冠」，殊確。蓋太宗生於隋開皇十八年戊午也。而新書採貞觀政要慎終篇，有「十八經營王業」語，致吴縝之誤計，然吴兢亦只謂「年十八經營王業」，或可作隨軍救突厥雁門之圍解耶？然本書太宗紀又明言起義時為年十八，則與政要之説又同，蓋本於實録之説也。隋開皇十八年，為西曆五九八年；大業十三年為六一七年，適為二十年，故應作「年纔弱冠」也。

卷七十三　列傳第二十三

薛元超

九歲襲爵汾陰男。及長，好學善屬文。太宗甚重之，令尚巢剌王女和静縣主，累授太子舍人，預撰晉書。高宗即位，擢拜給事中，時年二十六。俄轉中書舍人，加弘文館學士，兼修國史。上元初，遇赦還，拜正諫大夫。三年，遷中書侍郎，尋同中書門下三品。永隆二年，拜中書令，兼太子左庶子。弘道元年，以疾乞骸，加金紫光禄大夫，聽致仕。其年冬卒，年六十二，贈光禄大夫、秦州都督，陪葬乾陵。文集四十卷。

唐語林四。

卷七十四　列傳第二十四

馬　周

新書九十八。

至京師，舍於中郎將常何之家。貞觀三年，太宗令百僚上書言得失，何以武吏不涉經學，周乃爲何陳便宜二十餘事，令奏之，事皆合旨。太宗怪其能，問何，何答曰：「此非臣所能，家客馬周具草也。每與臣言，未嘗不以忠孝爲意。」太宗即日召之，未至間，遣使催促者數四。及謁見，與語甚悦，令直門下省。六年，授監察御史，奉使稱旨。帝以常何舉得其人，賜帛三百匹。

敦煌本李義府撰常何碑。

〔貞觀〕十一年，〔馬〕周又上疏曰：「今百姓承喪亂之後，比於隋時，纔十分之一，而供官徭役，道路相繼，兄去弟還，首尾不絶，遠者往來五六千里，春秋冬夏略無休時，陛下雖每有恩詔，令其減省，而有司作既不廢，自然須人，徒行文書，役之如故。臣每訪問，四五年來，百姓頗有嗟怨之言，以爲陛下不存養之。」

唐會要八十三租税上。

卷七十五　列傳第二十五

韋雲起

大業初，又上疏奏曰：「今朝廷之内多山東人，而自作門户，更相剡薦，附下罔上，共爲朋黨。不抑其端，必傾朝政，臣所以痛心扼腕，不能默已。謹件朋黨人姓名及姦狀如左。」煬帝令大理推究，於是左丞郎蔚之、司隸别駕郎楚之並坐朋黨，配流漫頭赤水，餘免官者九人。

參本書七十八張行成傳。關中人之惡山東人，隋世已然。唐太宗亦惡山東人作門户，蓋承西魏宇文泰「關中本位政策」之遺風也。

三令五申之後，擊鼓而發，軍中有犯約者，斬紇干一人，持首以徇。

紇干。

張玄素

〔貞觀十四年〕是歲，太宗嘗對朝問玄素歷官所由，玄素既出自刑部令史，甚以慚恥。諫議大夫褚遂良上疏曰：「臣聞君子不失言於人，聖主不戲言於臣。言則史書之，禮成之，樂歌之。居上能禮其臣，臣始能盡力以奉其上。近代宋孝武輕言肆口，侮弄朝臣，攻其門户，乃至狼狽。良史書之，以爲非是。陛下昨見問張玄素云：『隋任何官？』奏云：『縣尉。』又問：『未爲縣尉已前？』奏曰：『流外。』又問：『在何曹司？』玄素將出閤門，殆不能移步，精爽頓盡，色類死灰。朝臣見之，多所驚怪。大唐創曆，任官以才，卜祝庸保，量能使用。陛下禮重玄素，頻年任使，擢授三品，翼贊皇儲，自不可更對羣臣，窮其門户，棄昔日之殊恩，成一朝之愧恥。人君之御臣下也，禮義以導之，惠澤以驅之，使其負戴玄天，罄輸臣節，猶恐德禮不加，人不自勵。若無故忽略，使其羞慚，鬱結於懷，衷心靡樂，責其伏節死義，其可得乎？」書奏，太宗謂遂良曰：「朕亦悔此問，今得卿疏，深會我心。」

大唐新語七識量篇：〔孫〕伏伽與張玄素，隋末俱為尚書令史，既官達後，談論之際，了不諱之。太宗嘗問玄素，玄素以實對，既出，神彩沮喪，若有所失。衆咸推伏伽之弘量。摭言一述進士上篇：進士，隋大業中所置也。如侯君素、孫伏伽，皆隋之進士也明矣。

寅恪案：今核兩唐書侯孫傳俱未載為隋進士耳。

卷七十六　列傳第二十六　太宗諸子

恒山王承乾

常命户奴數十百人專習伎樂。

户奴。

學胡人椎髻，翦綵爲舞衣，尋橦跳劍，晝夜不絕，鼓角之聲，日聞於外。

參兩書突厥傳及本書七十八于志寧傳。新書記突厥事較詳。又通典邊防典突厥條。

濮王泰

〔太宗〕下詔曰：「承乾懼其凌奪，泰亦日增猜阻，爭結朝士，競引凶人。遂使文武之官，各有託附；親戚之內，分爲朋黨。朕志存公道，義在無偏，彰厥巨釁，兩從廢黜。非惟作則四海，亦乃貽範百代。」太宗因謂侍臣曰：「自今太子不道，藩王窺嗣者，兩棄之。傳之子孫，以爲永制。」

與清聖祖意同。

庶人祐

既殺〔權〕萬紀，〔昝〕君謩等勸祐起兵，乃召城中男子年十五以上，僞署上柱國、開府儀同三司，開官庫物以行賞。驅百姓入城，繕甲兵。署官司，其官有拓東王、拓西王之號。

後突厥默啜亦有拓西可汗之號。

卷七十八　列傳第二十八

于志寧

承乾嘗驅使司馭等不許分番，又私引突厥達哥支入宮內。

突厥與承乾。

高季輔

時太宗數召近臣，令指陳時政損益。季輔上封事五條，其略曰：「今畿內數州，實惟邦本，地狹人稠，耕植不博，菽粟雖賤，儲蓄未多，特宜優矜，令得休息。强本弱枝，自古常事。關、河之外，徭役全少；帝京、三輔，差科非一；江南、河北，彌復優閒。須爲差等，均其勞逸。」

據此可知周、隋舊壤與高齊、梁、陳故域賦役不同也。

張行成

新書一百四。

太宗嘗言及山東、關中人，意有同異。行成正侍宴，跪而奏曰：「臣聞天子以四海爲家，不當以東西爲限；若如是，則示人以隘陋。」太宗善其言，賜名馬一匹、錢十萬、衣一襲。

通鑑一百九十二唐紀貞觀元年。

參本書七十五韋雲起傳。

張昌宗

以昌宗醜聲聞于外，欲以美事掩其迹，乃詔昌宗撰三教珠英於内。乃引文學之士李嶠、閻朝隱、徐彦伯、張説、宋之問、崔湜、富嘉謨等二十六人，分門撰集，成一千三百卷，上之。

隋書三十五經籍志道佛經類云：至周武帝時，蜀郡沙門衛元嵩上書稱僧徒猥濫，武帝出詔一切廢毁。開皇元年，高祖普詔天下任聽出家，仍令計口出錢營造經像，而京師及并州、相州、洛州等諸大都邑之處，並官寫一切經置于寺内，而又别寫藏于祕閣。天下之人從風而靡，競相景慕，民間佛經多於六經數十百倍。

卷七十九　列傳第二十九

祖孝孫

初，開皇中，鍾律多缺。及平江左，得陳樂官蔡子元、于普明等，因置清商署。時牛弘爲太常卿，引孝孫爲協律郎，與子元、普明參定雅樂。時又得陳陽山太守毛爽，妙知京房律法，布琯飛灰，順月皆驗。弘恐失其法，於是奏孝孫從其受律。高祖受禪，擢孝孫爲著作郎，歷吏部郎、太常少卿，漸見親委，孝孫由是奏請作樂。武德七年，始命孝孫及秘書監竇璡修定雅樂。孝孫又以陳、梁舊樂雜用吴、楚之音，周、齊舊樂多涉胡戎之伎，於是斟酌南北，考以古音，作大唐雅樂。

此傳可為隋唐雅樂其一部分出自南朝後期之例證。

傅　奕

貞觀十三年卒，年八十五。臨終誡其子曰：「老、莊玄一之篇，周、孔六經之說，是爲名教，汝宜習之。」

魏晉以來，老、莊不與周、孔之説同名名教，此奕所自創造之界説也。

李淳風

李淳風，岐州雍人也。其先自太原徙焉。

李氏本亦北齊人。

龍朔二年，改授秘閣郎中。時戊寅曆法漸差，淳風又增損劉焯皇極曆，改撰麟德曆奏之，術者稱其精密。所撰典章文物志、乙巳占、秘閣録，并演齊民要術等凡十餘部，多傳於代。

唐麟德曆因於北齊之例證。

吕才

〔魏〕徵曰:「才能爲尺十二枚,尺八長短不同,各應律管,無不諧韻。」尺八,今東洲仍有其名。

卷八十　列傳第三十

褚遂良

〔太宗欲親征高麗〕,遂良對曰:「今陛下將興師遼東,臣意熒惑。何者?陛下神武,不比前代人君,兵既渡遼,指期克捷,萬一差跌,無以威示遠方,若再發忿兵,則安危難測。」太宗深然之。兵部尚書李勣曰:「近者延陀犯邊,陛下必欲追擊,此時陛下取魏徵之言,遂失機會。若如聖策,延陀無一人生還,可五十年間疆埸無事。」帝曰:「誠如卿言,由魏徵誤計耳。朕不欲以一計不當而尤之,後有良算,安肯矢謀。」由是從勣之言,經畫渡遼之師。〔永徽〕六年,高宗將廢皇后王氏,立昭儀武氏爲皇后。帝謂李勣曰:「册立武昭儀之事,遂良固執不從。遂良既是受顧命大臣，事若不可，當且止也。」勣對曰：「此乃陛下家事，不合問外人。」帝乃立昭儀爲皇后。

此傳於伐高麗及立武后皆著李勣之惡。

卷八十四　列傳第三十四

劉仁軌

仁軌身經隋末之亂，輯其見聞，著行年記，行於代。

行年紀。

裴行儉

調露元年，突厥阿史德溫傅反，單于管內二十四州並叛應之，衆數十萬。單于都護蕭嗣業率兵討之，反爲所敗。行儉行至朔州，知蕭嗣業以運糧被掠，兵多餧死，遂詐爲糧車三百乘，每車伏壯士五人，各齎陌刀、勁弩，以羸兵數百人援車，兼伏精兵，令居險以待之。

本書一百九李嗣業傳謂天寶初諸軍初用陌刀，殆指其時西北諸軍也。

裴光庭

新書一百八。

卷八十五　列傳第三十五

唐紹

先天二年冬，今上講武於驪山，紹以修儀注不合旨，坐斬。時今上既怒講武失儀，坐紹於纛下，右金吾將軍李邈遽請宣敕，遂斬之。時人既痛惜紹，而深咎於邈。尋有敕罷邈官，遂擯廢終其身。

新書一百十三。

卷八十七　列傳第三十七

劉禕之

垂拱三年，或誣告禕之受歸誠州都督孫萬榮金，兼與許敬宗妾有私，則天特令肅州刺史王本立推鞫其事。本立宣敕示禕之，禕之曰：「不經鳳閣鸞臺，何名爲敕？」則天大怒，以爲拒捍制使，乃賜死於家，時年五十七。

新書一百十七劉傳、會要五四。史林十五卷第四期内藤乾吉唐之三省。

魏玄同

累遷至吏部侍郎。玄同以既委選舉，恐未盡得人之術，乃上疏曰：「秦并天下，罷侯置守，漢氏因之，有沿有革。諸侯得自置吏四百石以下，其傅相大官，則漢爲置之。州郡掾吏、督郵、從事，悉任之於牧守。爰自魏晉，始歸吏部，遞相祖襲，以迄于今。」

州郡掾吏之歸中央政府選任，始於北齊，至隋而成一固定制度，非起於魏晉時也。玄同之言不確。

卷八十八　列傳第三十八

舊唐書卷八十八考證

陸象先傳：象先四代孫文宗大和四年除釋褐參軍文學。〇四代孫，不詳其名，應闕。蘇瓌傳亦有此語，應是誤移也。蘇傳有名，陸傳則闕。俟檢岑本校勘記及佳本考之。

卷八十九　列傳第三十九

狄仁傑

新書一百十五。

仁傑又請廢安東，復高氏爲君長，停江南之轉輸，慰河北之勞弊，數年之後，可以安人富國，事雖不行，識者是之。

則天江南轉輸。

〔聖曆三年〕六月，左玉鈐衛大將軍李楷固，右武威衛將軍駱務整討契丹餘衆，擒之，獻俘於含樞殿。則天大悦，特賜楷固姓武氏。楷固、務整，並契丹李盡忠之别帥也。初，盡忠之作亂，楷固等屢率兵以陷官軍，後兵敗來降，有司斷以極法。仁傑議以爲楷固等並有驍將之才，若恕其死，必能感恩効節。又奏請授其官爵，委以專征。制並從之。及楷固等凱旋，則天召仁傑預宴，因舉觴親勸，歸賞於仁傑。授楷固左玉鈐衛大將軍，賜爵燕國公。

玉海一百三十八引鄴侯家傳云：時承平既久，諸衛將軍自武太后之代多以外戚無能者及降虜處之。

通典二十八職官典左右領軍衛光宅元年改為左右玉鈐衛。六典二十四同。

姚珽

珽嘗以其曾祖蔡所撰漢書訓纂，多爲後之注漢書者隱没名氏，將爲己説，珽乃撰漢書紹訓四十卷，以發明舊義，行於代。

豈謂顔氏耶？

卷九十　列傳第四十

朱敬則

新書一百十五。

卷九十一　列傳第四十一

桓彦範

新書一百二十。

卷九十二　列傳第四十二

魏元忠

元忠嘗奏則天曰：「臣承先帝顧眄，受陛下厚恩，不徇忠死節，使小人得在君側，臣之罪也。」「眄」，册府作「命」。

韋安石

新書一百二十二。

蕭至忠

新書一百二十三。

卷九十三　列傳第四十三

婁師德

上元初，累補監察御史。屬吐蕃犯塞，募猛士以討之，師德抗表請爲猛士。高宗大悦，特假朝散大夫，從軍西討，頻有戰功，遷殿中侍御史，兼河源軍司馬，并知營田事。天授初，累授左金吾將軍，兼檢校豐州都督，仍依舊知營田事。則天降書勞曰：「卿素積忠勤，兼懷武略，朕所以寄之襟要，授以甲兵。自卿受委北陲，總司軍任，往還靈、夏，檢校屯田，收率既多，京坻遽積。不煩和糴之費，無復轉輸之艱，兩軍及北鎮兵數年咸得支給。勤勞之誠，久而彌著，覽以嘉尚，欣悦良深。」

和糴與軍鎮之關係。

唐休璟

永徽中，解褐吴王府典籤，無異材，調授營州户曹。調露中，單于突厥背叛，誘扇奚、契丹侵掠州縣，後奚、羯胡又與桑乾突厥同反。永淳中，突厥圍豐州，都督崔智辯戰歿，朝議欲罷豐州，徙百姓于靈夏。休璟以爲不可，上書曰：「隋季喪亂，不能堅守，乃遷徙百姓就寧、慶二州，致使戎羯交侵，乃以靈、夏爲邊界。貞觀之末，始募人以實之，西北一隅，方得寧謐。」

調露中東北羯胡。新書一百十一及通鑑二百二調露元年十月條俱無「後奚、羯胡又與桑乾突厥同反」之句。

又：「戎羯」新傳與此同，而通鑑二百三弘道元年五月改作「胡虜」。

景雲元年，又拜特進，充朔方道行軍大總管，以備突厥。

全唐文二百五十三蘇頲命吕休璟等北伐制。

王晙

〔開元三年〕突厥默啜爲九姓所殺，其下酋長多款塞投降，置之河曲之内。俄而小殺繼立，降者漸叛。晙上疏曰：「望至秋冬之際，令朔方軍盛陳兵馬，告其禍福，啗以繒帛之利，示以麋鹿之饒，説其魚米之鄉，陳其畜牧之地。並分配淮南、河南寬鄉安置，仍給程糧，送至配所。雖復一時勞弊，必得久長安穩。二十年外，漸染淳風，持以充兵，皆爲勁卒。若以北狄降者不可南中安置，則高麗俘虜置之沙漠之曲，西域編甿散在青、徐之右，唯利是視，務安疆埸，何獨降胡，不可移徙。」

徙降胡夷於内地以充兵，此後來唐代勁兵中所以多為胡族，如陳許及黄頭軍之類是也。

卷九十六　列傳第四十六

姚　崇

新書一百二十四。

舊唐書卷九十六考證

姚崇傳〇臣德潛按：崇上陳十事，使玄宗力行，此生平大節，而傳中不及，新書詳之，此足補舊書之闕。

此十事出開元升平源，其確否究不可知也。

卷九十七　列傳第四十七

張　説

新書一百二十五。

〔開元十年〕又敕説爲朔方軍節度大使，往巡五城，處置兵馬。時有康待賓餘黨慶州方渠降胡康願子自立爲可汗，舉兵反，謀掠監牧馬，西涉河出塞。説進兵討擒之，并獲其家屬於木盤山，送都斬之，其黨悉平。獲男女三千餘人，於是移河曲六州殘胡五萬餘口配許、汝、唐、鄧、仙、豫等州，始空河南朔方千里之地。

新書一百六十二吕元膺傳，通鑑二百三十九元和十年「山棚」。

先是，緣邊鎮兵常六十餘萬，説以時無強寇，不假師衆，奏罷二十餘萬，勒還營農。玄宗頗以爲疑，説奏曰：「臣久在疆埸，具悉邊事，軍將但欲自衛及雜使營私。若禦敵制勝，不在多擁閑冗，以妨農務。陛下若以爲疑，臣請以闔門百口爲保。以陛下之明，四夷畏伏，必不慮減兵而招寇也。」上乃從之。時當番衛士，浸以貧弱，逃亡略盡。説又建策，請一切罷之，别召募強壯，令其宿衛，不簡色役，優爲條例，逋逃者必争來應募。上從之。旬日，得精兵一十三萬人，分繫諸衛，更番上下，以實京師，其後彍騎是也。

通鑑二百十二開元十年，勒還營農，不在多擁閑冗以妨農務。

卷九十八　列傳第四十八

盧　奐

〔盧懷慎〕子奐，早修整，歷任皆以清白聞。時南海郡利兼水陸，瓌寶山積，劉巨鱗、彭杲相替爲太守、五府節度，皆坐贓鉅萬而死。乃特授奐爲南海太守，遐方之地，貪吏斂迹，人用安之。以爲自開元已來四十年，廣府節度清白者有四，謂宋璟、裴伷先、李朝隱及奐。中使市舶，亦不干法。

此可與胡証等傳參證。

裴耀卿

新書一百二十七。

卷九十九　列傳第四十九

張九齡

新書一百二十六。

張九齡字子壽，一名博物。曾祖君政，韶州別駕，因家于始興，今爲曲江人。

此「始興」二字為始興郡之省稱，即指韶州；言曲江，則為縣名也(十七史商榷語)。唐自武德至開元，有州無郡；天寶元年，改州為郡；乾元元年復改郡為州。綜唐二百九十年間，稱郡者僅十有六載耳。

子極，伊闕令。

新書作「拯」。

九齡爲中書令時，天長節百僚上壽，多獻珍異，唯九齡進金鏡録五卷，言前古興廢之道，上賞異之。

本書九玄宗紀下：天寶七載八月己亥朔，改千秋節為天長節。新書作「千秋節」，是也。

卷一百　列傳第五十

尹思貞

尹思貞，京兆長安人也。弱冠明經舉，補隆州參軍。時晉安縣有豪族蒲氏，縱横不法，前後官吏莫能制。州司令思貞推按，發其姦贓萬計，竟論殺之，遠近稱慶，刻石以紀其事，由是知名。

此晉安與上文隆州有關，必在四川境。

王丘

新書一百二十九。

卷一百一　列傳第五十一

辛替否

時又盛興佛寺，百姓勞弊，帑藏爲之空竭。替否上疏諫曰：「當今出財依勢者盡度爲沙門，避役姦訛者盡度爲沙門；其所未度，唯貧窮與善人。將何以作範乎？將何以役力乎？」

沙門避徭役、逃賦税。

卷一百三　列傳第五十三

王忠嗣

先是，忠嗣之在朔方也，每至互市時，即高估馬價以誘之，諸蕃聞之，兢來求市，來輒買之，故蕃馬益少，而漢軍益壯。及至河隴，又奏請徙朔方河東戎馬九千匹以實之，其軍又壯，迄於天寶末，戰馬蕃息。

戰馬。

卷一百四　列傳第五十四

高仙芝

新書一百三十五。

小勃律國王爲吐蕃所招，妻以公主，西北二十餘國皆爲吐蕃所制，貢獻不通。〔天寶六載〕玄宗特敕仙芝以馬步萬人爲行營節度使往討之。仙芝乃分爲三軍：使疏勒守捉使趙崇玭統三千騎趣吐蕃連雲堡，自北谷入；使撥換守捉使賈崇瓘自赤佛堂路入；仙芝與中使邊令誠自護密國入，約七月十三日辰時會于吐蕃連雲堡。

通鑑天寶六載，通鑑紀事本末一百八十八吐蕃入寇條。

全唐詩十九函張祜詩二聽簡上人吹蘆管七絶三首之三云：「月落江城樹繞鴉，一聲蘆管是天涯。分明西國人來説，赤佛堂西是漢家。」

封常清

〔天寶〕十四載，入朝，十一月，謁玄宗於華清宮。時禄山已叛。翌日，以常清爲范陽節度，俾募兵東討。其日，常清乘驛赴東京召募，旬日得兵六萬，皆傭保市井之流。十二月，禄山渡河，陷陳留，入罌子谷，兇威轉熾，先鋒至葵園。常清使驍騎與柘羯逆戰，殺賊數十百人。

柘羯，見玄奘西域記及新唐書西域傳康國條。

哥舒翰

及安禄山反，上以封常清、高仙芝喪敗，召翰入，拜爲皇太子先鋒兵馬元帥，河隴、朔方兵，及蕃兵與高仙芝舊卒共二十萬，拒賊於潼關。

安禄山事迹卷中，督蕃漢兵二十一萬八千人鎮於潼關。

卷一百五　列傳第五十五

王　鉷

林甫子岫爲將作監，供奉禁中；鉷子準衛尉少卿，亦鬬鷄供奉，每謔岫，岫常下之。

參見陳鴻祖東城老父傳。

卷一百六　列傳第五十六

李林甫

新書二百二十三上。

〔天寶〕十一載，〔林甫〕以朔方副使李獻忠叛，讓節度，舉安思順自代。國家武德、貞觀已來，蕃將如阿史那社爾、契苾何力，忠孝有才略，亦不專委大將之任，多以重臣領使以制之。開元中，張嘉貞、王晙、張説、蕭嵩、杜暹皆以節度使入知政事，林甫固位，志欲杜出將入相之源，嘗奏曰：「文士爲將，怯當矢石，不如用寒族、蕃人，蕃人善戰有勇，寒族即無黨援。」帝以爲然，乃用思順代林甫領使。自是高仙芝、哥舒翰皆專任大將，林甫利其不識文字，無入相由，然而禄山竟爲亂階，由專得大將之任故也。

寅恪案：此天寶十一載事，時禄山之亂已將養成，似難以此咎林甫。

大唐新語十一懲戒篇云：「天寶中，李林甫為相，專權用事。先是，郭元振、薛訥、李適之等咸以立功邊陲，入參鈞軸。林甫懲前事遂反其制，始請以蕃人為邊將，冀固其權，言於玄宗曰：『以陛下之雄才，國家富強，而諸蕃未滅者，由文吏為將，怯懦不勝武事也。陛下必欲滅四夷，威海內，莫若武臣，武臣莫若蕃將。夫蕃將生而氣雄，少養馬上，長於陣敵，此天性然也。若陛下感而將之，使其必死，則敵不足圖也。』玄宗深納之，始用安禄山，卒為戎首。雖理亂安危係之天命，而林甫姦宄，實生禍階，痛矣哉！」

又同書九諛佞篇云：「安禄山將入朝，玄宗將加宰相，命〔張〕垍草詔，〔楊〕國忠諫曰：『禄山不識文字，命之為相，恐四夷輕於唐。』玄宗乃止。」

又同書七識量篇云：「牛仙客為涼州都督，節財省費，軍儲所積萬計。玄宗大悦，將拜為尚書。張九齡諫曰：『不可。』玄宗怒曰：『卿以仙客寒士嫌之耶？若是，如卿豈有門籍？』九齡頓首曰：『〔臣〕荒陬賤類，陛下過聽，以文學用臣。仙客起自胥吏，目不知書。韓信，淮陰一壯士耳，羞與絳灌同列。陛下必用仙客，臣亦恥之。』」

又同書七識量篇云：「〔孫〕伏伽與張玄素，隋末俱為尚書令史，既官達後，伏伽談論之際，了不諱之。太宗嘗問玄素，玄素以實對。既出，神彩沮喪，如有所失。衆咸推伏伽之弘量。」本書七十五孫伏伽傳：貝州武城人。大業末，自大理寺史累補萬年縣法曹。同書同卷張玄素傳：蒲州虞鄉人。隋末，為景城縣户曹。〔貞觀〕十四年，擢授銀青光禄大夫，行太子左庶子。太宗嘗對朝問玄素歷官所由，玄素既出自刑部令史，甚以慚恥。諫議大夫褚遂良上疏曰：「近代宋孝武輕言肆口，侮弄朝臣，攻其門户，乃至狼狽。良史書之，以為非是。陛下昨見問張玄素云：『隋任何官？』奏云：『縣尉。』又問：『未為縣尉已前？』奏云：『流外。』又問：『在何曹司？』玄素將出閤門，殆不能移步，精爽頓盡，色類死灰。朝臣見之，多所驚怪。大唐創曆，任官以才，卜祝庸保，量能使用。陛下禮重玄素，頻年任使，擢授三品，翼贊皇儲，自不可更對羣臣，窮其門户，棄昔日之殊恩，成一朝之愧恥。」書奏，太宗謂遂良曰：「朕亦悔此問，今得卿疏，深會我心。」

楊國忠

時安祿山恩寵特深，總握兵柄，國忠知其跋扈，終不出其下，將圖之，屢於上前言其悖逆之狀，上不之信。是時，祿山已專制河北，聚幽、并勁騎，陰圖逆節，動未有名，伺上千秋萬歲之後，方圖叛換。及見國忠用事，慮不利於己，祿山遙領內外閑廄使，遂以兵部侍郎吉溫知留後，兼御史中丞、京畿採訪使，內伺朝廷動靜。國忠使門客蹇昂、何盈求祿山陰事，圍捕其宅，得李超、安岱等，使侍御史鄭昂縊殺於御史臺。又奏貶吉溫於合浦，以激怒祿山，幸其搖動，內以取信於上，上竟不之悟。由是祿山惶懼，遂舉兵，以誅國忠爲名。

通鑑天寶十四載十月條。又（通鑑）至德元載六月癸巳，國忠集百官於朝堂，惶懼流涕；問以策略，皆唯唯不對。國忠曰：「人告祿山反狀已十年，上不之信。今日之事，非宰相之過。」

王琚

玄宗泣曰：「四哥仁孝，同氣唯有太平，言之恐有違犯，不言憂患轉深，爲臣爲子，計無所出。」

〔先天〕二年七月三日，琚與岐王範、薛王業、姜皎、李令問、王毛仲、王守一並預誅逆，以鐵騎至承天門。時睿宗聞鼓譟聲，召郭元振升承天樓，宣詔下關，侍御史任知古召募數百人於朝堂，不得入。頃間，琚等從玄宗至樓上，誅蕭至忠、岑羲、竇懷貞、常元楷、李慈、李猷等。

睿宗遜居百福殿。

與節愍太子之舉動頗似，但成敗不同耳。

王毛仲

新書一百二十一。

初，太宗貞觀中，擇官户蕃口中少年驍勇者百人，每出遊獵，令持弓矢於御馬前射生，令騎豹文韉，著畫獸文衫，謂之「百騎」。

蕃口。

至則天時，漸加其人，謂之「千騎」，分隸左右羽林營。孝和謂之「萬騎」，亦置使以領之。玄宗在藩邸時，常接其豪俊者，或賜飲食財帛，以此盡歸心焉。毛仲亦悟玄宗旨，待之甚謹，玄宗益憐其敏惠。及〔景龍〕四年六月，中宗遇弑，韋后稱制，令韋播、高嵩爲羽林將軍，令押千騎營，榜棰以取威。其營長葛福順、陳玄禮等相與見玄宗訴冤，會玄宗已與劉幽求、麻嗣宗、薛崇簡等謀舉大計，相顧益歡，令幽求諷之，皆願決死從命。及二十日夜，玄宗入苑中，宜德從焉，毛仲避之不入。毛仲數日而歸，玄宗不責，又超授將軍。及玄宗爲皇太子監國，因奏改左右萬騎左右營爲龍武軍，與左右羽林爲北門四軍，以福順等爲將軍以押之。龍武官盡功臣，受錫賚，號爲「唐元功臣」。長安良家子避征徭，納資以求隸於其中，遂每軍至數千人。毛仲專知東宫駝馬鷹狗等坊，未逾年，已至大將軍，階三品矣。

玄宗籠絡禁軍，蓋唐代自武德九年六月四日玄武門事變以後，中央政治革命成敗，莫不繫於禁軍也。

中官等妬其全盛逾己，專發其罪。尤倨慢之。中官高品者，毛仲視之蔑如也；如卑品者，小忤意則挫辱如己之僮僕。力士輩恨入骨髓。中官構之彌甚，曰：「北門奴官太盛，豪者皆一心，不除之，必起大患。」（玄宗）詔曰：開府儀同三司兼殿中監霍國公内外閑厩監牧都使王毛仲，宜從遠貶，左領軍大將軍耿國公葛福順貶壁州員外別駕，左監門將軍盧龍子唐地文貶振州員外別駕，右武衛將軍成紀侯李守德貶嚴州員外別駕，守德本宜德也，立功後，改名。右威衛將軍王景耀貶黨州員外別駕，右威衛將軍高廣濟貶道州員外別駕。又詔殺毛仲，及永州而縊之。其後，中官益盛。

「尤倨慢之」在「如卑品者」之下。（録者注：陳先生在書中用「乙」號標出，未著文字。文字為録者據陳先生意所擬。）

此役為中官擅操之權輿，蓋王毛仲等皆禁軍將領也。

卷一百七　列傳第五十七

玄宗諸子

新書八十二。

卷一百八　列傳第五十八

韋見素

新書一百十八。

〔天寶十五年六月〕玄宗蒼黄出幸，莫知所詣。翌日，次馬嵬驛，軍士不得食，流言不遜。龍武將軍陳玄禮懼其亂，乃與飛龍馬家李護國謀於皇太子，請誅國忠，以慰士心。是日，玄禮等禁軍圍行宫，盡誅楊氏。見素遁走，爲亂兵所傷，衆呼曰：「勿傷韋相！」識者救之，獲免。上聞之，令壽王瑁宣慰，賜藥傅瘡。

本書一百八十四宦官傳李輔國傳云：「李輔國，本名静忠，閑廐馬家小兒。禄山之亂，玄宗幸蜀，輔國侍太子扈從至馬嵬，誅楊國忠。」然則李護國即李輔國也。

崔　渙

新書一百二十崔玄暐傳附渙傳。

乾元三年正月，轉大理卿。再遷吏部侍郎、檢校工部尚書、集賢院待詔。遷御史大夫，加税地青苗錢物使。時以此錢充給京百官料，渙爲屬吏希中，以下估爲使料，上估爲百官料。其時爲皇城副留守張清發之，詔下有司訊鞫，渙無詞以對，坐是貶道州刺史。

參本書一百四十八裴垍傳及十一代宗紀大曆元年十一月丙辰詔及三年八月貶崔渙條。

卷一百九　列傳第五十九

馮盎

新書一百十。

阿史那社尒

〔武德〕九年，率衆内屬，拜左騎衛大將軍。歲餘，令尚衡陽長公主，授駙馬都尉，典屯兵於苑内。十四年，授行軍總管，以平高昌。社尒以未奉詔旨，秋毫無所取。軍還，太宗美其廉慎，以高昌所得寶刀并雜綵千段賜之，仍令檢校北門左屯營，封畢國公。

典屯兵於苑内。

新書八十三諸帝公主傳：高祖女衡陽公主下嫁阿史那社尒。

突厥突利弟結社率以郎將宿衛謀反及李思摩亦留宿衛。

阿史那忠

阿史那蘇尼失子忠以擒頡利功，拜左屯衛將軍，妻以宗女定襄縣主，賜名爲忠，單稱史氏。

單稱史氏。

契苾何力

何力固讓……太宗乃止。尋令北門宿衛，檢校屯營事，敕尚臨洮縣主。

令北門宿衛，檢校屯營事。

李多祚

新書一百十。

少以軍功歷位右羽林軍大將軍，前後掌禁兵，北門宿衛二十餘年。神龍初，張柬之將誅張易之兄弟，引多祚將籌其事。謂曰：「將軍在北門幾年？」曰：「三十年矣。」

二十餘年掌禁兵，北門宿衛。

李嗣業

天寶初，隨募至安西，頻經戰鬭。于時諸軍初用陌刀，咸推嗣業爲能。每爲隊頭，所向必陷。

此指天寶時西北諸軍言也。參本書八十四裴行儉傳，蓋調露元年東北諸軍已有陌刀矣。

〔至德二年九月〕嗣業與子儀遇賊於新店，與之力戰，數合，我師初勝而後敗，嗣業遂急應接。迴紇從南山望見官軍敗，曳白旗而下，徑抵賊背，穿賊陣，賊陣西北角先陷。

白旗。

卷一百一十　列傳第六十

李光弼

新書一百三十六。

鄧景山

〔田〕神功至揚州，大掠居人資産，鞭笞發掘略盡。商胡大食波斯等商旅死者數千人。

本書一百二十四田神功傳。

卷一百一十一　列傳第六十一

崔光遠

〔天寶十五載〕八月，同羅背禄山，以厩馬二千出至滻水。光遠閉府門，斬爲盜曳落河二人，遂與長安令蘇震等同出。

參本書一百十五崔器傳，同羅曳落河。

光遠領百餘騎持滿扼其要，分命驍勇持陌刀呼而斬之，殺賊徒二千餘人，虜馬千疋，俘其渠酋一人。

陌刀。

房　琯

新書一百三十九。

琯臨戎謂人曰：「逆黨曳落河雖多，豈能當我劉秩等。」

曳落河。

高　適

適年過五十，始留意詩什，數年之間，體格漸變，以氣質自高，每吟一篇，已爲好事者稱誦。

體格。

卷一百一十二　列傳第六十二

李　峴

詔令侍御史中丞崔伯陽、刑部侍郎李曄、大理卿權獻三司訊之。

三司。

初收東京，受僞官陳希烈已下數百人，崔器希旨深刻，奏皆處死。時〔李〕峴爲三司使，執之曰：「夫事有首從，情有輕重，若一概處死，恐非陛下含弘之義，又失國家惟新之典。……」……廷議數日，方從峴奏，全活者衆。

三司使。

卷一百一十三　列傳第六十三

苗晉卿

天寶三載閏二月，轉魏郡太守，充河北採訪處置使，居職三年，政化洽聞。會入計，上表請歸鄉里。

入計。

裴冕

冕性忠勤，悉心奉公，稍得人心。然不識大體，以聚人曰財，乃下令賣官鬻爵，度尼僧道士，以儲積爲務。人不願者，科令就之，其價益賤，事轉爲弊。

參新書食貨志及通鑑二百三十八元和六年六月丁卯李吉甫奏條。

冕兼掌兵權留守之任，俸錢每月二千餘貫。性本侈靡，好尚車服及營珍饌，名馬在櫪，直數百金者常十數。每會賓友，滋味品數，坐客有昧於名者。自創巾子，其狀新奇，市肆因而效之，呼爲「僕射樣」。初代〔杜〕鴻漸，小吏以俸錢文簿白之，冕顧子弟，喜見於色，其嗜利若此。

參本書一百二十九張延賞傳、一百三十李泌傳。

卷一百一十五　列傳第六十五

崔器

逆胡陷西京，器没於賊，仍守奉先。居無何，屬賊黨同羅叛賊，長安守將安守忠、張通儒並亡匿。

參本書一百一十一崔光遠傳。據此，同羅在禄山軍中之地位可知也。

崔　瓘

大曆五年四月，會月給糧儲，兵馬使臧玠與判官達奚覯忿争，覯曰：「今幸無事。」玠曰：「有事何逃？」厲色而去。是夜，玠遂搆亂，犯州城，以殺達奚覯爲名。瓘惶遽走，逢玠兵至，遂遇害。

杜工部逢此亂。

卷一百一十六　列傳第六十六　肅宗代宗諸子

越王係

〔乾元二年〕七月，詔曰：「越王係幼稟異操，夙懷韜略，負東平之文學，藴任城之智勇。」

「越」應作「趙」，此時係尚未改封越也。

承天皇帝倓

新書八十二。

卷一百一十八　列傳第六十八

元　載

肅宗即位，急於軍務，諸道廉使隨才擢用。時載避地江左，蘇州刺史、江東採訪使李希言表載爲副，拜祠部員外郎，遷洪州刺史。

安禄山之亂，元載亦避亂江左。

節度寄理於涇州。大曆八年，蕃戎入邠寧之後，朝議以爲三輔已西，無襟帶之固，而涇州散地，不足爲守。載嘗爲西州刺史，知河西、隴右之要害，指畫於上前曰：「今國家西境極于潘源，吐蕃防戍在摧沙堡，而原州界其間。原州當西塞之口，接隴山之固，草肥水甘，舊壘存焉。

吐蕃比毀其垣墉，棄之不居。其西則監牧故地，皆有長濠巨塹，重複深固。原州雖早霜，黍稷不藝，而有平涼附其東，獨耕一縣，可以足食。請移京西軍戍原州，乘間築之，貯粟一年。戎人夏牧多在青海，羽書覆至，已逾月矣。今運築並作，不二旬可畢。移子儀大軍居涇，以爲根本，分兵守石門、木峽、隴山之關。北抵于河，皆連山峻嶺，寇不可越。稍置鳴沙縣、豐安軍爲之羽翼，北帶靈武五城爲之形勢。然後舉隴右之地以至安西，是謂斷西戎之脛，朝廷可高枕矣。」兼圖其地形以獻。載密使人踰隴山，入原州，量井泉，計徒庸，車乘畚鍤之器皆具。檢校左僕射田神功沮之曰：「夫興師料敵，老將所難。陛下信一書生言，舉國從之，聽誤矣。」上遲疑不決，會載得罪乃止。

杜牧之河湟詩所謂「元載相公曾借箸」者也。參考元和郡縣志三關内道涇原節度使管内涇、原二州。涇州潘原縣約當今平涼縣東四十里。原州平高縣木峽關在縣西南四十里。本書三八地理志一及元和志四關内道靈州，管：迴樂、靈武、保靜、懷遠、鳴沙、温池。定遠六縣，除去鳴沙，則餘五縣殆所謂靈武五城。吴熙載通鑑地理今釋謂摧沙堡在固原西北。

楊炎

新書一百四十五。

〔楊〕炎以片言移人主意，議者以爲難，中外稱之。初定令式，國家有租賦庸調之法。……如是者殆三十年。炎因奏對，懇言其弊，乃請作兩税法，……户無主客，以見居爲簿；……其田畝之税率以大曆十四年墾田之數爲準而均徵之。……言租庸之令四百餘年，舊制不可輕改。……炎救時之弊，頗有嘉聲。

（録者注：自「炎以片言移人主意」至「頗有嘉聲」全段史文，皆有着重記號。其中「户無主客」之「主」字有存疑記號，並批「土客」。）

初，大曆末，元載議請城原州，以遏西番入寇之衝要，事未行而載誅。及炎得政，建中二年二月，奏請城原州，先牒涇原節度使段秀實，令爲之具。秀實報曰：「凡安邊卻敵之長策，宜緩以計圖之，無宜草草興功也。又春事方作，請待農隙而緝其事。」炎怒，徵秀實爲司農卿。以邠寧别駕李懷光居前督作，以檢校司空平章事朱泚、御史大夫平章事崔寧各統兵萬人以翼後。三月，詔下涇州爲具。涇軍怒而言曰：「吾曹爲國西門之屏，十餘年矣！始治于邠，纔置農桑，地著之安，而徙于此，置榛莽之中，手披足踐，纔立城壘，又投之塞外，吾何罪而置此乎！」李懷光監朔方軍，法令嚴峻，頻殺大將。涇州裨將劉文喜因人怨怒，拒不受詔，上疏復求段秀實爲帥，否則朱泚。於是以朱泚代懷光，文喜又不奉詔。涇有勁兵二萬，閉城拒守，令其子入質吐蕃以求援。時方炎旱，人情騷動，羣臣皆請赦文喜，上皆不省。德宗減服御以給軍人，城中軍士當受春服，賜與如故。命朱泚、李懷光等軍攻之，乃築壘環之。涇州別將劉海賓斬文喜首，傳之闕下。苟非海賓效順，必生邊患，皆因炎以喜怒易帥，涇帥結怨故也。原州竟不能城。

可與本書一百二十八段秀實傳及一百二十七姚令言傳參閱。

黎　幹

新書一百四十五。

卷一百一十九　列傳第六十九

楊　綰

綰生聰惠，年四歲，處羣從之中，敏識過人。嘗夜宴親賓，各舉坐中物以四聲呼之，諸賓未言，綰應聲指鐵燈樹曰:「燈盞柄曲。」衆咸異之。天寶十三年,玄宗御勤政樓,試博通墳典、洞曉玄經、辭藻宏麗、軍謀出衆等舉人,命有司供食,既暮而罷。取辭藻宏麗外,別試詩賦各一首。制舉試詩賦,自此始也。時登科者三人,綰爲之首。

參徐松唐登科記考。

崔祐甫

祖暟,懷州長史。父沔,黄門侍郎,謚曰孝公。家以清儉禮法,爲士流之則。祐甫舉進士,歷壽安尉。安禄山陷洛陽,士庶奔迸,祐甫獨崎危於矢石之間,潛入私廟,負木主以竄。

新書一百四十二崔傳作「世以禮法為聞家」。祐之舉進士,正與李栖筠同,正李德裕所謂例外者也。

及元載敗,楊綰尋卒,常衮當國,杜絶其門,四方奏請,莫有過者,雖權勢與匹夫等。非以辭賦登科者,莫得進用。雖賄賂稍絶,然無所甄異,故賢愚同滯。及祐甫代衮,薦延推舉,無復疑滯,日除十數人,作相未逾年,凡除吏幾八百員,多稱允當。

辭賦為仕進正途。參本卷常衮傳。

朱泚之亂，祐甫妻王氏陷於賊中，泚以嘗與祐甫同列，雅重其爲人，乃遺王氏繒帛菽粟，王氏受而緘封之，及德宗還京，具陳其狀以獻。士君子益重祐甫家法，宜其享令名也。

六朝隋唐士族家法。今洛陽出土祐甫碑，花紋雕刻甚精美宏壯，河南圖書館有影印本也。

崔植

時皇甫鎛以宰相判度支，請減内外官俸禄，植封還敕書，極諫而止。鎛復奏：諸州府鹽院兩稅榷酒鹽利匹段等加估定數及近年天下所納鹽酒利擡估者，一切徵收，詔皆可之。植抗疏論奏，令宰臣召植宣旨嘉諭之，物議罪鎛而美植。

參本書一百四十八裴垍傳。

常衮

衮一切杜絶之，中外百司奏請，皆執不與，權與匹夫等，尤排擯非文辭登科第者。

參本卷崔祐甫傳。

卷一百二十　列傳第七十

郭子儀

〔上元〕三年二月，河中軍亂，殺其帥李國貞。

河中軍亦朔方軍也。李國貞，子儀部將。

〔子儀〕上表進肅宗所賜前後詔敕，因自陳訴曰：「自受恩塞下，制敵行間，東西十年，前後百戰。天寒劍折，濺血霑衣；野宿魂驚，飲冰傷骨。跋涉難阻，出没死生，所仗唯天，以至今日。」

韋莊秦婦吟：「野宿頻銷戰士魂，河津半是寃人血。」余以為「野宿」應作「宿野」，詳見鄙作校箋。如以「野宿」為不誤，則應引汾陽奏中此語為解也。

自西蕃入寇，車駕東幸，天下皆咎程元振，諫官屢論及之。元振懼，又以子儀復立功，不欲天下還京，勸帝且都洛陽以避蕃寇，代宗然之，下詔有日。子儀聞之，因兵部侍郎張重光宣慰，附章論奏曰：「及隋氏季末，煬帝南遷，河洛丘墟，兵戈亂起。高祖唱義，亦先入關，惟能翦滅姦雄，底定區宇。以至太宗、高宗之盛，中宗、玄宗之明，多在秦川，鮮居東洛。間者羯胡構亂，九服分崩，河北、河南，盡從逆命。然而先帝仗朔方之衆，慶緒奔亡；陛下藉西土之師，朝義就戮。豈唯天道助順，抑亦地形使然，此陛下所知，非臣飾説。」

此則宇文泰「關中本位政策」之故，迄安史亂後而情勢迴異矣。

「夫以東周之地，久陷賊中，宮室焚燒，十不存一。百曹荒廢，曾無尺椽，中間畿内，不滿千戶。井邑榛棘，豺狼所嗥，既乏軍儲，又鮮人力。」

其時東都荒殘，西都尚較完整，故子儀之言合於時勢。否則，東都在平時經濟上固較西都為優勝也。

「況明明天子，躬儉節用，苟能黜素餐之吏，去冗食之官，抑豎刁、易牙之權，任蘧瑗、史鰌之直。薄征弛力，卹隱追鰥，委諸相以簡賢任能，付老臣以練兵禦侮，則黎元自理，寇盜自平，中興之功，旬月可冀，卜年之期，永永無極矣。」

若謂勵行節儉，則遷東洛又何不可耶？此則只計揚西都之美而不顧及前節之矛盾者也。「抑豎刁、易牙之權」及「付老臣以練兵禦侮」乃此奏之主旨。

〔永泰元年八月〕，迴紇曰：「令公存乎？僕固懷恩言天可汗已棄四海，令公亦謝世，中國無主，故從其來。今令公存，天可汗存乎？」報之曰：「皇帝萬歲無疆。」迴紇皆曰：「懷恩欺我。」

天可汗。

〔大曆〕二年二月，子儀入朝，宰相元載、王縉、僕射裴冕、京兆尹黎朝、內侍魚朝恩共出錢三十萬，置宴於子儀第，恩出羅錦二百匹，爲子儀纏頭之費，極歡而罷。

纏頭費。

九年，〔子儀〕入朝。既退，復上封論備吐蕃利害，曰：「開元、天寶中，戰士十萬，戰馬三萬，纔敵一隅。中年以僕固之役，又經耗散，人亡三分之二，比於天寶中有十分之一。臣所統將士，不當賊四分之一，所有征馬，不當賊百分之二，誠合固守，不宜與戰。」

戰馬。

〔建中二年夏〕六月十四日〔子儀〕薨。詔曰：「昔天寶多難，羯胡作禍，咸秦失險，河洛爲戎。」

羯胡。

郭　釗

〔元和〕十五年正月，憲宗寢疾彌旬，諸中貴人秉權者欲議廢立，紛紛未定。穆宗在東宮，心甚憂之，遣人問計於釗，釗曰：「殿下身爲皇太子，但旦夕視膳，謹守以俟，又何慮乎！」迄今稱釗得元舅之體。

唐代太子非必繼位，每值舊君彌留之際，宮廷往往有變也。郭后終與穆宗有預聞弑憲宗之嫌疑，詳見裴庭裕東觀奏記。

卷一百二十一　列傳第七十一

僕固懷恩

僕固懷恩，鐵勒部落僕骨歌濫拔延之曾孫，語訛謂之僕固。貞觀二十年，鐵勒九姓大首領率其部落來降，分置瀚海、燕然、金微、幽陵等九都督府於夏州，别爲蕃州以禦邊，授歌濫拔延爲右武衛大將軍、金微都督。拔延生乙李啜拔，乙李啜拔生懷恩，世襲都督。

據其世系，則懷恩乃歌濫拔延之孫，而非曾孫。下文懷恩廣德元年八月二十三日上書，自叙功伐，有「爰自祖父，早沐國恩」之語，則懷恩自是拔延之孫也。

〔至德二年四月〕及迴紇使葉護帝得數千騎來赴國難，南蠻、大食之卒相繼而至。

國難。

酒酣，懷恩起舞，〔中官駱〕奉先贈纏頭綵。

纏頭綵。

李懷光

新書二百二十四上叛臣傳。

〔貞元〕五年，又詔曰：「徵師未達于諸侯，衛士且疲于七萃。」

七萃。

舊唐書卷一百二十一考證

僕固懷恩傳：「公不見來瑱、李光弼之事乎！功成而不見容，二臣以走、誅。」○句疑有誤。新書云：「二臣功高不賞，瑱已及誅。」文義較明。

走，似指李光弼；誅，似指來瑱。新書每遇原文不易解，輒改之。舊書所載，當屬原文，恐非句有誤也。

卷一百二十二　列傳第七十二

張獻誠

張獻誠，陝州平陸人，幽州節度使、幽州大都府長史守珪之子也。天寶末，陷逆賊安禄山，受僞官；連陷史思明，爲思明守汴州，統逆兵數萬。寶應元年冬，東都平，史朝義逃歸汴州，獻誠不納，舉州及所統兵歸國，詔拜汴州刺史，充汴州節度使。

此與薛嵩之為仁貴孫、楚玉子者正同，俱以功臣子居幽燕地，漸染胡化，故為安史之黨徒也。

張獻恭

〔建中〕四年七月，〔張獻恭〕與渾瑊、盧杞、司農卿段秀實與吐蕃尚結贊築壇於京城之西會盟，如清水之儀。

建中四年，唐蕃於京城西會盟。

路嗣恭

嗣恭起於郡縣吏，以至大官，皆以恭恪爲理著稱。及平廣州，商舶之徒，多因晃事誅之，嗣恭前後没其家財寶數百萬貫，盡入私室，不以貢獻。代宗心甚銜之，故嗣恭雖有平方面功，止轉檢校兵部尚書，無所酬勞。

所謂商舶之徒，乃通海外貿易之富商。

崔漢衡

此傳可與吐蕃傳參觀。

楊朝晟

〔貞元〕九年，城鹽州，徵兵以護外境，朝晟分統士馬鎮木波。

白香山新樂府城鹽州。

舊唐書卷一百二十二考證

楊朝晟傳：十五年〔三月〕，免喪，加檢校工部尚書。來年正月卒。○新書「十七年卒于屯」，據德宗本紀「十五年五月卒」。當從新書。臣德潛按：一百四十四卷中復立楊朝晟傳，文中略有更易。惟前傳云「十年春，朝晟奏：方渠、合道、木波，皆賊路也，請城其地以備之」，後傳云「十三年」，顯然互異。

此傳「十」字下殆奪「三」字，非本來有異也。新傳不言何年。詳見通鑑考異貞元十三年三月三城成條。

卷一百二十三　列傳第七十三

劉晏

新書一百四十九。

晏罷相，爲太子賓客。尋授御史大夫，領東都、河南、江淮、山南等道轉運租庸鹽鐵使如故。時新承兵戈之後，中外艱食，京師米斗至一千，官廚無兼時之積，禁軍乏食，畿縣百姓乃挼穗以供之。晏受命後，以轉運爲己任，凡所經歷，必究利病之由。至江淮，以書遺元載曰：「東都殘毀，百無一存。」

可參本書一百二十郭子儀傳諫代宗遷都奏。

「所可疑者，函、陝凋殘，東周尤甚。過宜陽、熊耳，至武牢、成皋，五百里中，編户千餘而已。居無尺椽，人無烟爨，蕭條悽慘，獸遊鬼哭。」

安史之亂，東周荒殘如此，所以後來諸帝欲幸東都，每為臣下諫阻。

初，楊炎爲吏部侍郎，晏爲尚書，各恃權使氣，兩不相得。炎坐元載貶，晏快之，昌言於朝。及炎入相，追怒前事，且以晏與元載隙憾，時人言載之得罪，晏有力焉。炎將爲載復讎。又時人風言代宗寵獨孤妃而又愛其子韓王迥，晏密啓請立獨孤爲皇后。炎因對歔流涕奏言：「賴祖宗福祐，先皇與陛下不爲賊臣所間。不然，劉晏、黎幹之輩，摇動社稷，凶謀果矣。今幹以伏罪，晏猶領權，臣爲宰相，不能正持此事，罪當萬死。」

參本書一百三十七趙涓傳。

第五琦

新書一百四十九。

令琦奏事，至蜀中，琦得謁見，奏言：「方今之急在兵，兵之强弱在賦，賦之所出，江淮居多。若假臣職任，使濟軍須，臣能使賞給之資，不勞聖慮。」玄宗大喜，即日拜監察御史，勾當江淮租庸使。尋拜殿中侍御史。尋加山南等五道度支使，促辦應卒，事無違闕。遷司金郎中、兼御史中丞，使如故。於是創立鹽法，就山海井竈收榷其鹽，官置吏出糶。其舊業户并浮人願爲業者，免其雜徭，隸鹽鐵使，盗煮私市罪有差。百姓除租庸外，無得横賦，人不益税而上用以饒。

轉運江淮及創鹽法間接稅乃天寶後維持中央政權之最大政策，第五琦、劉晏地位之重要可知也。

班宏

時右僕射崔寧考兵部侍郎劉迺上下，宏駁曰：「夷荒靖難，專在節制；尺籍伍符，不校省司。」

尋除吏部侍郎，爲吐蕃會盟使李揆之副。

此當時中央無兵權之實情也。

舊唐書卷一百二十三考證

班宏傳：滂至揚州按徐粲，逮僕妾子姪，得贓鉅萬，乃徙嶺表。故參得罪，宏頗有力焉。○臣德潛按：「徙嶺表」下明有闕文，上初未明竇參之得罪，而以「故」字接下，殊不連屬。宏頗有力焉。勤恪官署，晨入夕歸。○臣德潛按：「宏頗有力焉」下亦不應如此接，疑有闕文。

新書一百四十九班宏傳叙事先後亦與舊傳同。宋景文所見似與今本不異，俟得岑氏校勘記及百衲本校之。

卷一百二十四　列傳第七十四

薛　嵩

祖仁貴，高宗朝名將，封平陽郡公。父楚玉，爲范陽、平盧節度使。嵩少以門蔭，落拓不事家産，有膂力，善騎射，不知書。自天下兵起，束身戎伍，委質逆徒。時懷恩二心已萌。懷恩平河朔旋，乃奏嵩及田承嗣、張忠志、李懷仙分理河北道，詔遂以嵩爲相州刺史，充相、衛、洺、邢等州節度觀察使。

本書一百二十二張獻誠傳，新書二百二十四上僕固懷恩傳。

令狐彰

新書一百四十八。

田神功

新書一百四十四。

田神功，冀州人也。家本微賤。天寶末爲縣里胥，會河朔兵興，從事幽、薊。尋爲鄧景山所引，至揚州，大掠百姓商人資産，郡内比屋發掘略徧，商胡波斯被殺者數千人。

本書一百十鄧景山傳。

侯希逸

新書一百四十四。

侯希逸，平盧人也。少習武藝。天寶末，安禄山反，署其腹心徐歸道爲平盧節度。希逸時爲平盧裨將，率兵與安東都護王玄志襲殺歸道，使以聞，詔以玄志爲平盧節度使。乾元元年冬，玄志病卒，軍人共推立希逸爲平盧軍使，朝廷因授節度使。既數爲賊所迫，希逸率勵將士，累破賊徒向潤客、李懷仙等。既淹歲月，且無救援，又爲奚虜所侵，希逸拔其軍二萬餘人，且行且戰，遂達于青州。會田神功、能元皓於兗州，青州遂陷於希逸，詔就加希逸爲平盧、淄青節度使。自是迄今，淄青節度皆帶平盧之名也。寶應元年，與諸節度同討襲史朝義，平之，加檢校工部尚書，賜實封，圖形凌煙閣。以私艱去職。大曆十一年九月，起復檢校尚書右僕射、上柱國，封淮陽郡王。永泰元年，因與巫者夜宿於城外，軍士乃閉之不納。希逸奔歸朝廷，拜檢校右僕射。久之，加知省事，遷司空。詔出而卒。

本書卷十一代宗紀：永泰元年秋七月辛卯朔，淄青節度使侯希逸為副將李懷玉所逐。

卷十二德宗紀：建中二年七月庚申，司空、淮陽郡王侯希逸卒。

新書六十二宰相表：建中二年七月庚申，檢校右僕射侯希逸為司空，是日卒。「大曆十一年」句，乃永泰元年希逸歸朝後事，插入永泰元年前，殊混淆不清。

李正己

新書二百一十三。

李正己，高麗人也。本名懷玉，生於平盧。希逸母即懷玉姑也。後與希逸同至青州，累至折衝將軍，驍健有勇力。

侯希逸亦至少半種高麗人。

李師古

〔貞元〕十五年正月，師古、杜佑、李欒妾媵並爲國夫人。

君卿以此見譏，見本書一百四十七杜佑傳。

李師道

〔元和〕十年王師討蔡州，師道使賊燒河陰倉，斷建陵橋。（中略）元膺追伊闕兵圍之，賊衆突出殺人，轉掠郊墅，東濟伊水，入嵩山。元膺誡境上兵重購以捕之。數月，有山棚鬻鹿於市，賊遇而奪之，山棚走而徵其黨，或引官軍共圍之谷中，盡獲之。初，師道多買田於伊闕、陸渾之間，凡十所處，欲以舍山棚而衣食之。有訾嘉珍、門察者，潛部分之，以屬圓静，以師道錢千萬僞理嵩山之佛光寺，期以嘉珍竊發時舉火於山中，集二縣山棚人作亂。及窮按之，嘉珍、門察，乃賊武元衡者。

伊闕、陸渾二縣山棚乃游獵為生，蓋胡人部落生活。訾嘉珍、門察之姓名亦不類漢人。

卷一百二十五　列傳第七十五

張　鎰

新書一百五十二。

盧杞忌鎰名重道直，無以陷之，以方用兵西邊，杞乃僞請行，上固以不可，因薦鎰以中書侍郎爲鳳翔隴右節度使代朱泚，與吐蕃相尚結贊等盟於清水。

此節可與長慶唐蕃會盟碑參考。

將盟，鎰與結贊約各以二千人赴壇所，執兵者半之，列於壇外二百步；散從者半之，分立壇下。鎰與賓佐齊映、齊抗及盟官崔漢衡、樊澤、常魯、于頔等七人，皆朝服；結贊與其本國將相論悉頰藏、論熱、論利陁、斯官者、論力徐等亦七人，俱昇壇爲盟。

册府元龜九百八十一作「論臧熱、乞利陁、斯官者、論乞力徐等七人」，俱昇壇為盟。

初，約漢以牛，蕃以馬爲牲，鎰恥與之盟，將殺其禮，乃請結贊曰：「漢非牛不田，蕃非馬不行，今請以羊、豕、犬三物代之。」結贊許諾。

稱唐為漢，可與本書一百四十九張薦傳載張薦事參考。

時塞外無豕，結贊請以羝羊，鎰出犬、白羊，乃坎於壇北刑之，雜血一器而歃。

「一器」，册府作「二器」。

盟文曰：「唐有天下，恢奄禹跡，舟車所至，莫不率俾。以累聖重光，卜年惟永，恢王者之丕業，被四海以聲教。與吐蕃贊普，代爲婚姻，因結鄰好，安危同體，甥舅之國，將二百年。其間或因小忿，棄惠爲讎，封疆騷然，靡有寧歲。皇帝踐阼，愍兹黎元，乃釋俘囚，悉歸蕃落。二國展禮，同兹協和，行人往復，累布成命，是必詐謀不起，兵革不用矣。」

「二國」，册府作「蕃國」。

「彼猶以兩國之要，求之永久，古有結盟，今請用之。國家務息邊人，外其故地，棄利蹈義，堅盟從約。今國家所守界：涇州西至彈箏峽西口，隴州西至清水縣，鳳州西至同父縣，暨劍南西山、大渡河東，爲漢界。」

「同父」，册府作「同谷」，吐蕃傳同，是。

「蕃國守鎮在蘭、渭、原、會，西使臨洮，又東至成州，抵劍南西界磨在些諸蠻、大渡水西南，爲蕃界。」

「西使」，册府作「西至」。「磨在些」，册府作「磨些」，是。

「其兵馬鎮守之處州縣見有居人，彼此兩邊見屬漢諸蠻，以今所分見住處依前爲定。其黄河以北，從故新泉軍直北至大磧，南至賀蘭山駱駝嶺爲界，中間悉爲閑田。」

「南至」賀蘭山，册府作「南直」。

「盟文所有不載者，蕃有兵馬處蕃守，漢有兵馬處漢守，不得侵越。其先未有兵馬處，不得雜置，并築城堡耕種。」

「雜置」，册府及吐蕃傳皆作「新置」，是。

「今二國將相受辭而會，齋戒將事，告天地山川之神，惟神臨照，無得愆墜。其盟文藏於郊廟，副在有司，二國之誠，其永保之。」結贊亦出盟文，不加於坎，但埋牲而已。盟畢，結贊請鎰就疆之西南隅佛幄中焚香爲誓，誓畢，復升壇飲酒。獻酬之禮，各用其物，以將厚意而歸。

「就疆」，册府作「就壇」，是。

柳渾

〔貞元三年〕復奏：「故尚書左丞田季羔，公忠正直，先朝名臣。其祖、父皆以孝行旌表門閭。京城隋朝舊第，季羔一家而已。今被堂姪伯强進狀，請貨宅召市人馬，以討吐蕃。一開此門，恐滋不逞。討賊自有國計，豈資僥倖之徒？且毀棄義門，虧損風教，望少責罰，亦可懲勸。」上可其奏。

貞元時長安城中隋代舊建築物已至少。

卷一百二十六　列傳第七十六

李揆

乾元初，兼禮部侍郎。揆嘗以主司取士，多不考實，徒峻其隄防，索其書策，殊未知藝不至者，

新書一百五十。

文史之囿亦不能摛詞，深味求賢之意也。其試進士文章，請於庭中設五經、諸史及切韻本於床，而引貢士謂之曰：「大國選士，但務得才，經籍在此，請恣尋檢。」由是數月之間，美聲上聞，未及畢事，遷中書侍郎、平章事、集賢殿崇文館大學士、修國史。揆美風儀，善奏對，每有敷陳，皆符獻替。肅宗賞歎之，嘗謂揆曰：「卿門地、人物、文章皆當代所推。」故時人稱爲三絕。

故文苑英華所載登進士及詞科，詩賦皆合切韻也。

卷一百二十七　列傳第七十七

姚令言

〔建中四年十月〕時太尉朱泚罷鎮居晉昌里第。是夜，叛卒謀曰：「朱太尉久囚於宅，若近爲主，大事濟矣。」泚嘗節制涇州，衆知其失權，廢居怏怏，又幸泚寬和，乃請令言率騎迎泚於晉昌里。

通鑑二百二十八建中四年，新書二百二十五中逆臣傳朱泚傳。「近」字疑有誤，待考，下文云「迎泚於胥昌里」，當是「迎」字之譌。無他本可校，故有此批語，可笑可憐！

張光晟

建中元年，迴紇突董梅録領衆并雜種胡等自京師還國，輿載金帛，相屬於道。光晟訝其裝橐頗多，潛令驛吏以長錐刺之，則皆輦歸所誘致京師婦人也。

雜種胡即西域九姓胡。參新唐書二百十七上回鶻傳。

張　涉

上方屬意宰輔，唯賢是擇，故求人於不次之地。

德宗、昭宗求相不論資格，新書宰相表可見。

洪經綸

建中初爲黜陟使。至東都，訪聞魏州田悦食糧兵凡七萬人，經綸素昧時機，先以符停其兵四萬人，令歸農畝。田悦僞順命，即依符罷之；而大集所罷兵士，激怒之曰：「爾等在軍旅，各有父母妻子，既爲黜陟使所罷，如何得衣食？」遂大哭。悦乃盡出家財衣服厚給之，各令還其部伍，自此人堅叛心，由是罷職。及朱泚反，僞授太常少卿。

可知冒昧遣散軍隊鮮有不致亂者。

彭偃

少負俊才，銳於進取，爲當塗者所抑，形於言色。大曆末，爲都官員外郎。

觀其論佛道之文確是俊才。

時劍南東川觀察使李叔明上言，以「佛道二教，無益于時，請粗加澄汰。其東川寺觀，請定爲二等：上寺留僧二十一人；上觀留道士十四人，降殺以七，皆精選有道行者，餘悉令返初。蘭若、道場無名者皆廢」。德宗曰：「叔明此奏，可爲天下通制，不唯劍南一道。」下尚書集議。偃獻議曰：「當今道士，有名無實，時俗鮮重，亂政猶輕。」

當時佛教偉人甚多，道教之勢已不敵，此言可證當日佛道二教盛衰情況。

「況今出家者，皆是無識下劣之流，縱其戒行高潔，在于王者，已無用矣，況是苟避征徭，於殺盜淫穢，無所不犯者乎！今叔明之心甚善，然臣恐其姦吏詆欺，而去者亦必非，留者不必是，無益於國，不能息姦。既不變人心，亦不因人心，強制力持，難致遠耳。臣聞天生烝人，必將有職，遊行浮食，王制所禁。故有才者受爵祿，不肖者出租征，此古之常道也。今天下僧道，不耕而食，不織而衣，廣作危言險語，以惑愚者。一僧衣食，歲計約三萬有餘，五丁所出，不能致此。舉一僧以計天下，其費可知。陛下日旰憂勤，將去人害，此而不救，奚其爲政？臣伏請僧道未滿五十者，每年輸絹四疋；尼及女道士未滿五十者，每年輸絹二疋；其雜色役與百姓同。有才智者令入仕，請還俗爲平人者聽。但令就役輸課，爲僧何傷。臣竊料其所出，不下今之租賦三分之一，然則陛下之國富矣，蒼生之害除矣。其年過五十者，請皆免之。夫子曰：『五十而知天命。』列子曰：『不班白，不知道。』人年五十，嗜欲已衰，縱不出家，心已近道，況戒律檢其情性哉！臣以爲此令既行，僧道規避還俗者固已太半。其年老精修者，必盡爲人師，則道、釋二教益重明矣。」議者是之，上頗善其言。

可與李德裕傳參觀。韓退之「齊人逃賦役，高士著幽禪」之詩正是此意。此乃佛教在唐代唯一政治社會大問題，此與今之主張鴉片專賣政策者同意，一笑。

卷一百二十八　列傳第七十八

段秀實

天寶四載，安西節度馬靈詧署爲別將，從討護蜜有功，授安西府別將。

此馬靈詧即夫蒙靈詧。

〔馬〕璘既奉詔徙鎮涇州，其士衆嘗自四鎮、北庭赴難中原，僑居驟移，頗積勞怨。

本書一百一十八楊炎傳、一百二十七姚令言傳可參閱。據此，則德宗朝朱泚之亂，推溯原因，實由於安、史之變，以四鎮、北庭之戍軍調入腹裏近邊之地，以平內亂，而後來失其統制安輯之道，遂以致之也。

卷一百二十九　列傳第七十九

韓滉

時兩河罷兵，中土寧乂，滉上言：「吐蕃盜有河湟，爲日已久。大曆已前，中國多難，所以肆其侵軼。臣聞其近歲已來，兵衆寖弱，西迫大食之强，北病迴紇之衆，東有南詔之防，計其分鎮之外，戰兵在河、隴五六萬而已。國家第令三數良將，長驅十萬衆，於涼、鄯、洮、渭並修堅城，各置二萬人，足當守禦之要。臣請以當道所貯蓄財賦爲饋運之資，以充三年之費。然後營田積粟，且耕且戰，收復河、隴二十餘州，可翹足而待也。」上甚納其言。

新書一百七十七錢徽傳：「是時（憲宗時），內積財，圖復河湟。」據此奏，可知貞元以來吐蕃所以漸弱之故。須與吐蕃傳、南詔傳、韋皋傳並觀，乃第一等史料也。本書一百三十三李晟傳附愬傳，乃憲宗時事。白香山西涼伎等可參證。

滉之入朝也，路由汴州，厚結劉玄佐，將薦其可任邊事，玄佐納其賂，因許之。及來覲，上訪問焉，初頗稟命，及滉以疾歸第，玄佐意怠，遂辭邊任，盛陳犬戎未衰，不可輕進。滉貞元三年二月，以疾薨，遂寢其事。議者以滉統制一方，頗著勤績，自幼立名貞廉，晚途政甚苛慘，身未達則飾情以進，得其志則本質遂彰。

本書一百四十五劉玄佐傳：是歲（貞元二年）來朝，又拜涇原四鎮北庭等道兵馬副元帥，檢校司空，益封八百户。

本書十二德宗紀上：貞元二年十一月乙未，兩浙節度使韓滉來朝。壬寅，劉玄佐來朝。本書十三德宗紀下：貞元四年正月庚午，以宣武軍行營節度使劉昌為涇州刺史、四鎮北庭行營涇原等州節度使。

新書一百二十六韓滉傳：玄佐入朝，滉薦其可任邊事。（中略）帝善其言，因訪玄佐，玄佐請行。會滉病甚，張延賞奏減州縣冗官，收禄俸，募戰士西討。玄佐慮延賞靳削資儲，辭犬戎未釁，不可輕進，因稱疾。帝遣中人勞問，卧受命。延賞知不可用，乃止。滉尋卒。

新書二百十四藩鎮傳劉玄佐傳：入朝，復兼涇原四鎮北庭兵馬副元帥，檢校司徒。

舊書一百五十二（新書一百七十）劉昌傳：貞元三年，玄佐朝京師，上因以宣武士衆八千委昌北出五原。（寅恪案：此在今甘肅鹽池之五原。）軍中有前却沮事，昌繼斬三百人，遂行。尋以本官授京西北行營節度使。歲餘，授涇州刺史，充四鎮北庭行營，兼涇原節度支度營田等使。昌在西邊僅十五年，强本節用，軍儲豐羨。

寅恪案：劉昌本劉玄佐部下大將，以玄佐兼西北等道兵馬副元帥，以昌帥兵臨邊，即依韓滉計畫，復河、隴之預備也。而昌軍將出五原，即有沮却之事，雖勉强成行，其將士之無心規復舊疆可以見矣。至昌傳盛言其在西邊十五年之政績，不過「强本節用，軍儲豐羨」，則其無拓土復境之功可知矣。

舊唐書十三德宗紀下：貞元十九年五月甲子，四鎮北庭行軍涇原節度使、檢校右僕射、涇州刺史劉昌卒。甲戌，以涇原節度留後段佑為涇州刺史，兼御史大夫、四鎮北庭行軍涇原節度使。

新唐書三十七地理志：原州。廣德元年没吐蕃，節度使馬璘表置行原州於靈臺之百里城。貞元十九年徙治平涼。元和三年又徙治臨涇。大中三年收復關、隴，歸治平高。廣明後復没吐蕃，又僑治臨涇。又鳳翔府屬麟遊縣下注云：〔義寧〕二年以仁壽宮中獲白麟，更郡曰麟遊，又以安定郡（即涇州）之鶉觚并析置靈臺縣隸之。武德元年曰麟州。貞觀元年州廢，省靈臺入麟遊，鶉觚還隸涇州。又涇州屬縣有靈臺，下注云：本鶉觚，天寶元年更名。

元氏長慶集三十誨姪等書：十歲（貞元四年，微之十歲）方知嚴毅之訓。是時尚在鳳翔執卷就陸姊夫師教。至年十五得明經及第。

案元微之生於大曆十四年己未，貞元四年戊辰年十歲，貞元十九年癸未年二十五歲。德宗崩於貞元二十一年正月，是歲即順宗永貞元年，故貞元僅可謂有二十年。劉昌卒於十九年，故白居易西涼伎言「貞元邊將」，元微之西涼伎亦言「連城邊將」，但高會，諒其在鳳翔所親見也。

元氏長慶集五十八夏陽縣令陸翰妻元氏墓誌銘：生十四年遂歸於靈郡陸翰，翰國朝左侍御兼宰相信之玄孫，臨汝令秘之元子。檢新書七十三下宰相世系表：陸氏丹徒枝，敦信相高宗；又有翰，大理司直。其世系殊不似，俟考。

參考本書一百三十三李晟傳附子愬傳。

張弘靖

〔張延賞〕子弘靖，字元理，雅厚信直。弘靖以禄山、思明之亂，始自幽州，欲以事初盡革其俗，乃發禄山墓，毁其棺柩，人尤失望。

新書一百二十七。張延賞附傳多「俗謂禄山、思明為二聖」句。

史臣曰：延賞歷典名藩，皆稱善政，及登大位，乃彰飾情。

韓滉傳云：「議者以滉統制一方，頗著勤績，自幼立名貞廉，晚途政甚苛慘，身未達則飾情以進，得其志則本質遂彰」云云。今傳論乃謂：「延賞歷典名藩，皆稱善政，及登大位，乃彰飾情」云云，雖可以屬之延賞，然檢其詞句，恐是誤滉為延賞也。

卷一百三十　列傳第八十

李泌

新書一百三十九。

初，張延賞大減官員，人情咨怨，泌請復之。泌又奏請罷拾遺、補闕，上雖不從，亦不授人，故諫司惟韓皐、歸登而已。泌仍命收其署飧錢，令登等寓食於中書舍人，故時戲云：「韓諫議雖分左右，歸拾遺莫辨存亡。」如是者三年。至貞元五年，以前東都防禦判官、殿中侍御史、内供奉韋綬爲左補闕，監察御史梁肅右補闕。既復置，人心忻然。順宗在春宮，妃蕭氏母郜國公主交通外人，上疑其有他，連坐貶黜者數人，皇儲亦危。泌百端奏説，上意方解。

順宗為太子時，亦幾有被廢之事，此唐代習見者也。通鑑二百三十二貞元三年六月及二百三十三八月條皆採自鄴侯家傳，故特詳。新書此傳亦採家傳也。

泌頗有讜直之風，而談神仙詭道，或云嘗與赤松子、王喬、安期、羨門遊處，故爲代所輕，雖詭道求容，不爲時君所重。德宗初即位，尤惡巫祝怪誕之士。初，肅宗重陰陽祠祝之説，用妖人王璵爲宰相，或命巫媼乘驛行郡縣以爲厭勝。凡有所興造功役，動牽禁忌。而黎幹用左道位至尹京，嘗内集衆工，編刺珠繡爲御衣，既成而焚之，以爲禳禬，且無虚月。德宗在東宮，頗知其事，即位之後，罷集僧於内道場，除巫祝之祀。有司言宣政内廊壞，請修繕，而太卜云：「孟冬爲魁岡，不利穿築，請卜他月。」帝曰：「春秋之義，啓塞從時，何魁岡之有？」卒命修之。又代宗山陵靈駕發引，上號送於承天門，見轀輬不當道，稍指午未間。問其故，有司對曰：「陛下本命在午，故不敢當道。」上號泣曰：「安有枉靈駕而謀身利？」卒命直午而行。及建中末，寇戎內梗，桑道茂有城奉天之説，上稍以時日禁忌爲意，而雅聞泌長於鬼道，故自外徵還，以至大用，時論不以爲愜。及在相位，隨時俯仰，無足可稱。復引顧況輩輕薄之流，動爲朝士戲侮，頗貽譏誚。年六十八薨，贈太子太傅，賻禮有加。泌放曠敏辯，好大言，自出入中禁，累爲權倖忌嫉，恒由智免，終以言論縱横，上悟聖主，以躋相位。有文集二十卷。

可與本書一百三十卷王璵傳及一百一十八卷黎幹傳，又方伎傳桑道茂傳，并鄴侯外傳參閲。鄴侯家傳乃盛稱其相業，通鑑多採之。

李　繁

延齡聞之，即時請對，盡以城章中欲論事件，一一先自解。及城疏入，德宗以爲妄，不之省。（録者注：中華影印竹簡齋本將「爲妄不之省」五字置於「即時請對」之下，陳先生在原文中以紅筆勾出。）

石印書之譌誤有如此者，可嘆可嘆！此版本之學所以不可不講也。

舊唐書卷一百三十考證

李泌傳○臣德潛按：泌爲童子時，賦「方圓動静」，斥「蕭誠軟美」，已見生平品概。至調護玄宗肅代父子間，後又保全順宗儲位，俱能言人所不敢言，此爲生平大節。他如建議令李、郭制賊，辨盧杞姦邪，破桑道茂語，不使人君以命自諉，並識見之卓絶者。舊書都不之及，但叙其爲宰相後，長于鬼道，唯以神仙惑人，而論斷中謂「乃見狂妄浮薄之蹤」，與王璵並論爲左道惑衆者，殺非公論也。當以新書爲正。

新書旁采鄴侯家傳，或有溢美之詞，然究較舊書為公允也。

卷一百三十一　列傳第八十一

李　勉

〔大曆四年〕除廣州刺史，兼嶺南節度觀察使。前後西域舶泛海至者歲纔四五，勉性廉潔，舶來都不檢閲，故末年至者四十餘。

此廣州海外貿易進港之船數。

李皋

上元初，京師旱，米斗直數千。

以斗計米。

卷一百三十二　列傳第八十二

王虔休

嘗撰誕聖樂曲以進，其表曰：「臣伏見開元中長天節著于甲令，每於是日海縣歡娛，稱萬壽之無疆，樂一人之有慶，故能追堯接舜，邁禹踰湯，自周已後，不能議矣。」先時，有太常樂工劉玠流落至潞州，虔休因令造此曲以進，今中和樂起此也。

本書九玄宗紀下：天寶七載秋八月己亥朔，改千秋節為天長節。是「開元中長天節」云云，亦普通概括言之耳。

李元素

元和初，徵拜御史大夫。自貞元中位缺，久難其人，至是元素以名望召拜，中外聳聽。

貞元中御史大夫位久闕。

卷一百三十三　列傳第八十三

李晟

晟兵軍於朔方軍北，每晟與懷光同至城下，懷光軍輒虜驅牛馬，百姓苦之；晟軍無所犯。懷光軍惡其獨善，乃分所獲與之，晟軍不敢受。久之，懷光將謀沮晟軍，計未有所出。時神策軍以舊例給賜厚於諸軍，懷光奏曰：「賊寇未平，軍中給賜咸宜均一。今神策獨厚，諸軍皆以爲言，臣無以止之，惟陛下裁處。」懷光計欲因是令晟自署侵削己軍，以撓破之。德宗憂之，欲以

新書一百五十四。

諸軍同神策，則財賦不給，無可奈何，乃遣翰林學士陸贄往懷光軍宣諭，仍令懷光與晟參議所宜以聞。贄、晟俱會於懷光軍，懷光言曰：「軍士稟賜不均，何以令戰？」贄未有言，數顧晟。晟曰：「公爲元帥，弛張號令，皆得專之。晟當將一軍，唯公所指，以效死命。至於增損衣食，公當裁之。」懷光默然，無以難晟，又不欲侵刻神策軍發於自己，乃止。

通鑑二百三十興元元年二月胡注：李晟之答懷光，氣和而辭正，故能伐其謀。

六月四日，晟破賊露布至梁州，上覽之感泣，羣臣無不隕涕，因上壽稱萬歲，奏曰：「李晟虔奉聖謨，盪滌兇醜。然古之樹勳，力復都邑者，往往有之；至於不驚宗廟，不易市肆，長安人不識旗鼓，安堵如初，自三代以來，未之有也。」上曰：「天生李晟，爲社稷萬人，不爲朕也。」百官拜賀而退。是日，晟斬僞相李忠臣、張光晟、蔣鎮、喬琳、洪經綸、崔宣等，又表守臣節不屈于賊者程鎮之、劉迺、蔣沇、趙曄、薛岌等。

國史補上：李令軍逼神鹿倉，張光晟內應，晟乃得入，先斬光晟。又與駱元光争功，置毒以待元光，方食而覺，走歸營，不復更出。然晟功最大也。奉天記謂晟攘渾瑊收京功，觀陸宣公翰苑，知制似不誣也。

貞元二年九月，吐蕃用尚結贊之計，乃大興兵入隴州，抵鳳翔，無所虜掠，且曰：「召我來，何不以牛酒犒勞？」徐乃引去，持是間晟也。十月，晟出師襲吐蕃摧沙堡，拔之，斬其堡使扈屈律悉蒙等，自是結贊數遣使乞和。十二月，晟朝京師，奏曰：「戎狄無信，不可許。」宰相韓滉又扶晟議，請調軍食以給晟，命將擊之。上方厭兵，疑將帥生事邀功。會滉卒，張延賞秉政，與晟有隙，屢於上前間晟，言不可久令典兵。延賞欲用劉玄佐、李抱真，委以西北邊事，俾立功以壓晟，德宗竟納延賞之言，罷晟兵柄。三年三月，册拜晟爲太尉、中書令，奉朝請而已。

參觀劉玄佐傳、韓滉傳、張延賞傳。

李 愬

憲宗有意復隴右故地，元和十三年五月，授愬鳳翔隴右節度使，仍詔路由闕下。

憲宗圖復河湟，參杜牧詩集河湟七律，新書吐蕃傳下，李相論事集，元稹、白居易新樂府西涼伎。

李 憲

穆宗即位，以太和公主降迴鶻，命金吾大將軍胡証充送公主使，命憲副之。

册府元龜九百七十九外臣部和親門。

卷一百三十四　列傳第八十四

馬　暢

新書一百五十五。

暢以父〔燧〕蔭累遷至鴻臚少卿，留京師。燧貲貨甲天下，燧既卒，暢承舊業，屢爲豪幸邀取。貞元末，中尉楊志廉諷暢令獻田園第宅，順宗復賜暢。初爲彙（亦馬燧子）妻所訴，析其產。中貴又逼取，仍指使施於佛寺，暢不敢吝。晚年財產並盡。身殁之後，諸子無室可居，以至凍餒。今奉誠園亭館，即暢舊第也。

白香山新樂府杏為梁詩云：「不見馬家宅，今作奉誠園。」

渾　瑊

〔貞元〕十五年十二月二日薨於鎮。

瑊薨日，舊紀作「庚午」，新紀與通鑑作「辛未」。考長曆，貞元十五年十二月庚午朔，是十二月二日為辛未，此傳與歐、馬之書合，而舊紀誤也。

卷一百三十五　列傳第八十五

盧　杞

新書二百二十三下姦臣傳。

河北、河南連兵不息。度支使杜佑計諸道用軍月費一百餘萬貫，京師帑廩不支數月；且得五百萬，可支半歲，則用兵濟矣。杞乃以户部侍郎趙贊判度支，贊亦計無所施，乃與其黨太常博士韋都賓等謀行括率，以爲泉貨所聚，在於富商，錢出萬貫者，留萬貫爲業，有餘，官借以給軍，冀得五百萬貫。上許之，約以罷兵後以公錢還。敕既下，京兆少尹韋禎督責頗峻，長安尉薛萃荷校乘車，搜人財貨，意其不實，即行搒箠，人不勝寃痛，或有自縊而死者，京師囂然如被賊盜。都計富户田宅奴婢等估，纔及八十八萬貫。又以僦櫃納質、積錢貨、貯粟麥等，一切借四分之一，封其櫃窖，長安爲之罷市，百姓相率千萬衆邀宰相於道訴之。杞初雖慰諭，後無以遏，即疾驅而歸。計僦質與商借，纔二百萬貫。

當時長安之窮可見。

盧元輔

元輔自祖至曾，以名節著於史册。元輔簡絜貞方，綽繼門風，歷踐清貫，人亦不以父之醜行爲累，人士歸美。

唐世士族尚有魏晉北朝遺風也。

裴延齡

〔延齡〕對曰：「至於迴紇馬價，用一分錢物，尚有贏羨甚多。」

迴紇馬價乃當時財政大問題。參新書食貨志，白香山新樂府陰山道等。

〔貞元〕十一年春暮，上數畋于苑中，時久旱，人情憂惴，延齡遽上疏曰：「陸贄、李充等失權，心懷怨望，今專大言於衆曰：『天下炎旱，人庶流亡，度支多欠闕諸軍糧草。』以激怒羣情。」後數日，上又幸苑中，適會神策軍人訴度支欠厩馬芻草。上思延齡言，即時迴駕，下詔斥逐贄、充、滂、銛等，朝廷中外惴恐。

德宗有戒於涇師之變故也。

李齊運

新書一百六十七。

末以妾衛氏爲正室，身爲禮部尚書，冕服以行其禮，人士嗤誚。

杜君卿猶以此致譏，何況齊運？

李實

〔貞元〕二十年春夏旱，關中大歉，實爲政猛暴，方務聚斂進奉，以固恩顧，百姓所訴，一不介意。因入對，德宗問人疾苦，實奏曰：「今年雖旱，穀田甚好。」由是租税皆不免，人窮無告，乃徹屋瓦木，賣麥苗以供賦斂。優人成輔端因戲作語，爲秦民艱苦之狀云：「秦地城池二百年，何期如此賤田園。一頃麥苗伍石米，三間堂屋二千錢。」凡如此語有數十篇。實聞之怒，言輔端誹謗國政，德宗遽令決殺。當時言者曰：「瞽誦箴諫，取其詼諧以託諷諫，優伶舊事也。設謗木，採芻蕘，本欲達下情，存諷議，輔端不可加罪。」德宗亦深悔，京師無不切齒以怒實。

此亦白香山之秦中吟也。

皇甫鎛

裴度有用兵伐叛之功，鎛心嫉之，與宰相李逢吉、令狐楚合勢擠度出鎮太原。崔羣有公望，爲搢紳所重，屢言時政之弊，鎛惡之，因議憲宗尊號，乃奏曰：「昨羣臣議上徽號，崔羣於陛下惜『孝德』兩字。」憲宗怒，黜羣爲湖南觀察使。又與金吾將軍李道古叶爲奸謀，薦引方士柳泌、僧大通，言可致長生。中尉吐突承璀恩寵莫二，鎛厚賂結其歡心，故及相位。穆宗在東宫，備聞鎛之奸邪，及居諒闇，聽政之日，詔：「〔皇甫鎛〕合加竄殛，以正刑章，俾黜遐荒，尚存寬典。」又詔曰：「山人柳泌輒懷左道，上惑先朝，固求牧人，貴欲疑衆，自知虚誕，仍便奔逃。宜付京兆府決重杖一頓處死。」

憲宗於永貞内禪有慚德，故皇甫以崔羣惜「孝德」二字激之。鎛又吐突承璀之黨，故穆宗藉其薦柳泌事貶之。其為奸人固不俟言，而其得罪之因，又別有所在也。

鎛卒於貶所。

此傳始終未言鎛貶何處，屬文之疏也。

卷一百三十六　列傳第八十六

盧邁

新書一百五十。

盧邁字子玄，范陽人。少以孝友謹厚稱，深爲叔舅崔祐甫所親重。兩經及第。轉給事中，屬校定考課，邁固讓，以授官日近，未有政績，不敢當上考，時人重之。遷尚書右丞。邁〔貞元〕九年以本官同中書門下平章事。歲餘，遷中書侍郎。邁從父弟迟，爲劍南西川判官，卒於成都，歸葬於洛陽，路由京師，邁奏請至城東哭於其柩，許之。近代宰臣多自以爲崇重，三服之親，或不過從而弔臨；而邁獨振薄俗，請臨弟喪，士君子是之。

邁為崔祐甫之甥，故猶有士族舊時禮法，與崔損異矣。其以明經而不以進士進身亦可注意。

崔　損

新書一百六十七。

崔損字至無，博陵人。高祖行功已後，名位卑替。損大曆末進士擢第，登博學宏詞科。身居宰相，母野殯，不言展墓，不議遷祔；姊爲尼，歿於近寺，終喪不臨，士君子罪之。

崔氏雖為山東舊族，然至彼時，實已式微，故由進士致通顯，仍可目為與新興之進士階級同流，不得因其為博陵崔氏而誤認也。六朝舊家最重禮法，崔損如此，足知其雖是博陵崔氏，而與新興之進士階級無殊，故亦可視為新興階級也。可與本卷盧邁傳參閱。

卷一百三十七　列傳第八十七

趙　涓

新書一百六十一。

永泰初，涓爲監察御史。時禁中失火，燒屋室數十間，火發處與東宮稍近，代宗深疑之，涓爲巡使，俾令即訊。

德宗在東宮亦幾被廢，參本書一百二十三劉晏傳。

呂温

新書一百六十。

〔元和〕三年，吉甫爲中官所惡，將出鎮揚州，温欲乘其有間傾之。吉甫以疾在第，召醫人陳登診視，夜宿于安邑里第。温伺知之，詰旦，令吏捕登鞫問之，又奏劾吉甫交通術士。憲宗異之，召登面訊，其事皆虛，乃貶羣爲湖南觀察使，羊士諤資州刺史，温均州刺史。朝議以所責太輕，羣再貶黔南，温貶道州刺史。五年，轉衡州，秩滿歸京，不得意，發疾卒。

參本書一百六十四李絳傳。吉甫黨於吐突承璀，此云「為中官所惡」者，蓋中官本又分黨也。

鄭雲逵

新書一百六十一。

卷一百三十八　列傳第八十八

賈　躭

新書一百六十六。

姜公輔

登進士第，爲校書郎。應制策科高等，授左拾遺，召入翰林爲學士。歲滿當改官，公輔上書自陳，以母老家貧，以府掾俸給稍優，乃求兼京兆尹户曹參軍，特承恩顧。

白香山即援此例。

卷一百三十九　列傳第八十九

陸贄

贄初入翰林，特承德宗異顧，歌詩戲狎，朝夕陪遊。及出居艱阻之中，雖有宰臣，而謀猷參決，多出於贄，故當時目爲「内相」。從幸山南，道途艱險，扈從不及，與帝相失，一夕不至，上喻軍士曰：「得贄者賞千金。」翌日，贄謁見，上喜形顔色，其寵待如此。既與二吴不協，漸加浸潤，恩禮稍薄，及通玄敗，上知誣枉，遂復見用。嘗以「詞詔所出，中書舍人之職，軍興之際，促迫應務，權令學士代之；朝野乂寧，合歸職分，其命將相制詔，却付中書行遣」。又言「學士私臣，玄宗初令待詔，止於唱和文章而已」。物議是之。德宗以贄指斥通微、通玄，故不可其奏。初，贄秉政，貶駕部員外郎李吉甫爲明州長史，量移忠州刺史。贄在忠州，與吉甫相遇，昆弟、門人咸爲贄憂，而吉甫忻然厚禮，都不銜前事，以宰相禮事之，猶恐其未信不安，日與贄相狎，若平生交契者。贄初猶慚懼，後乃深交。時論以吉甫爲長者。

參觀本書一百九十下文苑傳吴通玄傳。葉水心習學記言亦有論此之文。

卷一百四十　列傳第九十

韋　皋

新書一百五十八。

貞元元年，拜檢校户部尚書，兼成都尹、御史大夫、劍南西川節度使，代張延賞。皋以雲南蠻衆數十萬與吐蕃和好，蕃人入寇，必以蠻爲前鋒。四年，皋遣判官崔佐時入南詔蠻，説令向化，以離吐蕃之助。佐時至蠻國羊咀咩城，其王異牟尋忻然接遇，請絶吐蕃，遣使朝貢。其年，遣東蠻鬼主驃傍，苴夢衝、苴烏等相率入朝。南蠻自嶲州陷没，臣屬吐蕃，絶朝貢者二十餘年，至是復通。

新書一百五十八皋傳：初，雲南蠻羈附吐蕃，其盜塞必以蠻為鄉道。皋計得雲南則斬虜右支。

卷一百四十一　列傳第九十一

田承嗣

新書二百十。

承嗣不習教義，沉猜好勇。而生於朔野，志性兇逆，每王人慰安，言詞不遜。

承嗣生於朔野，不習教義，即河朔胡化之明證也。

田弘正

新書一百四十八。

張孝忠

新書一百四十八。

貞元二年，河北蝗旱，米斗一千五百文。

以斗論米價。

張茂昭

〔茂昭元和五年〕十二月十二日，至京師。故事，雙日不坐。是日，特開延英殿，對茂昭，五刻乃罷。

雙日不坐朝。

卷一百四十二　列傳第九十二

王廷湊

宰相崔祐甫不曉兵家，膠柱於常態，以至復失河朔。

崔祐甫乃崔植之誤。

卷一百四十三　列傳第九十三

朱　滔

新書二百一十二。

劉　澭

及順宗傳位，稱太上皇，有山人羅令則詣澭言異端數百言，皆廢立之事，澭立命繫之。令則又云「某之黨多矣」，約以德宗山陵時伺便而動。澭械令則送京師，杖死之。

永貞內禪之餘波。

程日華

新書二百一十三。

卷一百四十四　列傳第九十四

杜希全

〔貞元〕九年，詔曰：「鹽州地當衝要，遠介朔陲，東達銀夏，西援靈武，密邇延慶，保扞王畿。是用弘久遠之謀，修五原之壘，使邊城有守，中夏克寧，不有暫勞，安能永逸？」

元和郡縣圖志四：鹽州治五原縣。五原謂龍游原、乞地千原、青領原、可嵐貞原、横槽原。白香山城鹽州新樂府所謂「五原原上頭」者也。

尉遲勝

本于闐王珪之長子，少嗣位。天寶中來朝，獻名馬、美玉，玄宗嘉之，妻以宗室女，授右威衛將軍、毗沙府都督還國。至德初，聞安禄山反，勝乃命弟曜行國事，自率兵五千赴難。廣德中，拜驃騎大將軍、毗沙府都督、于闐王，令還國。勝固請留宿衛，加開府儀同三司，封武都王，實封百户。勝請以本國王授曜，詔從之。建中末，從幸奉天，爲兼御史中丞。駕在興元，勝爲右領軍將軍，俄遷右威衛大將軍，歷睦王傅。貞元初，曜遣使上疏，稱：「有國以來，代嫡承嗣，兄勝既讓國，請傳勝子銳。」上乃以銳爲檢校光祿卿兼毗沙府長史還，固辭，且言曰：「曜久行國事，人皆悅服。銳生於京華，不習國俗，不可遣往。」因授韶王諮議。兄弟讓國，人多稱之。府除，以勝爲原王傅。卒年六十四。貞元十年，贈涼州都督。子銳嗣。

于闐國主之世系，可取此參考。

楊朝晟

新書一百五十六。與本書一百二十二傳重複。

卷一百四十五　列傳第九十五

陸長源

新書一百五十一。

歷建、信二州刺史。浙西節度韓滉兼領江淮轉運，奏長源檢校郎中、兼中丞，充轉運副使。罷爲都官郎中，改萬年縣令，出爲汝州刺史。貞元十二年，授檢校禮部尚書、宣武軍行軍司馬，汴州政事，皆決斷之。

歐陽詹益昌行記長源利州美政。

李忠臣

新書二百二十四下叛臣傳。

李希烈

新書二百二十五中逆臣傳。

初，希烈於唐州得象一頭，以爲瑞應。

李希烈於唐州得象一頭。

吴少陽

汝南多廣野大澤，得豢馬畜，時奪掠壽州茶山之利。内則數匿亡命，以富實其軍。

壽州茶利。

吴元濟

又得陰山府沙陀驍騎、邯鄲勇卒，光顔、重胤之奮命，及丞相臨統，破諸將首尾之計，方擒元惡。

胡騎之功。

申、蔡之始，人劫於希烈、少陽之虐法，而忘其所歸。數十年之後，長者衰喪，而壯者安於毒暴而恬於搏噬。地既少馬，而廣畜騾，乘之教戰，謂之「騾子軍」，尤稱勇悍，而甲仗皆畫爲雷公星文以爲厭勝，而少誠能以姦謀固衆心。初，韓全義敗於溵水，蔡兵于全義帳中得公卿間問訊書，少誠束而諭衆曰：「朝廷公卿以此書託全義，收蔡州日，乞一將士妻女以爲婢妾。」以此激怒其衆，絶其歸向之心。是以蔡人有老死不聞天子恩宥者，故堅爲賊用。地雖中州，人心過于夷貊，乃至搜閱天下豪鋭，三年而後屈者，彼非將才而力備，蓋勢驅性習，不知教義之所致也。

此節詳實，頗勝於昌黎平淮西碑。

元濟至京，憲宗御興安門受俘，百僚樓前稱賀，乃獻廟社，徇于兩市，斬之於獨柳，時年三十五。其夜失其首。

是知其黨羽之衆。

卷一百四十六　列傳第九十六

李　説

〔王〕定遠恃立説之功，頗恣縱橫，軍政皆自專决，仍請賜印。監軍有印，自定遠始也。

監軍印。

裴玢

裴玢，京兆人。五代祖疏勒國王綽，武德中來朝，授鷹揚大將軍，封天山郡公，因留闕下，遂爲京兆人。

疏勒國王姓裴。

卷一百四十七　列傳第九十七

杜黄裳

黄裳殁後，賄賂事發。〔元和〕八年四月，御史臺奏：「前永樂令吴憑爲僧鑒虚受託，與故司空杜黄裳，於故州邠寧節度使高崇文處納賂四萬五千貫，並付黄裳男載，按問引伏。」敕曰：「吴憑曾佐使府，忝履宦途，自宜畏法惜身，豈得爲人通貨！事闕非道，理合懲愆，宜配流昭州。其付杜載錢物，宰輔之任，寵寄實深，致茲貨財，不能拒絶，已令按問，悉合徵收，貴全終始之恩，俾弘寬大之典。其所取錢物，並宜矜免，杜載等並釋放。」

參本書一百五十三薛存誠傳、一百五十六于頔傳、國史補。

杜佑

新書一百六十六。

曾祖行敏，荆、益二州都督府長史、南陽郡公。祖愨，右司員外郎、詳正學士。父希望，歷鴻臚卿、恒州刺史、西河太守，贈右僕射。

新書七十二上宰相世系表杜氏條：「崇懿，官尹丞、右司員外郎、麗正殿學士。」「懿」與「愨」字形近。

元和元年，册拜司徒、同平章事，封岐國公。時河西党項潛導吐蕃入寇，邊將邀功，亟請擊之。佑上疏論之曰：「國家自天后已來，突厥默啜兵强氣勇，屢寇邊城，爲害頗甚。開元初，邊將郝靈佺親捕斬之，傳首闕下，自以爲功，代莫與二，坐望榮寵。宋璟爲相，慮武臣邀功，爲國生事，止授以郎將。由是訖開元之盛，無人復議開邊，中國遂寧，外夷亦静。此皆成敗可徵，鑒戒非遠。」

通考考異、梁溪漫志八樹稼靈佺條。岑刊本舊唐書考證、會要一百九十八党項羌門引作「靈荃」。

杜悰

會昌中，拜中書侍郎、同中書門下平章事，尋加左僕射。大中初，出鎮西川，降先没吐蕃維州。州即古西戎地也。其地南界江陽，岷山連嶺而西，不知其極，北望隴山，積雪如玉，東望成都，若在井底。地接石紐山，夏禹生于石紐山是也。其州在岷山之孤峯，三面臨江。天寶後，河、隴繼陷，惟此州在焉。吐蕃利其險要，二十年間，設計得之，遂據其城，因號曰「無憂城」，吐蕃由是不虞邛、蜀之兵。先是，李德裕鎮西川，維州吐蕃首領悉怛謀以城來降，德裕奏之，執政者與德裕不協，遽勒還其城。至是復收之，亦不因兵刃，乃人情所歸也。

參觀本書一百七十四李德裕傳及一百七十二牛僧孺傳。

卷一百四十八　列傳第九十八

裴垍

新書一百六十九。

先是，天下百姓輸賦於州府：一曰上供，二曰送使，三曰留州。建中初定兩稅時，貨重錢輕；是後貨輕錢重，齊人所出，固已倍其初征，而其留州、送使，所在長吏又降省估，使就實估，以自封殖而重賦於人。及垍爲相，奏請：「天下留州、送使物，一切令依省估。其所在觀察使仍以其所涖之郡租賦自給，若不足，然後徵於支郡。」其諸州送使額，悉變爲上供。故江淮稍息肩。

陸宣公奏議均節賦稅疏第一之「增長本價」，即虛估。又折估即第一條末所謂「諸州府送稅物到京，但與色樣相符，不得虛稱折估」者是也。

册府元龜五百六邦計部俸禄門內外官俸料錢條，唐會要九十一，大曆十二年五月，中書門下奏定外官每月雜給准時估，不得過若干。所謂時估，即實估也。

通鑑二百三十七：元和三年九月丙申，以户部侍郎裴垍為中書侍郎、同平章事等條下，胡注：「省估者，都省所立價也。」

陸宣公中書奏議六十二請均節賦稅恤百姓六條，其二請兩稅以布帛為額，不計錢數云：「自定兩稅以來，又增虛估。廣求羨利，以增稅錢。」

王國維釋幣下：唐六典：刑部郎中、員外郎職，凡計贓者以絹平之。注：准律以當處中絹估平之。唐會要四十定贓估條：開元十六年五月二日，御史中丞李林甫奏：「天下定贓估互有高下，如山南絹賤，河南絹貴，賤處計贓不至三百即入死刑，貴處至七百以上方至死罪。請定天下定贓估絹每匹計五百五十為限。」敕依。唐律名例篇，諸平贓者據犯處當時物價及上絹估。六典注則云「以中絹估」。蓋以上絹估者初唐之事，而以中絹估者開元之事，林甫所奏皆指當時中絹一匹之價也。

唐會要八十三租稅上元和四年十二月、五年正月、六年二月諸條，皆原文資料，極重要。

本書一百八崔渙傳：遷御史大夫，加稅地青苗錢物使。時以此錢充給京百官料，渙為屬吏，希中以下估為使料，上估為百官料。坐是貶道州刺史。

本書十一代宗紀：大曆三年八月，御史大夫崔渙為稅地青苗錢使，給百官俸錢不平，詔尚書左丞蔣渙按鞫，貶崔渙為道州刺史。同卷大曆元年十一月丙辰，詔：京兆府……青苗地頭錢宜三分取一。在京諸司官員久不請俸，頗聞艱辛。其諸州府縣官，及折衝府官職田，據苗子多少，三分取一，隨處糶貨，市輕貨以送上都，納青苗錢庫，以助均給百官。

本書一百十九崔祐甫附植傳云：「時皇甫鎛以宰相判度支，請減內外官俸祿。植封還敕書，極諫而止。鎛復奏諸州府鹽院兩稅、榷酒、鹽利、匹段等加估定數，及近年天下所納鹽酒利擡估者，一切徵收。詔旨皆可之。植抗疏論奏，令宰臣召植宣旨嘉諭之。物議罪鎛而美植。」

本書一百七十七崔慎由傳附崔從傳：「〔大和〕四年三月，召拜檢校左僕射，兼揚州大都督府長史、御史大夫，充淮南節度副大使，知節度事。揚府舊制，官吏祿俸有布帛加估之給，節度使獨不在此例。從至，一例估折給之。」

寅恪案：此加估即虛估也。而新唐書一百十四崔融附從傳作「官吏俸帛常加倍以給，獨節度使則否，從皆與之同」，宋子京殆不解加估之義，而誤易文句也。舊傳本意，舉此例以見從之清廉，若如新傳所改，是從為好利增己俸矣。

舊書十八上武宗紀：會昌六年二月壬辰，敕：「諸道鑄錢，已有次第，須令舊錢流布，絹價值稍增。文武百僚俸料，起三月一日，並給見錢一半。先給疋段，對估時價，皆給見錢。」

舊書十七上敬宗紀：長慶四年七月丁卯，敕以穀貴，凡給百官俸內一半合給匹段，今宜給粟，每㪷折錢五十文。

舊書十六穆宗紀：元和十五年六月己卯，放京兆府今年夏青苗錢八萬三千五百六十貫，宜委令狐楚，以楚山陵用不盡綾絹，准實估付京兆府，代所放青苗錢。

舊書十四憲宗紀上：元和六年四月，王播奏：江淮河嶺已南、兗鄆等鹽院，元和五年都收賣鹽價錢六百九十八萬五千五百貫。校量未改法已前四倍擡估，虛錢一千七百四十六萬三千七百貫。除鹽本外，付度支收管。從之。

李吉甫

新書一百四十六。

〔元和〕二年春，擢吉甫爲中書侍郎、平章事。〔三年〕九月，拜檢校兵部尚書，兼中書侍郎、平章事，充淮南節度使。〔六年〕正月，授吉甫金紫光禄大夫、中書侍郎、平章事、集賢殿大學士、監修國史、上柱國、趙國公。

元和二年，吉甫五十歲；元和三年，吉甫五十一歲；元和六年，吉甫五十四歲。

新書八十三公主傳：德宗十一女：魏國憲穆公主，始封義陽。鄭國莊穆公主，始封義章。

初，貞元中，義陽、義章二公主咸於墓所造祠堂一百二十間，費錢數萬。

本書一百六十四李絳傳：以吉甫通於吐突承璀，蓋承璀主用兵之黨也。

淮西節度使吴少陽卒，其子元濟請襲父位。吉甫以爲淮西内地，不同河朔，且四境無黨援，國家常宿數十萬兵以爲守禦，宜因時而取之。頗叶上旨，始爲經度淮西之謀。

權德輿

父皋，字士繇，後秦尚書翼之後。兩京蹂於胡騎，士君子多以家渡江東，知名之士如李華、柳識兄弟者，皆仰皋之德而友善之。

安史之亂，兩京士大夫多以家避遷江東。

卷一百四十九　列傳第九十九

歸崇敬

崇敬以國學及官名不稱，請改國學之制，兼更其名，曰：「習業考試，並以明經爲名。得第者，授官之資與進士同。」

足見明經授官之資不如進士。

張　薦

祖鷟字文成，聰警絶倫，書無不覽。鷟下筆敏速，著述尤多，言頗詼諧。是時天下知名，無賢不肖，皆記誦其文。天后朝，中使馬仙童陷默啜，默啜謂仙童曰：「張文成在否？」曰：「近自御史貶官。」默啜曰：「國有此人而不用，漢無能爲也。」新羅、日本東夷諸蕃，尤重其文，每遣使入朝，必重出金貝以購其文，其才名遠播如此。

此與唐蕃會盟碑之稱漢同，亦與今日海外之稱唐不異也。史記大宛傳漢人之稱秦人亦然。遊仙窟所以尚存於日本，并可見傳言非誇詞。

有文集三十卷，及所撰五服圖、宰輔略、靈怪集、江左寓居録等並傳於時。

靈怪集。

柳　登

父芳，肅宗朝史官。屬安史亂離，國史散落，編綴所聞，率多闕漏。上元中坐事徙黔中，遇内官高力士亦貶巫州，遇諸途。芳以所疑禁中事，咨於力士。力士説開元、天寶中時政事，芳隨口志之。又以國史已成，經於奏御，不可復改，乃别撰唐曆四十卷，以力士所傳，載於年曆之下。

柳氏舊聞，禁中事秘，故非問不知。

沈傳師

父既濟，博通羣籍，史筆尤工，吏部侍郎楊炎見而稱之。建中初，炎爲宰相，薦既濟才堪史任，召拜左拾遺、史館修撰。

新書一百三十二有沈既濟傳。

卷一百五十一　列傳第一百一

高崇文

其先渤海人。〔貞元〕十四年，爲長武城使，積粟練兵，軍聲大振。〔元和元年〕八月，阿趺光顔與崇文約，到行營愆一日，懼誅，乃深入以自贖，故軍於鹿頭西大河之口，以斷賊糧道，賊大駭。

李光顔本迴紇阿跌部人。

范希朝

振武有党項、室韋，交居川阜，凌犯爲盜，日入匿作，謂之「刮城門」。

室韋。

突厥別部有沙陀者，北方推其勇勁，希朝誘致之，自甘州舉族來歸，衆且萬人。其後以之討賊，所至有功。

沙陀為突厥別部。

王鍔

遷廣州刺史、御史大夫、嶺南節度使。廣人與夷人雜處，地征薄而叢求於川市。鍔能計居人之業而榷其利，所得與兩税相埒。鍔以兩税錢上供時進及供奉外，餘皆自入。西南大海中諸國舶至，則盡没其利，由是鍔家財富於公藏。日發十餘艇，重以犀象珠貝，稱商貨而出諸境。

周以歲時，循環不絕，凡八年，京師權門多富鍔之財。

參觀本書一百五十二王茂元傳及一百六十三胡証傳，一百七十七盧鈞傳，一百七十八鄭畋傳。

卷一百五十二　列傳第一百二

王茂元

大和中，檢校工部尚書，廣州刺史，嶺南節度使。南中多異貨，茂元積聚家財鉅萬計。李訓之敗，中官利其財，掎摭其事，言茂元因王涯、鄭注見用。茂元懼，罄家財以賂兩軍，以是授忠武軍節度、陳許觀察使。

參觀本書一百五十一王鍔傳及一百六十三胡証傳，一百七十七盧鈞傳，一百七十八鄭畋傳。

劉昌

新書一百七十。

貞元三年，玄佐朝京師，上因以宣武士衆八千委昌北出五原。軍中有前却沮事，昌繼斬三百人，遂行。歲餘，授涇州刺史，充四鎮北庭行營，兼涇原節度支度營田等使。昌在西邊僅十五年，强本節用，軍儲豐羨。卒年六十四。

本書十三德宗紀下：貞元四年四月庚午，以宣武軍行營節度使劉昌為涇州刺史、四鎮北庭行軍涇原等州節度使。十九年五月甲子，四鎮北庭行軍涇原節度使、檢校右僕射、涇州刺史劉昌卒。據元微之西涼伎樂府，疑此傳之贊頌昌，乃據其碑志溢美之詞也。

卷一百五十三　列傳第一百三

袁高

貞元二年，上以關輔禄山之後，百姓貧乏，田疇荒穢，詔諸道進耕牛。

禄山亂後，關輔田疇荒蕪，百姓貧乏。

薛存誠

僧鑒虚者，自貞元中交結權倖，招懷賂遺，倚中人爲城社，吏不敢繩。會于頔杜黄裳家事私發，連逮鑒虚下獄。

參本書一百五十六于頔傳、一百四十七杜黄裳傳、國史補。

卷一百五十四　列傳第一百四

許孟容

自興元已後，禁軍有功，又中貴之尤有渥恩者，方得護軍，故軍士日益縱横，府縣不能制。

神策中尉乃宦官領袖。

吕元膺

新書一百六十二。

柏　耆

諸將害耆邀功，爭上表論列，文宗不獲已，貶循州司户，判官沈亞之貶虔州南康尉。

沈亞之。

卷一百五十五　列傳第一百五

李　遜

〔元和〕九年，入爲給事中。遜以舊制隻日視事對羣臣。遜奏論曰：「事君之義，有犯無隱。陳誠啓沃，不必擇辰。今羣臣數奏，乃候隻日，是畢歲臣下覲天顔、獻可否能幾何？」憲宗嘉之，乃許不擇時奏對。

隻日視事對羣臣。

卷一百五十六　列傳第一百六

于　頔

梁正言、僧鑒虚並付京兆府决殺。

鑒虚，參本書一百四十七杜黄裳傳、一百五十三薛存誠傳，國史補。

王智興

〔崔〕羣治裝赴闕，智興遣兵士援送羣家屬。至埇橋，遂掠鹽鐵院緡幣及汴路進奉物，商旅貲貨，率十取七八。

汴路。

大和初，李同捷據滄德叛，智興上章，請躬督士卒討賊，從之。乃出全軍三萬，自備五月糧餉，朝廷嘉之。

當時命使軍出境則度支給糧，智興自備，故嘉之也。

卷一百五十七　列傳第一百七

王彥威

新書一百六十四。

卷一百五十八　列傳第一百八

武元衡

新書一百五十二。

劉禹錫，叔文之黨也，求充儀仗判官，元衡不與，其黨滋不悦。數日，罷元衡爲右庶子。時李吉甫、李絳情不相叶，各以事理曲直於上前。元衡居中，無所違附，上稱爲長者。及吉甫卒，上方討淮、蔡，悉以機務委之。時王承宗遣使奏事，請赦吴元濟。請事於宰相，辭禮悖慢，元衡叱之。承宗因飛章詆元衡，咎怨頗結。元衡宅在静安里，十年（録者注：宋本作「九年」）六月三日，將朝，出里東門，有暗中叱使滅燭者，導騎訶之，賊射之中肩。又有匿樹陰突出者，以棓擊元衡左股。其徒馭已爲賊所格奔逸，賊乃持元衡馬，東南行十餘步害之，批其顱骨懷去。及衆呼偕至，持火照之，見元衡已踣於血中，即元衡宅東北隅墻之外。時夜漏未盡，陌上多朝騎及行人，鋪卒連呼十餘里，皆云賊殺宰相，聲達朝堂，百官恟恟，未知死者誰也。須臾，元衡馬走至，遇人始辨之。既明，仗至紫宸門，有司以元衡遇害聞，上震驚，却朝而坐延英，召見宰相，惋慟者久之，爲之再不食。

全唐詩劉禹錫代靖安佳人怨序作「十一年」。

鄭餘慶

有主書滑涣，久司中書簿籍，與内官典樞密劉光琦情通。宰相議事，與光琦異同者，令涣達意，未嘗不遂所欲。宰相杜佑、鄭絪皆姑息之，議者云佑私呼爲滑八，四方書幣貲貨，充集其門，弟泳官至刺史。及餘慶再入中書，與同僚集議，涣指陳是非，餘慶怒其僭，叱之。尋而餘慶罷相，爲太子賓客。其年八月，涣贓污發，賜死。

李吉甫傳亦載滑涣事。新書一百六十五鄭餘慶傳。

鄭處誨

處誨字延美，於昆仲間文章拔秀，早爲士友所推。大和八年登進士第，釋褐秘府，轉監察、拾遺、尚書郎、給事中。累遷工部、刑部侍郎，出爲越州刺史、浙東觀察使、檢校刑部尚書、汴州刺史、宣武軍節度觀察等使，卒于汴。

韋温為宣歙觀察使，辟鄭處誨為觀察判官，而李德裕不悦。見本書一百六十八韋温傳。

韋貫之

淮西之役，鎮州盜竊發輦下，殺宰相武元衡，傷御史中丞裴度。及度爲相，二寇並征，議者以物力不可。貫之請釋鎮以養威，攻蔡以專力。上方急於太平，未可其奏。

參本書十五憲宗紀下

有張宿者，有口辯，得幸於憲宗，擢爲左補闕。將使淄青，宰臣裴度欲爲請章服，貫之曰：「此人得幸，何要假其恩寵耶？」其事遂寢。宿深銜之，卒爲所搆，誣以朋黨，罷爲吏部侍郎。不涉旬，出爲湖南觀察使。

本書一百五十九韋處厚傳：時貫之以議兵不合旨出官。

卷一百五十九　列傳第一百九

衛次公

新書一百六十四。

改尚書左丞，恩顧頗厚。上方命爲相，已命翰林學士王涯草詔。時淮夷宿兵歲久，次公累疏請罷。會有捷書至，相詔方出，憲宗令追之，遂出爲淮南節度使、檢校工部尚書，兼揚州大都督府長史、御史大夫。

參元氏長慶集翰林院學士承旨記。

鄭絪

新書一百六十五。

韋處厚

寶曆季年，急變中起，文宗底綏内難，詔命將降，未有所定。處厚聞難奔赴，昌言曰：「春秋之法，大義滅親，内惡必書，以明逆順。正名討罪，於義何嫌？安可依違，有所避諱！」遂奉藩教行焉。

新書一百四十二。憲宗被弑，閹人甚諱其事，故處厚有此不諱之論。

崔羣

新書一百六十五。

〔元和〕二年七月，拜中書侍郎、同中書門下平章事。

「二年」當作「十二年」。

路隋

新書一百四十二。

卷一百六十　列傳第一百一十

韓愈

新書一百七十六。

淮蔡平，〔元和十二年〕十二月隨度還朝，以功授刑部侍郎，仍詔愈撰平淮西碑，其辭多敘裴度事。時先入蔡州擒吴元濟，李愬功第一，愬不平之。愬妻出入禁中，因訴碑辭不實，詔令磨愈文。憲宗命翰林學士段文昌重撰文勒石。

據昌黎集一百二十八進撰平淮西碑文表，其奉詔在〔元和十三年〕正月十四日，撰成之時為三月廿五日。

時謂愈有史筆，及撰順宗實録，繁簡不當，敘事拙於取捨，頗爲當代所非。穆宗、文宗嘗詔史臣添改，時愈壻李漢、蔣係在顯位，諸公難之。而韋處厚竟别撰順宗實録三卷。

參觀本書一百五十九路隨傳。

李　翱

新書一百七十七。

〔大和〕七年，改授潭州刺史、湖南觀察使。八年，徵爲刑部侍郎。

本書十七下文宗紀下：大和八年十二月己亥，以宗正卿李仍叔為湖南觀察使，代李翺；以翺為刑部侍郎，代裴潾。

劉禹錫

新書一百六十八。

初禹錫、宗元等八人犯衆怒，故再貶。會程异復掌轉運，有詔以韓皐及禹錫等爲遠郡刺史。屬武元衡在中書，諫官十餘人論列，言不可復用而止。

據本書十五憲宗紀下「〔元和〕十年三月乙酉，以虔州司馬韓泰為漳州刺史」云云，以韓泰為首，故此「皐」字本「泰」字，涉上文韓皐而誤也。

元和十年，自武陵召還，宰相復欲置之郎署。時禹錫作遊玄都觀詠看花君子詩，語涉譏刺，執政不悅，復出爲播州刺史。詔下，御史中丞裴度奏曰：「劉禹錫有母，年八十餘。伏請屈法，稍移近處。」乃改授連州刺史。去京師又十餘年，連刺數郡。大和二年，自和州刺史徵還，拜主客郎中。禹錫銜前事未已，復作遊玄都觀詩序。其前篇有「玄都觀裏桃千樹，總是劉郎去後栽」之句，後篇有「種桃道士今何在？前度劉郎又到來」之句。人嘉其才而薄其行。禹錫甚怒武元衡、李逢吉，而裴度稍知之。大和中，度在中書，欲令知制誥，執政又聞詩序，滋不悅，累轉禮部郎中、集賢院學士。度罷知政事，禹錫求分司東都。終以恃才褊心，不得久處朝列。六月，授蘇州刺史，就賜金紫。秩滿入朝，授汝州刺史，遷太子賓客，分司東都。大和三年春以前紙墨所存者凡一百三十八首。

劉夢得集四蒙恩轉儀曹郎依前充集賢學士舉韓湖自代因寄七言：「暫入南宮判祥瑞，還歸內殿閱

圖書。」又集二十二舉姜補闕倫自代狀：「蒙恩授尚書主客郎中，分司東都。」蓋主客郎中，分司東都為一事，時在大和元年。次年轉禮部郎中、集賢學士，實因裴度之為集賢大學士之薦，而入長安重遊玄都觀，去昔日元和十年之遊，凡十四年。據舉姜倫自代狀注「東都尚書省郎大和元年八月十四日」（録者注：劉賓客集十七作「大和元年六月十四日」），則此傳「大和二年」之「二」字應改作「元」字。但其所以作「二年」者，蓋誤於夢得再遊玄都觀絶句序末「時大和二年三月某日」之語，而不知夢得此詩作於自和州徵還之次年春間，故從元和十年數至大和二年為十四年也。劉集歷陽書事七十韻詩序云「長慶四年八月，余自夔州轉歷陽」，可知夢得為和州，其時為長慶四年至大和元年也。

又：「六月，授蘇州刺史」，「六月」之「月」，當是「年」之誤（録者注：劉賓客集作「大和六年二月六日」）。據劉集十九、二十二蘇州謝上表及蘇州上後謝宰相狀注，知「六月」為大和六年十月。六「月」字誤。餘詳錢大昕十駕齋養新録六劉禹錫傳誤條。又據夢得集二十二蘇州舉韋中丞自代表注「大和六年十二月九日」，固非六月也。白香山開先寺餞劉蘇州詩，亦有大雪天之語，「月」字當為「年」字之誤也。

會昌二年七月卒，時年七十一，贈户部尚書。

新書亦作「户部尚書」，惟韋絢劉賓客嘉話録序作「兵部尚書」，恐誤。

柳宗元

新書一百六十八。

舊唐書卷一百六十考證

柳宗元傳：曾伯祖奭。○臣宗萬按：文安禮柳宗元年譜云：子厚有先侍御史府君神道表，云「曾伯祖諱奭，字子燕」，則奭於侍御史爲曾伯祖，於子厚爲高伯祖矣。新舊史子厚傳及韓退之子厚墓誌皆云「曾伯祖」恐誤。又按：新書宰相世系表云「奭字子燕」，與神道表同，而列傳則云「字子邵」，不知何所據也。

據新書七十三上宰相世系表柳氏條，奭亦為宗元高伯祖。

卷一百六十一　列傳第一百一十一

李光進

本河曲部落稽阿跌之族也。父良臣，襲雞田州刺史，隸朔方軍。光進姊適舍利葛旃，殺僕固瑒，而事河東節度使辛雲京。光進兄弟少依葛旃，因家于太原。詔以光進夙有誠節，克著茂勳，賜姓李氏。

新書一百六十七王播傳附式傳。

新書四十三下地理志：羈縻州：突厥州，雲中都督府，舍利州（以舍利吐利部置），回紇州，雞田州（以阿跌部置，僑治回樂）。據此，陳許黄頭軍疑是回紇族類，或非黄頭室韋，如王永清之説也。

新書六十四方鎮表興鳳隴條：大中五年，罷領隴州，以隴州置防禦使，領黄頭軍使。本書十九下僖宗紀：中和三年四月，楊復光收京露布「忠武黄頭軍使龐從等三十二都」云云。

李光顔

〔元和〕九年，將討淮、蔡，九月，遷陳州刺史，充忠武軍都知兵馬使。踰月，遷忠武軍節度使、檢校工部尚書。明年五月，破元濟之師於時曲。是歲十一月，光顔又與懷汝節度烏重胤同破元濟之衆於小溵河，平其柵。十一年，光顔連敗元濟之衆，拔賊凌雲柵。進位檢校尚書左僕射。十二年四月，光顔敗元濟之衆三萬于郾城。賊知光顔勇冠諸將，乃悉其衆出當光顔之師。時李愬乘其無備，急引兵襲蔡州，拔之，獲元濟。董重質棄洄曲軍，入城降愬。光顔知之，躍馬入賊營，大呼以降，賊衆萬餘人，皆解甲投戈請命。賊平，加檢校司空。

然則淮蔡之平，回紇之力也。與沙陀之討龐勛、黄巢，及王拭用回紇等騎兵平越亂者同也。

烏重胤

元和十三年，代鄭權爲横海軍節度使。既至鎮，上言曰：「臣以河朔能拒朝命者，其大略可見。蓋刺史失其職，反使鎮將領兵事。若刺史各得職分，又有鎮兵，則節將雖有禄山、思明之姦，豈能據一州爲叛哉？所以河朔六十年能拒朝命者，祇以奪刺史、縣令之職，自作威福故也。臣所管德、棣、景三州，已舉公牒，各還刺史職事訖，應在州兵，並令刺史收管。」詔並從之。由是法制修立，各歸名分。

參觀本書一百六十二陸亘傳。

劉悟

以兵取鄆，圍其内城，兼以火攻其門。不數刻，擒師道并男二人，並斬其首以獻。

參觀本書一百二十四李師道傳。

石雄

雄受代之翌日，越烏嶺，破賊五砦，斬獲千計。武宗聞捷大悦，謂侍臣曰：「今之義而有勇，罕有雄之比者。」

此李德裕詩所謂「烏嶺全坑跋扈臣」者也。

卷一百六十二　列傳第一百一十二

李翛

新書二百六外戚傳。

〔元和〕十年，莊憲太后崩，翛爲山陵橋道置頓使。恃能惜費，每事減損。靈駕至灞橋頓，從官多不得食。及至渭城北門，門壞。先是，橋道司請改造渭城北門，計錢三萬，翛以勞費不從，令深鑿軌道以通靈駕。掘土既深，旁柱皆懸，因而頓壞，所不及轀輬車者數步而已。翛懼，誣奏輼輬軸折，山陵使李逢吉令御史封其車軸，自陵還，奏請免翛官。上以用兵務集財賦，以翛前後進奉，不之責，但罰俸而已。逢吉極言其罪，乃削銀青階。翌日復賜金紫。時宿師於野，饋運不集。浙西重鎮，號爲殷阜，乃以翛爲潤州刺史、浙西觀察使，令設法鳩聚財貨。淮西用兵，頗賴其賦。

憲宗以用兵不得不任聚斂之臣，雖以李翛之將事不敬而不之深責也。

王遂

遂柳州制出，左丞吕元膺執奏曰：「柳州大郡，出守爲優。謹封還制書。」上令喻之，方行。

據新唐書四十一上地理志，柳州乃下州，此言大郡，俟考。

數年，用兵淮西，天子藉錢穀吏以集財賦，知遂强幹，乃爲宣州刺史、宣歙觀察使。初，師之出也，歲計兵食三百萬石，及鄆賊誅，遂進羡餘一百萬，上以爲能。

淮蔡用兵，搜江南賦之一例。

曹華

初，李正己盜有青、鄆十二州，傳襲四世，垂五十年，人俗頑驁，不知禮教。

青、鄆亦與河北同為胡化區域矣。

韋綬

綬以七月六日是穆宗載誕節，請以是日百官詣光順門賀太后，然後上皇帝壽。時政道頗僻，敕出，人不敢議。久之，宰臣奏古無生日稱賀之儀，其事終寢。

唐穆宗尚不賀生日。

鄭權

以家人數多，俸入不足，求爲鎮守。旬月，檢校右僕射、廣州刺史、嶺南節度使。初權出鎮，有中人之助，南海多珍貨，權頗積聚以遺之，大爲朝士所嗤。

韓文序為諛詞。

高霞寓

後以恩例，徵爲右衛大將軍。十三年，出爲振武節度使，入爲左武衛大將軍。

見白居易與元稹書中所謂軍使高霞寓聘妓能誦長恨歌因而增價者。今南陵徐乃光藏有霞寓墓志石。

高瑀

大和初，忠武節度使王沛卒，物議以陳許軍四征有功，必自擇帥，或以禁軍之將得之。宰相裴度、韋處厚議瀲深沉方雅，曾刺陳、蔡，人懷良政，又熟忠武軍情，欲請用瀲。事未聞，陳許表至，果請瀲爲帥，乃授檢校左散騎常侍、許州刺史、忠武節度使。自大曆已來，節制之除拜，多出禁軍中尉。凡命一帥，必廣輸重賂。禁軍將校當爲帥者，自無家財，必取資於人，得鎮之後，則膏血疲民以償之。及瀲之拜，以內外公議，搢紳相慶曰：「韋公作相，債帥鮮矣！」

債帥。

陸亘

初赴兗州，延英面奏曰：「凡節度使握兵分屯屬郡者，刺史不能制，遂爲一州之弊，宜有處分。」因詔天下兵分屯屬郡者，隸於刺史。

參觀本書一百六十一烏重胤傳。

張正甫

五年，檢校兵部尚書、太子詹事。明年，以吏部尚書致仕。大和八年九月卒，年八十三，累贈太師。子毅夫。毅夫登進士第。初正甫兄式，大曆中進士登第，繼之以正甫，式子元夫、傑夫、徵夫又相次登科。大和中，文章之盛，世共稱之。

據本書十五憲宗紀，「元和八年冬十月己巳，以蘇州刺史張正甫為湖南觀察使」，「元和十二年八月戊辰，以同州刺史張正甫為河南尹」，及元氏長慶集十九陪張湖南宴望岳樓詩，稹為監察御史，張中丞知雜事，則本傳譌脱多矣。「五年」，不知何指？決非元和五年，俟考。

卷一百六十三　列傳第一百一十三

孟簡

累官至倉部員外郎，户部侍郎王叔文竊政，簡爲子司。

子司。

胡証

廣州有海舶之利，貨貝狎至。証善蓄積，務華侈，厚自奉養，童奴數百，於京城修行里起第，連亘閭巷。嶺表奇貨，道途不絶，京邑推爲富家。

參觀本書一百五十一王鍔傳及一百五十二王茂元傳，一百七十七盧鈞傳，一百七十八鄭畋傳。

崔鉉

〔大中〕七年，以館中學士崔瑑、薛逢等撰續會要四十卷，獻之。

大中七年續會要。

崔弘禮

新書一百六十四。

李虞仲

新書一百七十七。

王　質

新書一百六十四。

王質字華卿，太原祁人。五代祖通，字仲淹，隋末大儒，號文中子。

文中子裔。

盧簡辭

新書一百七十七。

范陽人，後徙家于蒲。祖翰。父綸，天寶末舉進士，遇亂不第，奉親避地於鄱陽，與郡人吉中孚爲林泉之友。

此亦天寶安史之亂北地士人遷往江南之一例。

簡辭弟弘正、簡求。

「正」當作「止」。

盧氏兩世貴盛，六卿方鎮相繼，而未有居輔相者。至中興，嗣業子文紀，仕至尚書中書侍郎、平章事。

范陽盧氏五代時已丁末運矣。

卷一百六十四　列傳第一百一十四

王　播

新書一百六十七。

王　起

新書一百六十七。

王　式

新書一百六十七。

李　絳

新書一百五十二。

時中官吐突承璀自藩邸承恩寵，爲神策護軍中尉，乃於安國佛寺建立聖政碑，大興功作，仍請翰林爲其文。絳上言曰：「今忽立聖政碑，示天下以不廣。況此碑既在安國寺，不得不叙載遊觀崇飾之事，述遊觀且乖理要，叙崇飾又匪政經，固非哲王所宜行也。其碑，伏乞聖恩特令寢罷。」憲宗深然之，其碑遂止。絳後因浴堂北廊奏對，極論中官縱恣、方鎮進獻之事，憲宗怒，厲聲曰：「卿所論奏，何太過耶？」絳前論不已，曰：「臣所諫論，於臣無利，是國家之利。陛下不以臣愚，使處腹心之地，豈可見事虧聖德，致損清時，而惜身不言，仰屋竊歎，是臣負陛下也。若不顧患禍，盡誠奏論，旁忤倖臣，上犯聖旨，以此獲罪，是陛下負臣也。且臣與中官，素不相識，又無嫌隙，祇是威福太盛，上損聖朝，臣所以不敢不論耳。使臣緘默，非社稷之福也。」憲宗見其誠切，改容慰喻之曰：「卿盡節於朕，人所難言者，卿悉言之，使朕聞所不聞，真忠正誠節之臣也。他日南面，亦須如此。」絳拜恩退。前後朝臣裴武、柳公綽、白居易等，或爲姦人所排陷，特加貶黜，絳每以密疏申論，皆獲寬宥。

見李相國論事集及葉夢得石林避暑録話卷三。

及鎮州節度使王士真死，朝廷將用兵討除，絳深陳以爲未可。吐突承璀恩寵莫二，是歲（元和六年），將用絳爲宰相，前一日，出承璀爲淮南監軍。翌日，降制，以絳爲中書侍郎、同中書門下平章事。同列李吉甫便僻，善逢迎上意，絳梗直，多所規諫，故與吉甫不協。時議者以吉甫通於承璀，故絳尤惡之。絳性剛訐，每與吉甫爭論，人多直絳。憲宗察絳忠正自立，故絳論奏，多所允從。

憲宗意主用兵平藩鎮，中官自贊同，故朝臣主用兵者有通於宦寺之嫌，而排斥宦寺之正人亦不主用兵，觀於李絳、李吉甫之異同可知矣。

參本書一百三十七呂温傳，彼言吉甫為中官所惡，蓋此中官即與吐突對立之黨也。

其秋，魏博節度使田季安死，其子懷諫幼弱，軍中立其大將田興，使主軍事，興卒以六州之地歸命。其經始營創，皆絳之謀也。

絳主以計略制服藩鎮，此成功者。昭義劉悟之死，亦擬同用此策，而為王守澄、李逢吉所敗，可知絳雖不主用兵，尚有智略以資控馭强藩之道也。

時教坊忽稱密旨，取良家士女及衣冠別第妓人，京師囂然。

李相國論事集卷六論採擇事作「別室妓人」，時在元和八年冬。新書作「別宅婦人」。

張曲江集亦有請別宅事，知別宅為妓人也。

楊於陵

新書一百六十三。

天寶末，家寄河朔。禄山亂，其父歿於賊，於陵始六歲。及長，寄於江南。

此亦安史之亂士族避遷江南之例。

寶曆二年，授檢校右僕射，兼太子太傅，旋以左僕射致仕。

本書一百七十六楊嗣復傳作「太子少傅」。

大中後，楊氏諸子登進士第者十人。

大中後，楊氏科第之盛。

卷一百六十五　列傳第一百一十五

柳公綽

新書一百六十三。

牛僧孺罷相，鎮江夏，公綽具戎容於郵舍候之。軍吏自以漢上地高於鄂，禮太過。公綽曰：「奇章才離台席，方鎮重宰相，是尊朝廷也。」竟以戎容見。

此尊奇章，故為此說詞，若易以贊皇，則起之恐不若是之謙下。觀於論蒙之為奇章所辟，足以知其交誼矣。

〔大和〕六年，以病求代。三月，授兵部尚書，徵還京師。四月卒，贈太子太保，謚曰成。

新傳作「元」，因話録亦作「元」。

柳仲郢

新書一百六十三。

仲郢字諭蒙，元和十三年進士擢第，釋褐秘書省校書郎。牛僧孺鎮江夏，辟爲從事。仲郢有父風，動修禮法，僧孺歎曰：「非積習名教，安能及此！」

牛柳之關係。

大中年，轉梓州刺史、劍南東川節度使。在鎮五年，美績流聞，徵爲吏部侍郎。入朝未謝，改兵部侍郎，充諸道鹽鐵轉運使。大中十二年，罷使，守刑部尚書。

大中五年也。見全唐文李商隱文。

仲郢嚴禮法，重氣義。嘗感李德裕之知。大中朝，李氏無禄仕者。仲郢領鹽時，取德裕兄子從質爲推官，知蘇州院事，令以禄利贍南宅。令狐綯爲宰相，頗不悦。仲郢與綯書自明，其要云：「任安不去，常自愧於昔人；吴詠自裁，亦何施於今日？李太尉受責既久，其家已空，遂絕蒸嘗，誠增痛惻。」綯深感歎，尋與從質正員官。

參觀本書一百七十四李德裕傳，一百七十七劉鄴傳。

柳公權

文宗思之，復召侍書，遷諫議大夫。俄改中書舍人，充翰林書詔學士。每浴堂召對，繼燭見跋，語猶未盡，不欲取燭，宮人以蠟淚揉紙繼之。

浴堂。

累遷學士承旨。武宗即位，罷內職，授右散騎常侍。宰相崔珙用爲集賢學士、判院事。李德裕素待公權厚，及爲珙奏薦，頗不悅，左授太子詹事，改賓客。累遷金紫光祿大夫、上柱國、河東郡開國公，食邑二千户。復爲左常侍、國子祭酒。歷工部尚書，咸通初，改太子少傅，改少師，居三品、二品班三十年。

太子少師、太子少傅俱從二品，金紫光祿大夫、左常侍、工部尚書、太子賓客、太子詹事俱正三品，國子祭酒從三品。

上都西明寺金剛經碑備有鍾、王、歐、虞、褚、陸之體，尤爲得意。

陸，陸柬之，見本書八十八陸元方傳。

温　璋

新書九十二。

咸通末，爲徐泗節度使，徐州牙卒曰銀刀軍，頗驕横。璋至，誅其惡者五百餘人，自是軍中畏法。

銀刀軍。

卷一百六十六　列傳第一百一十六

元　稹

新書一百七十四。

〔元和四年〕河南尹房式爲不法事，稹欲追攝，擅令停務。既飛表聞奏，罰式一月俸，仍召稹還京。宿敷水驛，内官劉士元後至，争廳，士元怒，排其户，稹襪而走廳後。士元追之，後以箠擊稹傷面。執政以稹少年後輩，務作威福，貶爲江陵府士曹參軍。既以俊爽不容於朝，流放荆蠻者僅十年。

國史補下：元和中，元稹為監察御史，與中使争驛廳，為其所辱。始敕節度觀察使臺官與中使先到驛者得處上廳，因為定制。

十四年，自虢州長史徵還，爲膳部員外郎。

大唐新語十三諧謔篇云：王主客自負其才，意在前行員外，俄除膳部員外，既乖本志，頗懷悵惋。吏部郎中張敬忠戲詠之曰：「有意嫌兵吏，專心取考功。誰知脚蹭蹬，幾落省牆東。」膳部在省東北隅，故有此詠。南部新書丁：先天中王主客為侍御史，自以才望華妙，當入臺省前行，忽除膳部員外，微有惋悵，吏部郎中張敬忠嘲詠曰：「有意嫌兵部，專心望考功。誰知脚蹭蹬，却落省牆東。」蓋膳部在省最東北隅也。

本書四十三職官志：禮部，膳部員外郎一員，從六品上。

〔令狐〕楚深稱賞，以爲今代之鮑、謝也。穆宗皇帝在東宮，有妃嬪左右嘗誦稹歌詩以爲樂曲者，知稹所爲，嘗稱其善，宮中呼爲「元才子」。荊南監軍崔潭峻甚禮接稹，不以掾吏遇之，常徵其詩什諷誦之。長慶初，潭峻歸朝，出稹連昌宮辭等百餘篇奏御，穆宗大悅，問稹安在，對曰：「今爲南宮散郎。」即日轉祠部郎中、知制誥。朝廷以書命不由相府，甚鄙之，然辭誥所出，敻然與古爲侔，遂盛傳於代，由是極承恩顧。嘗爲長慶宮辭數十百篇，京師競相傳唱。居無何，召入翰林，爲中書舍人、承旨學士。中人以潭峻之故，爭與稹交，而知樞密魏弘簡尤與稹相善，穆宗愈深知重。河東節度使裴度三上疏，言稹與弘簡爲刎頸之交，謀亂朝政，言甚激訐。穆宗顧中外人情，乃罷稹內職，授工部侍郎。上恩顧未衰，長慶二年，拜平章事。詔下之日，朝野無不輕笑之。

參觀本書一百六十七李逢吉傳，一百五十六于頔傳，一百七十裴度傳，長慶集上門下裴相公書。元氏長慶集四十制誥序：「元和十五年，余始以祠部郎中、知制誥。」然則「長慶初，潭峻歸朝」語殆誤。

新書一百七十九李訓傳：（大和九年秋七月）「宦人陳弘志時監襄陽軍，訓啓帝召還，至青泥驛，遣使者杖殺之。而崔潭峻前物故，詔剖棺鞭尸。元和逆黨幾盡。」是徵潭峻以元和弒逆之謀。其歸朝當在元和十五年正月憲宗暴崩之前也。通鑑書稹知制誥在元和十五年五月庚戌。又舊書一百八十四宦官傳王守澄傳云：守澄與中尉馬進潭等定册立穆宗皇帝。據新書一百七十九李訓傳，崔潭峻確為元和逆黨，微之因崔進用，宜裴晉公之惡之也。新書一百七十四元稹傳作：「長慶初，潭峻方親幸。然其進非公議，為士類訾薄。」似較舊書為妥。

> 時王廷湊、朱克融連兵圍牛元翼於深州，朝廷俱赦其罪，賜節鉞，令罷兵，俱不奉詔。稹以天子非次拔擢，欲有所立以報上。有和王傅于方者，故司空頔之子，干進於稹，言有奇士王昭、王友明二人，嘗客於燕趙間，頗與賊黨通熟，可以反間而出元翼，仍自以家財資其行，仍賂兵、吏部令史爲出告身二十通，以便宜給賜，稹皆然之。

本書一百五十德宗順宗諸子傳：和王綺，本名淯，順宗第十一子，始封德陽郡王。貞元二十一年進封。大和七年薨。

> 稹至同州，因表謝上，自叙曰：「愚臣既不料陛下天聽過卑，知臣薄藝，朱書授臣制誥，延英召臣賜緋。」

觀「朱書」之語，足知前文「書命不由相府」之語信而有徵也。

稹長慶末因編刪其文稿，自叙曰：「穆宗初，宰相更相用事，丞相段公一日獨得對，因請亟用兵部郎中薛存慶、考功員外郎牛僧孺，予亦在請中，上然之。」

此稹自明，非中官所薦用之詞。

白居易

新書一百一十九。

〔元和〕九年，授太子左贊善大夫。十年七月，盜殺宰相武元衡，居易首上疏論其冤，急請捕賊以雪國恥。宰相以宫官非諫職，不當先諫官言事。會有素惡居易者，掎摭居易，言浮華無行，其母因看花墮井而死，而居易作賞花及新井詩，甚傷名教，不宜置彼周行。執政方惡其言事，奏貶爲江表刺史。詔出，中書舍人王涯上疏論之，言居易所犯狀迹，不宜治郡，追詔授江州司馬。

國史補中：武相元衡遇害，朝官震恐，多有請不窮究。唯尚書左丞許孟容奏言當罪京兆尹，誅金吾鋪官，大索求賊，衎衎然有前輩風采。時京兆尹裴武問吏，吏曰：「殺人者未嘗得脱。」數日，果

擒賊張晏輩。

嘗與稹書，因論作文之大旨曰：「當此之時，足下興有餘力，且欲與僕悉索還往中詩，取其尤長者，如張十八古樂府，李二十新歌行，盧、楊二秘書律詩，竇七、元八絶句，博搜精掇，編而次之，號爲『元白往還集』。衆君子得擬議於此者，莫不踴躍欣喜，以爲盛事。」

張籍、李紳、盧拱、楊巨源、竇鞏、元宗簡。

〔大和元年〕九月上誕節，召居易與僧惟澄、道士趙常盈對御講論於麟德殿。居易論難鋒起，辭辨泉注，上疑宿構，深嗟挹之。

白集有此文，然則本是宿構也。

史臣曰：國初開文館，高宗禮茂才，虞、許擅價於前，蘇、李馳聲於後。或位昇台鼎，學際天人，潤色之文，咸布編集。然而向古者傷於太僻，徇華者或至不經，齷齪者局於宫商，放縱者流於鄭、衛。若品調律度，揚搉古今，賢不肖皆賞其文，未如元、白之盛也。昔建安才子，始定霸於曹、劉；永明辭宗，先讓功於沈、謝。元和主盟，微之、樂天而已。臣觀元之制策，白之奏議，極文章之壼奥，盡治亂之根荄，非徒謡頌之片言，盤盂之小説。就文觀行，居易爲優，放心於自得之場，置器於必安之地，優游卒歲，不亦賢乎？贊曰：文章新體，建安、永明。沈、謝既往，元、白挺生。但留金石，長有莖英。不習孫、吴，焉知用兵？

陳伯玉（子昂）之文所以不能為唐代古文正宗者，以傷於太僻也。此論即昌黎亦不能免，而元、白之古文卻是正宗。

卷一百六十七　列傳第一百一十七

趙宗儒

新書一百五十一。

長慶元年二月，檢校右僕射，守太常卿。太常有師子樂，備五方之色，非會朝聘享不作，幼君荒誕，伶官縱肆，中人掌教坊者移牒取之。

五方師子樂。

李逢吉

新書一百七十四。

逢吉登進士第，釋褐授振武節度使掌書記。入朝爲左拾遺、左補闕，改侍御史，充入吐蕃册命副使、工部員外郎，又充入南詔副使。

元氏長慶集有詩注云：見其入南詔時題壁。

段文昌

文昌，武元衡之子壻也。長慶元年，拜章請退。朝廷以文昌少在西蜀，詔授西川節度使、同中書門下平章事。文昌素洽蜀人之情，至是以寬政爲治，嚴静有斷，蠻夷畏服。大和四年，移鎮荆南。文昌於荆、蜀皆有先祖故第，至是贖爲浮圖祠。又以先人墳墓在荆州，别營居第以置祖禰影堂，歲時伏臘，良辰美景享薦之。徹祭，即以音聲歌舞繼之，如事生者，搢紳非焉。

長慶二年，李德裕作資礽院記，即指文昌鎮蜀時事，其文連荆、蜀為文，其荆南舊第，不知何人作記，俟考。

宋申錫

新書一百五十二。

卷一百六十八　列傳第一百一十八

錢徽

新書一百七十七。

父起，天寶十年登進士第。起能五言詩，大曆中與韓翃、李端輩十人，俱以能詩，出入貴遊之門，時號「十才子」。

新書二百三文藝傳下盧綸傳。

〔元和〕十一年，王師討淮西，詔朝臣議兵，徽上疏言：「用兵累歲，供饋力殫，宜罷淮西之征。」

憲宗不悦，罷徽學士之職，守本官。

參觀裴度、蕭俛、令狐楚等傳。

長慶元年，爲禮部侍郎。時宰相段文昌出鎮蜀川，文昌好學，尤喜圖書古畫。故刑部侍郎楊憑兄弟以文學知名，家多書畫。鍾、王、張、鄭之蹟在書斷、書品者，兼而有之。憑子渾之求進，盡以家藏書畫獻文昌，求致進士第。文昌將發，面託錢徽，繼以私書保薦。翰林學士李紳亦託舉子周漢賓於徽。及牓出，渾之、漢賓皆不中選。李宗閔與元稹素相厚善。初，稹以直道譴逐久之，及得還朝，大改前志，由逕以徽進達，宗閔亦急於進取。二人遂有嫌隙。楊汝士與徽有舊。是歲，宗閔子壻蘇巢及汝士季弟殷士俱及第。故文昌、李紳大怒。文昌赴鎮，辭日，內殿面奏，言徽所放進士鄭朗等十四人，皆子弟藝薄，不當在選中。穆宗以其事訪於學士元稹、李紳，二人對與文昌同。遂命中書舍人王起、主客郎中知制誥白居易，於子亭重試，內出題目孤竹管賦、鳥散餘花落詩，而十人不中選。

通鑑二百四十一穆宗紀長慶元年三月：及第者，鄭朗，覃之弟；裴譔，度之子；蘇巢，宗閔之壻；楊殷士，汝士之弟也。文昌言於上曰：「今歲禮部殊不公，所取進士皆子弟無藝，以關節得之。」上以問諸學士，德裕、稹、紳皆曰：「誠如文昌言。」雲溪友議以元稹言裴譔事，蓋有所本。徐松唐登科記考以唐書裴度、元稹傳皆無之，而疑其出處非也。

〔大和〕三年三月卒，時年七十五。

據白氏長慶集五二和微之自勸詩第二首，疑徽卒於大和三年正月，傳文作「三月」，疑「三」乃「正」之譌。

馮　定

新書一百七十七。

大和九年八月，爲太常少卿。文宗每聽樂，鄙鄭、衛聲，詔奉常習開元中霓裳羽衣舞，以雲韶樂和之。舞曲成，定總樂工閱於庭，定立於其間。文宗以其端凝若植，問其姓氏，翰林學士李珏對曰：「此馮定也。」文宗喜，問曰：「豈非能爲古章句者耶？」乃召昇階，文宗自吟定送客西江詩。吟罷益喜，因錫禁中瑞錦，仍令大録所著古體詩以獻。

參觀本書一百六十九王涯傳。

卷一百六十九　列傳第一百一十九

李訓

新書一百七十九。

寶曆中，從父逢吉爲宰相，以訓陰險善計事，愈親厚之。初與茅彙等欲中傷李程，及武昭事發，訓坐長流嶺表，會赦得還。丁母憂，居洛中。時逢吉爲留守，思復爲宰相，且深怨裴度，居常憤鬱不樂。訓揣知其意，即以奇計動之，自言與鄭注善。逢吉以爲然，遺訓金帛珍寶數百萬，令持入長安，以賂注。注得賂甚悦，乘間薦于中尉王守澄，乃以注之藥術，訓之易道，合薦于文宗。

參觀本書一百七十裴度傳。

訓既秉權衡，即謀誅内豎。中官陳弘慶者，自元和末負弑逆之名，忠義之士無不扼腕，時爲襄陽監軍，乃召自漢南，至青泥驛，遣人封杖決殺。王守澄自長慶已來知樞密，典禁軍，作威作福。訓既作相，以守澄爲六軍十二衛觀軍容使，罷其禁旅之權，尋賜酖殺之。

新書訓傳：崔潭峻前物故，詔剖棺鞭尸，元和逆黨幾盡。

鄭　注

新書一百七十九。

王　涯

大和三年正月，入爲太常卿。文宗以樂府之音，鄭、衛太甚，欲聞古樂，命涯詢於舊工，取開元時雅樂，選樂童按之，名曰雲韶樂。樂曲成，涯與太常丞李廓、少府監庾承憲押樂工獻於梨園亭，帝按之於會昌殿。上悅，賜涯等錦綵。

參觀本書一百六十八馮定傳。

卷一百七十　列傳第一百二十

裴度

新書一百七十三。

〔元和十一年〕六月，蔡州行營唐鄧節度使高霞寓兵敗于鐵城，中外恟駭。先是，詔羣臣各獻誅吴元濟可否之狀，朝臣多言罷兵赦罪爲便，翰林學士錢徽、蕭俛語尤切，唯度言賊不可赦。及霞寓敗，宰相以上必厭兵，欲以罷兵爲對。延英方奏，憲宗曰：「夫一勝一負，兵家常勢。若帝王之兵不合敗，則自古何難於用兵，累聖不應留此凶賊。今但論此兵合用與否，及朝廷制置當否，卿等唯須要害處置。將帥有不可者，去之勿疑；兵力有不足者，速與應接。何可以一將不利，便沮成計？」於是宰臣不得措言，朝廷無敢言罷兵者，故度計得行。

參觀李逢吉、令狐楚、蕭俛、錢徽等傳。

仍奏刑部侍郎馬總爲宣慰副使，太子右庶子韓愈爲彰義行軍司馬，司勳員外郎李正封、都官員外郎馮宿、禮部員外郎李宗閔等爲兩使判官書記。

李正封即昌黎詩所謂李二十八者。

〔元和〕十四年，檢校左僕射、同中書門下平章事、太原尹、北都留守、河東節度使。

新書六十二宰相表中亦同。本書十五憲宗紀下：元和十四年四月丙子，制出度為河東節度使。

時翰林學士元稹，交結内官，求爲宰相，與知樞密魏弘簡爲刎頸之交。稹雖與度無憾，然頗忌前達加於己上。度方用兵山東，每處置軍事，有所論奏，多爲稹輩所持。天下皆言稹恃寵熒惑上聽，度在軍上疏論之曰：「今文武百僚，中外萬品，有心者無不憤忿，有口者無不咨嗟。直以威權方重，獎用方深，無所畏避，不敢抵觸，恐事未行禍已及，不爲國計，且爲身謀。」

「無」疑作「有」。

「以臣愚見，若朝中姦臣盡去，則河朔逆賊，不討而自平；若朝中姦臣尚在，則逆賊縱平無益。倘陛下未信忠言，猶惑姦黨，伏乞出臣此表，令三事大夫與百僚集議。彼不受責，臣合伏辜，天鑒孔明，照臣肝血。但得天下之人知臣不負陛下，則雖死之日，猶生之年。」繼上三章，辭情激切。穆宗雖不悦，然懼大臣正議，乃以魏弘簡爲弓箭庫使，罷元稹内職。然寵稹之意未衰，俄拜稹平章事，尋罷度兵權，守司徒同平章事，充東都留守。及元稹爲相，請上罷兵，洗雪廷湊、克融，解深州之圍，蓋欲罷度兵柄故也。

全唐文五百三十七載度二疏，其第一疏即此疏，其第二疏有「其第一表、第二表伏恐聖意含弘，留中不行，臣謹再寫重進」之語，則當是最後之疏。此傳云「繼上三章」，殆併前第一疏言之耳。據度二疏之文，欲令百僚集議，以定是非功罪，蓋明知當時廷臣皆助己，而微之之不為當日公論所容，亦因此得知之也。

下制，復兼同平章事。然逢吉之黨，巧爲毁沮，恐度復用。有陳留人武昭者，性果敢而辯舌。度之討淮西也，昭求進於軍門，乃令入蔡州説吴元濟。元濟臨之以兵，昭氣色自若，善待而還。度以爲可用，署之軍職，隨度鎮太原，奏授石州刺史。罷郡，除袁王府長史。昭既在散位，心微悒鬱，而有怨逢吉之言。而姦邪之黨，使衛尉卿劉遵古從人安再榮告事，言武昭欲謀害李逢吉。獄具，而武昭死，蓋欲許度舊事以汙之也。然士君子公論，皆佑度而罪逢吉。

參觀本書一百六十九李訓傳。

屬盜起禁闈，宮車晏駕，度與中貴人密謀，誅劉克明等，迎江王立爲天子。以功加門下侍郎、集賢殿大學士、太清宮使，餘如故。以贊導之勳，進階特進。

據新書六十三宰相表下度兼門下侍郎為寶曆二年十二月庚申。敬宗崩於十二月辛丑。

後進宰相李宗閔、牛僧孺等不悦其所爲，故因度謝病罷相位，復出爲襄陽節度。

新書六十三宰相表下：大和三年八月甲戌，吏部侍郎李宗閔同中書門下平章事。大和四年正月辛卯，牛僧孺為兵部尚書、同中書門下平章事。

卷一百七十一　列傳第一百二十一

張仲方

祖九皋，廣州刺史、殿中監、嶺南節度使。父抗，贈右僕射。伯祖始興文獻公九齡，開元朝名相。仲方，貞元中進士擢第。

白氏長慶集六十一張仲方墓志。

時太常定吉甫謚爲「恭懿」，博士尉遲汾請爲「敬憲」，仲方駁議曰：「兵者凶器，不可從我始；及乎伐罪。則料敵以成功。至使内有害輔臣之盗，外有懷毒蠆之孽。師徒暴野，戎馬生郊。皇上旰食宵衣，公卿大夫且慙且恥。農人不得在畝，緝婦不得在桑。耗斂賦之常貲，散帑廩之中積，徵邊徼之備，竭運輓之勞。僵尸血流，胔骼成岳，酷毒之痛，號訴無辜，剿絶羣生，逮今四載。禍胎之兆，寔始其謀，遺君父之憂，而豈謂之先覺者乎？請俟蔡寇將平，天下無事，然後都堂聚議，謚亦未遲。」憲宗方用兵，惡仲方深言其事，怒甚，貶爲遂州司馬，量移復州司馬。遷河東少尹。未幾，拜鄭州刺史。

凡反對吉甫之人皆主銷兵者也。

李　漢

敬宗好治宫室，波斯賈人李蘇沙獻沈香亭子材，漢上疏論之曰：「若以沈香爲亭子，即與瑶臺瓊室事同。」

波斯賈人李蘇沙獻沈香亭子材。

卷一百七十二　列傳第一百二十二

令狐楚

新書一百六十六。

令狐綯

三十年，罷相，檢校司空、同中書門下平章事、河中尹、河中晉絳等節度使。

「三十」應作「十三」，誤倒。本書十九上懿宗紀：咸通元年二月，以門下侍郎、守司徒、同平章事令狐綯檢校司徒、同平章事，出鎮河中。

令狐滈

咸通二年，遷右拾遺、史館修撰。制出，左拾遺劉蜕，起居郎張雲，各上疏極論滈云：「恃父秉權，恣受貨賂。……」時綯在淮南，累表自雪。懿宗重傷大臣意，貶雲爲興元少尹，蛻爲華陰令，改滈詹事府司直。

通鑑（亦）作咸通四年。

牛僧孺

新書一百七十四。

朱子語類謂牛僧孺何處結交一杜牧之為之作佳傳。

隋書四十九、北史七十二牛弘傳。

〔大和〕五年正月，幽州軍亂，逐其帥李載義。文宗以載義輸忠於國，遽聞失帥，駭然，急召宰臣謂之曰：「范陽之變奈何？」僧孺對曰：「此不足煩聖慮。且范陽得失，不繫國家休戚，自安史已來，翻覆如此。前時劉總以土地歸國，朝廷耗費百萬，終不得范陽尺帛斗粟入于天府，尋復爲梗。至今志誠亦由前載義也，但因而撫之，俾扞奚、契丹，不令入寇，朝廷所賴也。假以節旄，必自陳力，不足以逆順治之。」帝曰：「吾初不詳思，卿言是也。」即日命中使宣慰。

范陽自於唐室有捍禦契丹之效，可於奇章此語見之。

〔大和六年〕吐蕃維州守將悉怛謀以城降。德裕又上利害云：「若以生羌三千，出戎不意，燒十三橋，擣戎之腹心，可以得志矣。」上惑其事，下尚書省議，衆狀請如德裕之策。僧孺奏曰：「此議非也。吐蕃疆土，四面萬里，失一維州，無損其勢。」

維州事，參觀本書一百四十七杜悰傳及一百七十四李德裕傳。

會昌二年，李德裕用事，罷僧孺兵權，徵爲太子少保，累加太子少師。大中初卒，贈太子太師，謚曰文貞。

南部新書甲：「牛僧孺三貶至循州，本傳不言，漏略也。」新書本傳已增入貶循州事矣。

（卷末）

會要氏族、嫁娶條。

太平廣記一百八十四氏族門七姓條：高宗朝以太原王、范陽盧、滎陽鄭、清河博陵二崔、趙郡隴西二李等七姓其族望，恥與諸姓為婚，乃禁其自相姻娶，於是不敢復行婚禮，密裝飾其女以送夫家。出國史纂異。

新唐書選舉志上。張爾田玉溪生年譜會箋卷三，大中二年引沈曾植曰：唐時牛、李兩黨以科第而分：牛黨重科舉，李黨重門第。舊唐書十八上武宗紀會昌四年末。樊川集十二上宣州高大夫書。

玉泉子李衛公以己非科第條。語林七補遺李衛公頗升寒素條。摭言七好放孤寒條。

卷一百七十三　列傳第一百二十三

鄭覃

北史二十四封懿傳附述傳。北齊書四十三封述傳云：一息為娶隴西李士元女，大輸財聘，及將成禮，猶競懸違。述忽取供養像，對士元打像作誓。士元笑曰：「封公何處常得應急像，須誓便用？」

太平廣記一百八十四氏族門引國史補：李積門户第一而有清名，嘗以為爵位不如族望，與人書札，唯稱隴西李積。世有山東士大夫類例三卷，其有非士族及假冒者多不見録，云相州僧曇剛撰。後柳沖亦明氏族，中宗朝為相州刺史，詢問舊老，云自隋以來，不聞有僧曇剛者，蓋懼嫉於時，故隱其名氏。出國史補。

太平廣記一百八十四引國史纂異七姓條：高宗朝以太原王、范陽盧、滎陽鄭、清河博陵二崔、趙郡隴西二李等七姓，其族望，恥與諸姓為婚，乃禁其自相姻娶，於是不敢復行婚禮，密裝飾其女，以送夫家。

太平廣記一百八十四氏族類莊恪(永)太子妃條：文宗為莊恪太子選妃，朝臣家□子女者悉被進名，士庶為之不安。帝知之，召宰臣曰：「朕欲為太子婚娶，本求汝鄭門衣冠子女為新婦，聞在外朝臣皆不願共朕作情親，何也？朕是數百年衣冠，無何神堯打家羅訶去。」因罷其選。出盧氏雜説。參北齊書四十三、北史廿四封述傳。唐語林四企羨門引盧氏雜説作「打朕家事羅訶去」，注亦疑有脱誤，或是當時俚語。莊恪太子納妃，年雖不可考，然據本書一百七十五莊恪太子傳，魯王永以大和六年十月册為皇太子，開成三年十月薨。又據新唐書六十三宰相表及本書十七文宗紀等，覃以大和九年十一月作相，開成四年五月罷相(傳同)。自大和六年至開成三年永為太子時，宰相覃外無鄭姓。新書一百六十五鄭覃傳：女孫適崔皐，官裁九品衛佐，帝重其不昏權家。

> 覃雖精經義，不能爲文，嫉進士浮華，開成初，奏禮部貢院宜罷進士科。李固言復爲宰相。固言與李宗閔、楊嗣復善，覃憎之。楊嗣復自西川入拜平章事，與覃尤相矛盾，加之以固言、李珏，入對之際，是非蜂起。

唐大詔令集二十九大和七年，全唐文七十四文宗册立皇太子德音：「況進士之科尤要釐革，雖鄉舉里選不可復行，然務實抑華必有良術。其公卿子弟不先入國學習業，不在應明經進士之限；其進士學，宜先試帖經，并略問大義，取經義精通者，次試議論各一首，文理高者便與及第；其所試詩賦并停。」案：此德音下於大和七年八月七日，是時鄭覃尚未為相，然已為御史大夫，文宗固深賞其通經學也。

錢希白南部新書丁云：「陳夷行、鄭覃在相，請經術孤單者進用；李珏與楊嗣復論地胄詞彩者居先。每延英議政，率先矛盾，無成政(事)，但寄之頰舌而已。」楊嗣復、李珏之所謂「地胄詞彩」即指楊虞卿家之類而言，宜覆察之。又甲：太和中，上自延英退，獨召柳公權對，上不悦曰：「今日一場奇也。嗣復、李珏道張諷是奇才，請與近密官；鄭覃、夷行即云是姦邪，須斥之於嶺外。教我如何即是？」

陳夷行

字周道，潁川人。祖忠，父邑。夷行，元和七年登進士第。

新書一百八十一：其先江左諸陳也，世客潁川。新書七十一下宰相世系表云：又有潁川陳忠，不知所承。

上紫宸議政，因曰：「天寶中政事，實不甚佳。當時姚、宋在否？」李珏曰：「姚亡而宋罷。」

錢竹汀廿二史考異已論及之。據本書九十六姚崇宋璟傳，姚崇卒於開元九年，宋璟卒於開元二十五年，璟罷官在開元二十年。天寶中，皆已死矣。元稹連昌宮詞云「開元之末姚、宋死」，若作「開元之末姚、宋皆已無存」解，尚合史實，至李珏之言，則遠於真相矣。

李　紳

新書一百八十一。

吴汝訥

其恃官娶百姓顏悦女爲妻，則稱悦是前青州衙推，悦先娶王氏是衣冠，女非繼室焦所生，與揚州案小有不同。

新唐書一百八十一李紳傳以「衣冠女」為句，若據此傳本文則以「衣冠」斷句，而「女」字下屬似更妥。

李　珏

李珏字待價，趙郡人。父仲朝。珏進士擢第，又登書判拔萃科，累官至右拾遺。

新書一百八十二李珏傳：其先出趙郡，客居淮陰。幼孤，事母以孝聞。甫冠，舉明經。李絳為華州刺史，見之，曰：「日角珠庭，非庸人相，明經碌碌，非子所宜。」乃更舉進士高第。

寅恪案：新書此節與唐語林叁識鑒門所載同出東觀奏記也。

李固言

固言元和七年登進士甲科。

與李漢同榜進士。

卷一百七十四　列傳第一百二十四

李德裕

新書一百八十。

九月，出德裕爲浙西觀察使。

據穆宗紀長慶二年。

德裕壯年得位，鋭於布政，凡舊俗之害民者，悉革其弊。屬郡祠廟，按方志前代名臣賢后則祠之，四郡之内，除淫祠一千一十所。

徐凝浙西李尚書奏毁淫昏廟詩：「傳聞廢淫祀，萬里静山陂。欲慰靈均恨，先燒靳尚祠。」浙西觀察使治地在潤州。據舊書四十地理志，揚州固在其管内也。

元和已來，累敕天下州府，不得私度僧尼。徐州節度使王智興聚貨無厭，以敬宗誕月，請於泗州置僧壇，度人資福，以邀厚利。江淮之民，皆羣黨渡淮。德裕奏論曰：「王智興於所屬泗州置僧尼戒壇，自去冬於江淮已南，所在懸牓招置。江淮自元和二年後，不敢私度。自聞泗州有壇，户有三丁必令一丁落髮，意在規避王徭，影庇資産。自正月已來，落髮者無算。臣今於蒜山渡點其過者，一日一百餘人，勘問唯十四人是舊日沙彌，餘是蘇、常百姓，亦無本州文憑，尋已勒還本貫。訪聞泗州置壇次第，凡僧徒到者，人納二緡，給牒即回，别無法事。若不特行禁止，比到誕節，計江淮已南，失却六十萬丁壯。此事非細，繫於朝廷法度。」狀奏，即日詔徐州罷之。

會昌一品集賀廢毁諸寺德音表：臣某等伏奉今日拆寺蘭若共四萬六千六百餘所，還俗僧尼并奴婢為兩税户共約四十一萬餘人，得良田約數千頃。

韓退之贈靈澈詩所謂「齊民逃賦役」者是也。趙甌北二十二史劄記已論及之。

大和八年。

尋改檢校尚書左僕射、潤州刺史、鎮海軍節度、蘇常杭潤觀察等使，代王璠。德裕至鎮，奉詔安排宫人杜仲陽於道觀，與之供給。仲陽者，漳王養母，王得罪，放仲陽於潤州故也。

明年三月，授德裕銀青光禄大夫，量移滁州刺史。七月，遷太子賓客。十一月，檢校户部尚書，復浙西觀察使。

開成元年。

德裕凡三鎮浙西，前後十餘年。開成二年五月，授揚州大都督府長史、淮南節度副大使、知節度使事，代牛僧孺。五年正月，武宗即位。七月，召德裕於淮南。九月，授門下侍郎、同平章事。初，德裕父吉甫，年五十一出鎮淮南，五十四自淮南復相。今德裕鎮淮南，復入相，一如父之年，亦爲異事。

年，搢紳榮之。」殊誤。

太平廣記一百五十六引感定録云：「李德裕自潤州年五十四除揚州，五十八再入相，皆乃吉甫之

開成末，迴紇爲黠戛斯所攻，戰敗，部族離散，烏介可汗奉大和公主南來。德裕曰：「頃者國家艱難之際，迴紇繼立大功。今國破家亡，竄投無所，自居塞上，未至侵淫。以窮來歸，遽行殺伐，非漢宣待呼韓邪之道也。不如聊濟資糧，徐觀其變。」德裕曰：「今烏介所恃者公主，如令勇將出奇奪得公主，虜自敗矣。」上然之，即令德裕草制處分代北諸軍，固關防，以出奇形勢授劉沔。沔令大將石雄急擊可汗于殺胡山，敗之，迎公主還宮，語在石雄傳。

此節參閲九姓回紇可汗紀功碑。

德裕又以大和五年吐蕃維州守將以城降，爲牛僧孺所沮，終失維州，奏論之曰：「沮議之人，不知事實。犬戎遲鈍，土曠人稀，每欲乘秋犯邊，皆須數歲就食。臣受降之時，指天爲誓，寧忍將三百餘人性命，棄信偷安。累表上陳，乞垂矜赦。答詔嚴切，竟令執還，加以體披桎梏，舁於竹畚。及將就路，冤叫呼天。將吏對臣，無不流涕。其部送者，便遭蕃帥譏誚曰：『既已降彼，何須送來？』乃却將此降人，戮于漢界之上，恣行殘害，用固攜離。乃至擲其嬰孩，承以

槍槊。臣實痛悉怛謀舉城受酷，由臣陷此無辜，乞慰忠魂，特別褒贈。」帝意傷之，尋賜贈官。

參觀本書一百四十七杜悰傳及一百七十二牛僧孺傳。

五年，武宗上徽號後，累表乞骸，不許。乃以本官平章事，兼江陵尹、荆南節度使。數月追還，復知政事。宣宗即位，罷相，出爲東都留守、東畿汝都防禦使。

武宗上徽號在會昌五年正月己酉。

明年（大中二年）冬，又貶潮州司户。德裕既貶，大中二年，自洛陽水路經江淮赴潮州。其年冬，至潮陽，又貶崖州司户。至三年正月，方達珠崖郡，十二月卒，時年六十三。

案本書十八下宣宗紀大中三年九月辛亥制書，「貶守潮州司馬員外置同正員李德裕為崖州司户參軍」，則德裕乃逕由潮州司馬而貶崖州司户，「明年冬，又貶潮州司户」一語，與貶崖州司户之詔書所載，官職不符，殊可疑，王西莊（鳴盛）據以為説，恐非。

南部新書戊：「李太尉以大中二年正月三日貶潮州司馬，當年十月十六日再貶崖州司户，大中三年十二月十日卒于貶所，年六十四。」東觀奏記中：「太尉衛國公李德裕，上即位後坐貶崖州司户參軍，終於貶所。一日，丞相令狐綯夢德裕曰：『某已謝明時，幸相公哀之，許歸葬故里。』綯具為其子滈言，滈曰：『李衛公犯衆怒，又崔（鉉）、魏（謩）二丞相皆敵人也，見持政，必將上前異同，未可言之也。』」後數日，上將坐延英。綯又夢德裕曰：「某委骨海上，思還故里，與相公有舊，幸憫而許之。」既寤，召其子滈曰：「向見李衛公，精爽尚可畏，吾不言，必掇禍。」明日入中書，具為同列言之，既於上前論奏，許其子蒙州立山縣尉（名與今上御名同），護喪歸葬。

初貶潮州，雖蒼黄顛沛之中，猶留心著述，雜序數十篇，號曰窮愁志。其論冥數曰：「乙丑歲，予自荆楚，保釐東周，路出方城間，有隱者困于泥塗，不知其所如，謂方城長曰：『此官人居守後二年，南行萬里。』」其自序如此。

據本書十八下宣宗紀：會昌六年四月，以李德裕為荆南節度使。十月，以荆南節度使李德裕為東都留守。大中元年七月，貶李德裕為潮州司馬。

案：據本書武宗紀，德裕貶在會昌六年丙寅四月，此言乙丑，故疑是僞作。乙丑為會昌五年，德裕貶潮州為大中元年。依舊紀言，亦不能謂「居守後二年，南行萬里」，此如傳言五年鎮荆南方合也。

德裕三子。燁，檢校祠部員外郎、汴宋亳觀察判官。大中二年，坐父貶象州立山尉。二子幼，從父殁於崖州。燁咸通初量移郴州郴縣尉，卒於桂陽。子延古。

「象」字誤，應依東觀奏記作「蒙」。會昌一品集蚍蜉賦序「令稚子燁和之」。近河南出土李燁母墓志，德裕所撰書也。南部新書乙云：咸通九年，始以李贊皇孫延古起家為集賢校理。參觀本書一百六十四柳仲郢傳、一百七十七劉鄴傳。

舊唐書卷一百七十四考證

李德裕傳：以本官平章事，兼江陵、荊南節度使。○沈炳震曰：按紀，宣宗即位，罷相，拜荊南節度，武宗朝未嘗免也。誤。

十七史商榷九十一李德裕貶死年月條及李德裕主殺郭誼條。

卷一百七十五　列傳第一百二十五

莊恪太子

〔開成三年〕上以太子稍長，不循法度，昵近小人，欲加廢黜，迫於公卿之請乃止。太子終不悛改，至是暴薨。時傳云：太子德妃之出也，晚年寵衰。賢妃楊氏，恩渥方深，懼太子他日不利於己，故日加誣譖，太子終不能自辨明也。太子既薨，上意追悔。四年，因會寧殿宴，小兒緣橦，有一夫在下，憂其墮地，有若狂者。上問之，乃其父也。上因感泣，謂左右曰：「朕富有天下，不能全一子。」遂召樂官劉楚材、宫人張十十等責之，曰：「陷吾太子，皆爾曹也。今已有太子，更欲踵前耶？」立命殺之。

新書八十二。圓仁入唐求法巡禮行記有殺却皇太子之記載。唐時此劇盛行，唐人詩中往往有詠之者，如王建有尋橦歌，是其一例。太宗廢太子承乾亦好此戲。

德王裕

新書八十二。

卷一百七十六　列傳第一百二十六

李宗閔

新書一百七十四。

楊嗣復

新書一百七十四。

嗣復與牛僧孺、李宗閔皆權德輿貢舉門生，情義相得，進退取捨，多與之同。

同門。

楊虞卿

虢州弘農人。祖燕客。父寧，貞元中爲長安尉。虞卿，元和五年進士擢第，又應博學宏辭科。

據此足知楊氏非山東舊日高門也。

虞卿性柔佞，能阿附權幸以爲姦利。每歲銓曹貢部，爲舉選人馳走取科第，占員闕，無不得其所欲，升沈取捨，出其脣吻。而李宗閔待之如骨肉，以能朋比唱和，故時號黨魁。

錢易南部新書己：大和中，人指楊虞卿宅南亭子為行中書，蓋朋黨聚議於此爾。

李讓夷

新書一百八十一。

魏謩

謩嘗鈔撮子書要言，以類相從，二十卷，號曰魏氏手略。

殆仿羣書治要之作，或即其續補耶？

史臣曰：古者，廉、藺解仇，冀全國體，而邀懽釋憾，實亂大倫。

「實亂大倫」句上疑有脱文。

卷一百七十七　列傳第一百二十七

崔從

〔大和〕四年三月，召拜檢校左僕射，兼揚州大都督府長史、御史大夫，充淮南節度副大使，知節度事。揚府舊有貨麴之利，資産奴婢交易者，皆有貫率，并有口算，每歲收利以給用，從悉除之。
揚州貫率乃承南朝之舊，加估則天寶後地方官俸之通例也。舊制，官吏禄俸有布帛加估之給，節度使獨不在此例。從至，一例估折給之。

六年十月，卒於鎮。

本書十七下文宗紀：太和六年十一月己丑朔。丁未，淮南節度使、檢校右僕射崔從卒。

崔彦曾

牙官許佶、趙可立、王幼誠、劉景、傅寂、張實、王弘立、孟敬文、姚周等九人，殺都頭王仲甫，立糧料判官龐勛爲都將。龐勛遣吏送狀啓訴，以軍士思歸，勢不能遏，願至府外解甲歸兵，便還家。彦曾怒誅之，勛等擁衆攻宿州，陷之。〔咸通〕九年九月十四日，賊逼徐州。十七日昏霧尤甚，賊四面斬關而入。龐勛先謁漢高祖廟，便入牙城。賊將趙可立害彦曾，龐勛自稱武寧軍節度使。

龐勛事兩唐書皆不立專傳記之，似不妥。

崔珙

博陵安平人。祖懿。父頲，貞元初進士登第。頲有子八人，皆至達官，時人比漢之荀氏，號曰「八龍」。長曰琯，貞元十八年進士擢第。〔珙子〕涓，大中四年進士擢第。〔珙弟璪〕子滔，大中初登進士第。〔珙弟〕璵，長慶初進士擢第，又制策登科。〔璵子〕澹，大中十三年登進士第。〔澹子〕遠，龍紀元年登進士第。〔珙弟〕球字叔休，寶曆二年登進士第。〔球子〕瀆，大中末亦進士登第。崔氏咸通乾符間，昆仲子弟紆組拖紳，歷臺閣、踐藩嶽者二十餘人。大中以來盛族，時推甲等。

博陵崔氏亦以進士科舉為甲族。

盧鈞

〔開成元年〕冬，代李從易爲廣州刺史、御史大夫、嶺南節度使。南海有蠻舶之利，珍貨輻湊。舊帥作法興利以致富，凡爲南海者，靡不捆載而還。鈞性仁恕，爲政廉潔，請監軍領市舶使，己一不干預。自貞元已來，衣冠得罪流放嶺表者，因而物故，子孫貧悴，雖遇赦不能自還。凡在封境者，鈞減俸錢爲營櫬櫝。其家疾病死喪，則爲之醫藥殯殮，孤兒稚女，爲之婚嫁，凡數百家。由是山越之俗，服其德義，令不嚴而人化。

參觀本書一百五十一王鍔傳，一百六十三胡証傳，一百五十二王茂元傳，一百七十八鄭畋傳。

裴休

家世奉佛，休尤深於釋典。

裴氏本于闐國姓，休又有為于闐國王之神話，蓋其家出於于闐大乘佛教之世家也。

楊收

同州馮翊人。自言隋越公素之後。

可知其非北朝以來之士族。

韋保衡

保衡咸通五年登進士第。累拜起居郎。十年正月，尚懿宗女同昌公主。尋以保衡爲翰林學士，轉郎中，正拜中書舍人、兵部侍郎承旨。不期年，以本官平章事。保衡恃恩權，素所不悦者，必加排斥。王鐸貢舉之師，蕭遘同門生，以素薄其爲人，皆擯斥之。以楊收、路巖在中書不加禮接，媒孽逐之。

參觀本書一百七十九蕭遘傳。據此，可知貢舉師及同年應在援引，而保衡轉加排斥，所以異於當時士大夫之常例。然當時朋黨構成之主因必在科舉制度，是其明證。

曹確

新書一百八十一。

懿宗以伶官李可及爲威衛將軍，確執奏曰：「伏乞以兩朝故事，別授可及之官。」帝不之聽。可及善音律，尤能轉喉爲新聲，音辭曲折，聽者忘倦。嘗於安國寺作菩薩蠻舞，如佛降生，帝益憐之。

佛曲佛舞。

畢諴

鄆州須昌人也。伯祖構，高宗時吏部尚書。

出於畢構之説可疑，據北夢瑣言，則諴乃鹽户也。

杜審權

〔大中〕九年罷相，檢校司空，兼潤州刺史、鎮海軍節度使、蘇杭常等州觀察使。十一年，制曰：「頃罷機務，鎮于金陵。」

鎮海軍節度使治京口，即金陵。

劉鄴

父三復。聰敏絶人，幼善屬文。長慶中，李德裕拜浙西觀察使，三復以德裕禁密大臣，以所業文詣郡干謁。德裕閲其文，倒屣迎之，乃辟爲從事，管記室。德裕三爲浙西，凡十年，三復皆從之。大和中，德裕輔政，用爲員外郎。居無何，罷相，復鎮浙西，三復從之。汝州刺史劉禹錫以宗人遇之，深重其才，嘗爲詩贈三復，序曰：「從弟三復，三爲浙右從事，凡十餘年。往年主公入相，薦用登朝，中復從公之京口，未幾而罷。昨以尚書員外郎奉使至潞，旋承新命，改轅而東。三從公皆在舊地，徵諸故事，敻無其比，因賦詩餞別以志之。」

今劉集序微異。

鄴以李德裕貶死珠崖，大中朝以令狐綯當權，累有赦宥，不蒙恩例。懿宗即位，綯在方鎮，屬郊天大赦，鄴奏論之曰：「故崖州司户參軍李德裕，其父吉甫，元和中以直道明誠，高居相位，中外咸理，訏謨有功。德裕以偉望宏才，繼登台衮，險夷不易，勁正無羣。稟周勃厚重之姿，慕楊秉忠貞之節。頃以微累，竄于遐荒，既迫衰殘，竟歸冥寞。其子燁坐貶象州立山縣尉。去年遇陛下布惟新之命，覃作解之恩，移授郴州郴縣尉，今已殁於貶所。倘德裕猶有親援，可期振揚，微臣固不敢上論，以招浮議。今骨肉將盡，生涯已空，皆傷棨戟之門，遽作荆榛之地，孤骨未歸於塋兆，一男又没於湘江。特乞聖明，俯垂哀愍，俾還遺骨，兼賜贈官。上弘録舊之仁，下激徇公之節。」詔從之。

參觀本書一百六十五柳仲郢傳，一百七十四李德裕傳。新書一百八十李德裕傳載德裕見夢於令狐綯事，不足信。李德裕於大中六年已歸葬洛陽，故此疏乃偽造也。

史臣曰：近代衣冠人物，門族昌盛，從顗之後，實富名流。而彦曾屬徐亂之秋，胤接李亡之數，計則繆矣，天可逃乎？楊、劉、曹、畢諸族，門非世胄，位以藝升，伏膺典墳，俯拾青紫。而收得位求侈，以至敗名，行己飭躬，以爲深誡！杜氏三世輔相，太尉陷於橫流，臨難忘身，可爲流涕。

史臣論（録者注：批於封面）。

卷一百七十八　列傳第一百二十八

崔彦昭

僖宗即位，就加檢校吏部尚書。時趙隱、高璩知政事，與彦昭同年進士，薦彦昭長於治財賦。〔大中〕十五年三月，召爲吏部侍郎，充諸道鹽鐵轉運使。乾符初，以本官同平章事、判度支。同年援引。

鄭畋

父亞。〔會昌〕五年，德裕罷相，鎮渚宫，授亞正議大夫，出爲桂州刺史、御史中丞、桂管都防禦經略使。

德裕罷相鎮荆南在會昌六年，本書李德裕傳同此誤。

左僕射于琮曰：「南海有市舶之利，歲貢珠璣。如令妖賊所有，國藏漸當廢竭。」

參觀本書一百五十一王鍔傳，一百五十二王茂元傳，一百六十三胡証傳，一百七十七盧鈞傳。

王　徽

時宣宗詔宰相於進士中選子弟尚主，或以徽籍上聞。徽性沖澹，遠勢利，聞之憂形於色。徽登第時，年踰四十，見宰相劉瑑哀祈，具陳年已高矣，居常多病，不足以塵污禁臠。瑑於上前言之方免。

可與于琮、杜悰兩傳參閲。

卷一百七十九　列傳第一百二十九

蕭　遘

〔咸通五年〕與韋保衡同年登進士第，保衡以幸進無藝，同年門生皆薄之。遘形神秀偉，志操不羣，自比李德裕，同年皆戲呼「太尉」，保衡心銜之。及保衡作相，摘遘之失，貶爲播州司馬。

途經三峽，維舟月夜賦詩自悼，慮保衡見害。保衡誅，以禮部員外郎徵還，轉考功員外郎、知制誥。

參觀本書一百七十七韋保衡傳。

劉崇望

崇望，咸通十五年登進士科。昭宗即位，拜中書侍郎、同平章事，累兼兵部、吏部尚書。王重盈死，王珂、王珙爭河中節鉞，朝廷以宰相崔胤爲河中節度使。珂，李克用之子壻也。河東進奏官薛志勤揚言曰：「崔相雖重德，如作鎮河中代王珂，不如光德劉公，於我公事素也。」及三鎮以兵入朝，殺害大臣，以志勤之言，責授崇望昭州司馬。及王行瑜誅，太原上表言崇望無辜放逐。時已至荆南，有詔召還，拜吏部尚書。未至，王摶再知政事，兼吏部尚書，乃改崇望兵部尚書。時西川侵寇顧彥暉，欲併東川，以崇望檢校右僕射、平章事、梓州刺史、劍南東川節度使。未至鎮，召還，復爲兵部尚書。光化二年卒。

新書十昭宗紀，三鎮兵入朝在乾寧二年五月甲子，王行瑜之誅在乾寧二年十一月丁卯。新書六十三宰相表下：乾寧三年十月戊午，王摶為吏部尚書、同中書門下平章事。通鑑光化元年正月，以兵部尚書劉崇望同平章事，充東川節度使。

據此，崇望之任荆南約在乾寧三年春至冬間。

柳　璨

璨以劉子玄所撰史通譏駁經史過當，璨紀子玄之失，別爲十卷，號柳氏釋史，學者伏其優贍。

柳氏釋史十卷。

史臣曰：逐徐、薛於瘴海。

徐者，徐彥若，見本卷。薛者，嗣薛王知柔，見新書八十一。

卷一百八十　列傳第一百三十

李可舉

李可舉，本迴鶻阿布思之族也。張仲武破迴鶻，可舉父茂勳與本部侯王降焉。茂勳善騎射，性沉毅，仲武器之。常遣扼邊，以功封郡王，賜姓名。

新書二百十二李茂勳傳。

李全忠

新書二百十二。

卷一百八十一　列傳第一百三十一

史憲誠

新書二百十魏博。

韓允忠

新書二百十。

新書二百十。

樂彦禎

新書二百十。

羅弘信

卷一百八十二　列傳第一百三十二

高　駢

駢既失兵柄，又落利權，攘袂大詬，累上章論列，語詞不遜。其末章曰：「今則園陵開毁，宗廟荆榛，遠近痛傷，遐邇嗟怨。雖然，姦臣未悟，陛下猶迷，不思宗廟之焚燒，不痛園陵之開毁。」

可知杜陵「玉魚金盌」之句，歷次長安之失，皆是也。

卷一百八十三　列傳第一百三十三　外戚

武承嗣

武承嗣，荆州都督士彠之孫。初，士彠娶相里氏，生元慶、元爽。又娶楊氏，生三女：長適越王府功曹賀蘭越石，次則天，次適郭氏。承嗣，元爽子也。

十萬卷樓叢書分門古今類事（乾道己丑仲夏朔日委心子序）十五士彠叢林條末注：出太原事蹟。據之，似可推定士彠係木材商賈也。

太平廣記一百三十七武士彠條：唐武士彠，太原文水人。微時，與邑人許文寶以鬻材為事。嘗聚材木數萬莖，一旦化為叢林森茂，因致大富。士彠與文寶讀書（會）林下，文寶自稱「厚材」，士彠私自（言）「枯木（成林），必當大貴」。及高祖起義兵，武以鎧胄從入關，故鄉人云：「士彠以鬻林之故，果逢構（建）廈之秋。」及士彠貴達，文寶依之，位終刺史。出太原事蹟。

李璋撰亦曰太原事蹟雜記。新唐書五十八藝文志乙部史録地理類云：李璋太原事蹟記十四卷。

武延秀

延秀，承嗣第二子也。時武崇訓爲安樂公主婿，即延秀從父兄，數引至主第。延秀久在蕃中，解突厥語，常於主第，延秀唱突厥歌，作胡旋舞，有姿媚，主甚喜之。及崇訓死，延秀得幸，遂尚公主。

延秀尚安樂主。

武崇訓

崇訓，三思第三子也。則天時，封爲高陽郡王。長安中，尚安樂郡主。

崇訓尚安樂主。

薛懷義

自是與洛陽大德僧法明、處一、惠儼、稜行、感德、感知、静軌、宣政等在内道場念誦。懷義與法明等造大雲經，陳符命，言則天是彌勒下生，作閻浮提主，唐氏合微。故則天革命稱周，懷義與法明等九人並封縣公，賜物有差，皆賜紫袈裟、銀龜袋。其僞大雲經頒於天下，寺各藏一本，令升高座講説。

本書卷六則天皇后紀：載初元年秋七月，有沙門十人偽撰大雲經，表上之。今此傳云「九人」者，當即並懷義、雲宣合計之，共為十人也。其所以知有雲宣者，以通鑑二百四天授元年十月，有「其撰疏僧雲宣等九人皆賜爵縣公」之語，而雲宣之名又不見於本傳洛陽大德僧八人名字之内故也。

吴湊

時宫中選内官買物於市，倚勢強買，物不充價，人畏而避之，呼爲「宫市」。掌賦者多與中貴人交結假借，不言其弊。湊爲京尹，便殿從容論之，曰：「物議以中人買物於市，稍不便於人，此事甚細，虚掇流議。凡宫中所須，責臣可辦，不必更差中使。若以臣府縣外吏，不合預聞宫中所須，則乞選内官年高謹重者，充宫市令，遮息人間論議。」

宫市。

官街樹缺，所司植榆以補之，湊曰：「榆非九衢之玩。」亟命易之以槐。及槐陰成而湊卒，人指樹而懷之。

官街樹。

柳晟

罷鎮入朝，以違詔進奉，爲御史元稹所劾，詔宥之。

元稹劾柳晟。

王子顔

天寶初，爲河源軍使，吐蕃贊普王子郎支都有勇，乘諳真馬。

諳真馬。

卷一百八十四　列傳第一百三十四　宦官

高力士

〔上元元年〕爲李輔國所構，配流黔中道。力士至巫州，地多薺而不食，因感傷而詠之曰：「兩京作斤賣，五谿無人採。夷夏雖不同，氣味終不改。」寶應元年三月，會赦歸，至朗州，遇流人言京國事，始知上皇厭代，力士北望號慟，嘔血而卒。

參本書一百八韋見素傳。郭湜高力士外傳亦載此詩。太平廣記四百九十五高力士條引明皇雜録：高力士既謫於巫山，川谷多薺，而人不食。力士感之，因為詩寄意：「兩京五(?)斤賣，五溪無人採。夷夏雖有殊，氣味終不改。」其後會赦，歸至武溪(陵?)，道遇開元中羽林軍士坐事謫嶺南，停車訪舊，方知上皇已厭世，力士北望號泣，嘔血而死。

倶文珍

貞元末宦官，後從義父姓，曰劉貞亮。叔文欲奪宦者兵權，每(李)忠言宣命，內臣無敢言者，唯貞亮建議與之爭。知其朋徒熾，慮隳朝政，乃與中官劉光琦、薛文珍、尚衍、解玉等謀，奏請立廣陵王爲皇太子，勾當軍國大事，順宗可之。貞亮遂召學士衛次公、鄭絪、李程、王涯入金鑾殿，草立儲君詔。及太子受內禪，盡逐叔文之黨，政事悉委舊臣，時議嘉貞亮之忠藎。

憲宗之得立，實由于倶文珍等宦官。

王守澄

新書二百八。

元和末宦者。時仇士良有翊上之功,爲守澄所抑,位未通顯。〔李〕訓奏用士良分守澄之權,乃以士良爲左軍中尉,守澄不悦,兩相矛盾。訓因其惡。大和九年,帝令内養李好古齎酖賜守澄,秘而不發,守澄死。

李訓使王守澄與仇士良相攻而殺守澄,除元和逆黨。

楊復恭

復恭至興元,節度使楊守亮(復光假子)乃糾合諸守義兄弟舉兵,以討〔李〕順節(即復恭假子守立)爲名。天子詔李茂貞、王行瑜討之。〔大順三年〕守亮兵敗,復恭與守亮挈其族,將奔太原,入商山。至乾元縣,爲華州兵所獲,執送京師,皆梟首於市。李茂貞收興元,進復恭前後與守亮私書六十紙,内訴致仕之由云:「承天是隋家舊業,大姪但積粟訓兵,不要進奉。吾於荆榛中援立壽王,有如此負心門生天子,既得尊位,乃廢定策國老。」其不遜如是。

據「承天」之語，復恭殆自以為楊隋宗裔；據「門生」之語，則知當科舉之制，門生受座主之獎拔，理無負恩之事也。

〔天復三年正月〕全忠迎駕還長安，詔以崔胤爲宰相，兼判六軍諸衛。胤奏曰：「高祖、太宗承平時，無内官典軍旅。自天寶以後，宦官寖盛。貞元、元和，分羽林衛爲左、右神策軍，以使衛從，令宦官主之，唯以二千人爲定制。自是參掌樞密。由是内務百司，皆歸宦者，上下彌縫，共爲不法，大則傾覆朝政，小則構扇藩方。車駕頻致播遷，朝廷漸加微弱，原其禍作，始自中人。自先帝臨御已來，陛下纂承之後，朋儕日熾，交亂朝綱，此不翦其本根，終爲國之蟊賊。内諸司使務宦官主者，望一切罷之，諸道監軍使，並追赴闕廷，即國家萬世之便也。」詔曰：「其第五可範已下，並宜賜死。其在畿甸同華、河中，並盡底處置訖。諸道監軍使已下，及管内經過並居停内使，敕到並仰隨處誅夷訖聞奏。其左、右神策軍，並令停廢。」是日，諸司宦官百餘人，及隨駕鳳翔羣小又二百餘人，一時斬首於内侍省，血流塗地。及宫人宋柔等十一人，兩街僧道與内官相善者二十餘人，並笞死於京兆府。内諸司一切罷之，皆歸省寺。自是京城並無宦官，天子每宣傳詔命，即令宫人出入。崔胤雖復仇快志，國祚旋亦覆亡，悲夫！

北夢瑣言五令狐公密狀條云：唐大和中，閹官恣横，因甘露事，王涯等皆罹其禍，竟未昭雪。宣宗即位，深抑其權，末年，嘗授旨於宰相令狐公，欲盡誅之，慮其寃，乃密奏牓子曰：「但有罪莫舍，有闕莫填，自然無遺類矣。」後為宦者所見，於是南北益相水火。洎昭宗末，崔侍中得行其志，然而玉石俱焚也已。

卷一百八十五上　列傳第一百三十五上　良吏上

薛季昶

時季昶勸敬暉等因兵勢殺武三思，暉等不從，竟以此敗，語在暉傳。季昶亦因是累貶，自桂州都督授儋州司馬。初，季昶與昭州首領周慶立及廣州司馬光楚客不協。及將之儋州，懼慶立見殺，將往廣州，又惡楚客，乃歎曰：「薛季昶行事至是耶！」因自製棺，仰藥而死。睿宗即位，下制曰：「言念忠寃，有懷嘉悼。可贈左御史大夫，仍同敬暉等例，與一子官。」

新書一百二十桓彥範傳附。本書一百八十六下周利貞傳未誤。

卷一百八十五下　列傳第一百三十五下　良吏下

宋慶禮

新書一百三十。

尋而罷海運，收歲儲，邊亭晏然。

海運。

薛苹

新書一百六十四。

苹歷三鎮，凡十餘年，家無聲樂，俸禄悉以散諸親族故人子弟。除左散騎常侍致仕。時有年過懸車而不知止者，唯苹年至而無疾請告，角巾東洛，時甚高之。

白居易譏杜佑。

卷一百八十六上　列傳第一百三十六上　酷吏上

侯思止

思止既按制獄，苛酷日甚。嘗按中丞魏元忠，曰：「急認白司馬，不然，即喫孟青。」白司馬者，洛陽有坂號白司馬坂。孟青者，將軍姓孟名青棒，即殺琅邪王沖者也。

當時「反」「坂」同音。

吉　頊

新書一百十七。

初，中宗未立爲皇太子時，易之、昌宗嘗密問頊自安之策，頊云：「今天下士庶，咸思李家，廬陵既在房州，相王又在幽閉，主上春秋既高，須有付託。武氏諸王，殊非屬意。明公若能從容請建立廬陵及相王，以副生人之望，豈止轉禍爲福，必長享茅土之重矣。」易之然其言，遂承間奏請。則天意乃定。項既得罪，時無知者。睿宗即位，左右發明其事。

通鑑二百一十六天寶九載十月：「楊釗，張易之之甥也。奏乞昭雪易之兄弟。庚辰，制引易之兄弟迎中宗於房陵之功，復其官爵；仍賜一子官。

通鑑二百六聖曆元年二月考異，引談賓録及御史臺記，同載二張問吉項事。會要五十一識量上聖曆三年臘月亦載張易之兄弟請計於吉項事。

卷一百八十六下　列傳第一百三十六下　酷吏下

周利貞

玄宗正位，利貞與薛季昶、宋之問同賜死於桂州驛。

本書一百八十五上良吏傳薛季昶傳及新書一百二十桓彦範傳附薛季昶傳俱言季昶死而睿宗立，下詔贈官昭雪。此傳謂與利貞同死，誤也。

王　旭

曾祖珪，貞觀初爲侍中，尚永寧公主。

本書七十、新書八十九王珪傳云：珪子敬直尚太宗女南平公主。唐會要六公主傳及新書八十三公主傳俱同。新書二百九王旭傳删去「曾祖珪尚永寧公主」語。

卷一百八十七上　列傳第一百三十七上　忠義上

（序）：即如安金藏剖腹以明皇嗣，段秀實挺笏而擊元兇，張巡、姚誾之守城，杲卿、真卿之罵賊，又愈於金藏。秀實等各見本傳。今採夏侯端、李憕已下，附于此篇。

文句疑有脱誤，「安金藏」句前後意不貫也。俟得他本校之。

張道源

道源雖歷職九卿，身死日，唯有粟兩石。

張道源可入良吏傳耳，入忠義傳殊不倫。

張楚金

著翰苑三十卷、紳誡三卷，並傳於時。

翰苑。

李玄通

劉黑闥反叛，攻之，城陷被擒。謂守者曰：「吾能舞劍，可借吾刀。」守者與之，及曲終，太息而言：「大丈夫受國厚恩，鎮撫方面，不能保全所守，亦何面目視息世間哉！」因潰腹而死。即日本之腹切也。大唐新語五忠烈篇同。又大唐新語十二酷忍篇：來俊臣黨人與司刑府吏樊甚不叶，誣以謀反，誅之。其子訴寃於朝堂，無敢理者，乃引刀自刳其腹。

敬君弘

武德中，爲驃騎將軍，封黔昌縣侯，掌屯營兵於玄武門，加授雲麾將軍。隱太子建成之誅也，其餘黨馮立、謝叔方率兵犯玄武門，君弘挺身出戰，其所親止之曰：「事未可知，當且觀變，待兵集，成列而戰，未晚也。」君弘不從，乃與中郎將吕世衡大呼而進，並遇害。

新書一百九十一忠義傳上。大約敬君弘、吕世衡與常何俱太宗黨也。

安金藏

或有誣告皇嗣潛有異謀者，則天令來俊臣窮鞫其狀，左右不勝楚毒，皆欲自誣，唯金藏確然無辭，大呼謂俊臣曰：「公不信金藏之言，請剖心以明皇嗣不反。」即引佩刀自剖其胸，五藏並出，流血被地，因氣絶而仆。

以安姓言，疑是樂工。

則天聞之，令轝入宫中，遣醫人却内五藏，以桑白皮爲線縫合，傅之藥，經宿，金藏始甦。則天親臨視之，嘆曰：「吾子不能自明，不如爾之忠也。」即令俊臣停推，睿宗由是免難。

桑白皮線。

卷一百八十七下　列傳第一百三十七下　忠義下

李　憕

憕豐於産業，伊川膏腴，水陸上田，脩竹茂樹，自城及闕口，別業相望，與吏部侍郎李彭年皆有地癖。

地癖。

顔杲卿

玄宗尋知杲卿之功，乃加衛尉卿、兼御史大夫，以袁履謙爲常山太守，杲卿爲司馬。

杲卿乃賈深之誤。

張　巡

新書一百九十二忠義中。

賊將尹子奇攻圍經年，巡以雍丘小邑，儲備不足，大寇臨之，必難保守，乃列卒結陣詐降，至德二年正月也。玄宗聞而壯之。

叙詐降無下文，殊覺不貫。

許　遠

世仕江右。曾祖高陽公敬宗，龍朔中宰相，自有傳。

許敬宗曾孫。「右」為「左」之誤。

初，賀蘭進明與房琯素不相叶。及琯爲宰相，進明時爲御史大夫。琯奏用進明爲彭城太守、河南節度使、兼御史大夫，代嗣虢王巨；復用靈昌太守許叔冀爲進明都知兵馬、兼御史大夫，重其官以挫進明。虢王臣受代之時，盡將部曲而行，所留者揀退羸兵數千人、劣馬數百匹，不堪扞賊。叔冀恃部下精鋭，又名位等於進明，自謂匹敵，不受進明節制。故南霽雲之乞師，進明不敢分兵，懼叔冀見襲。兩相觀望，坐視危亡，致河南郡邑爲墟，由執政之乖經制也。

賀蘭進明不救張巡之原因。

甄　濟

新書一百九十四。

肅宗館之於三司，使令受僞命官瞻望，以愧其心。元和中，襄州節度使袁滋奏其節行，詔曰：「甄濟早以文雅，見稱於時。嘗因辟召，亦佐戎府。而能保堅貞之正性，不履危機；覩逆亂之潛萌，不從脅污。義聲可傳於竹帛，顯贈未賁於松楸。藩方所陳，允叶彝典，追加命秩，以獎忠魂。可贈秘書少監。」

元氏長慶集二十九與史館韓侍郎書。

劉敦儒

敦儒母有心疾，非日鞭人不安，子弟僕使不勝其苦，皆逃遁他處，唯敦儒侍養不息，體常流血。及母亡，居喪毀瘠骨立，洛中謂之「劉孝子」。

此當在孝友傳。

卷一百八十八　列傳第一百三十八　孝友

張公藝

（劉君良傳附）：鄆州壽張人張公藝，九代同居。北齊時，東安王高永樂詣宅慰撫旌表焉。開皇中，大使、邵陽公梁子恭亦親慰撫，重表其門。貞觀中，特敕吏加旌表。麟德中，高宗有事泰山，路過鄆州，親幸其宅，問其義由。其人請紙筆，但書百餘「忍」字。高宗爲之流涕，賜以縑帛。

張公百忍。

王少玄

（王君操傳附）：父隋末於郡（博州）西爲亂兵所害。少玄遺腹生，年十餘歲，問父所在，其母告之，因哀泣，便欲求屍以葬。時白骨蔽野，無由可辨，或曰：「以子血霑父骨，即滲入焉。」少玄乃刺其體以試之，凡經旬日，竟獲父骸以葬。

隋唐時已有此說。

裴敬彝

時母病，有醫人許仁則，足疾不能乘馬，敬彝每肩輿之以候母焉。

肩輿。

裴子餘

景龍中，爲左臺監察御史。時涇、岐二州有隋代蕃户子孫數千家，司農卿趙履温奏，悉没爲官户奴婢，仍充賜口，以給貴幸。子餘以爲官户承恩，始爲蕃户，又是子孫，不可抑之爲賤，奏劾其事。時履温衣附宗楚客等，與子餘廷對曲直。子餘詞色不撓，履温等詞屈，從子餘奏爲定。

官户。蕃户。

李日知

新書一百一十六。

卒後，少子伊衡以妾爲妻，費散田宅，仍列訟諸兄，家風替矣。

參杜佑傳。

崔沔

新書一百二十九。

開元七年，爲太子左庶子。母卒，哀毁逾禮。中書令張説數稱薦之。服闋，拜中書侍郎。或謂沔曰：「今之中書，皆是宰相承宣制命。侍郎雖是副貳，但署位而已，甚無事也。」沔曰：「不然。設官分職，上下相維，各申所見，方爲濟理。豈可俛默偷安，而爲懷禄士也！」自是每有制敕及曹事，沔多所異同，張説頗不悦焉。

開元時，中書侍郎但署位。

沔既善禮經，朝廷每有疑議，皆取決焉。

顔魯公文集十四博陵崔孝公陋室銘記。

崔衍

虢居陝、華二州之間，而稅重數倍。其青苗錢，華陝之郊畝出十有八，而虢之郊每徵十之七。衍乃上其事。

青苗錢。

卷一百八十九上　列傳第一百三十九上　儒學上

徐文遠

時洛陽饑饉，文遠出城樵採，爲李密軍所執。後王世充僭號，復以爲國子博士。因出樵採，爲羅士信獲之，送於京師，復授國子博士。

徐文遠二次皆以出樵採被獲。

陸德明

後高祖親臨釋奠，時徐文遠講孝經，沙門惠乘講波若經，道士劉進喜講老子，德明難此三人，各因宗指，隨端立義，衆皆爲之屈。

高祖時在太學，儒、釋、道三教講經。

歐陽詢

新書一百九十八儒學上。

朱子奢

新書一百九十八。

李玄植

（賈公彦傳附）：時有趙州李玄植，又受三禮於公彦，撰三禮音義，行於代。高宗時，屢被召見，與道士、沙門在御前講説經義。

高宗時，李玄植與沙門、道士在御前講説經義。

許子儒

其所注史記，竟未就而終。

史記注。

劉伯莊

撰史記音義、史記地名、漢書音義各二十卷，行於代。

史記音義。史記地名。

卷一百八十九下　列傳第一百三十九下　儒學下

高子貢

弱冠遊太學，徧涉六經，尤精史記。

史記。

王元感

長安三年，表上其所撰尚書糾謬十卷、春秋振滯二十卷、禮記繩愆三十卷，並所注孝經、史記稿草，請官給紙筆，寫上秘書閣。詔令弘文、崇賢兩館學士及成均博士詳其可否。

史記注。

學士祝欽明、郭山惲、李憲等皆專守先儒章句，深譏元感掎摭舊義，元感隨方應答，竟不之屈。鳳閣舍人魏知古、司封郎中徐堅、左史劉知幾、右史張思敬，雅好異聞，每爲元感申理其義，連表薦之。尋下詔曰：「王元感質性温敏，博聞强記，手不釋卷，老而彌篤。掎前達之失，究先聖之旨，是謂儒宗，不可多得。可太子司議郎，兼崇賢館學士。」魏知古嘗稱其所撰書曰：「信可謂五經之指南也。」

據元感論「三年喪禮」之說，則亦與談助、趙匡、陸質等同為唐人解經別派，實開宋儒之先河者矣。觀張柬之駁王元感「三年喪服」議，足見其解經之旨，劉子玄喜之，亦宗旨相似故也。「掎前達之失，究先聖之旨」，此二句亦宋儒所自負者。

王紹宗

紹宗少勤學，徧覽經史，尤工草隸。家貧，常傭力寫佛經以自給，每月自支錢足即止，雖高價盈倍，亦即拒之。寓居寺中，以清淨自守，垂三十年。

寫佛經自給。

祝欽明

景龍三年，中宗將親祀南郊，欽明與國子司業郭山惲二人奏言皇后亦合助祭。帝頗以爲疑，召禮官親問之。〔蔣〕欽緒與唐紹及太常博士彭景直又奏議曰：「周禮凡言祭、祀、享三者，皆祭之互名，本無定義。又周禮大宗伯職云：『凡大祭祀，王后有故不預，則攝而薦豆籩，徹。』欽明唯執此文，以爲王后有祭天地之禮。欽緒等據此，乃是王后薦宗廟之禮，非祭天地之事。何以明之？按此文：『凡祀大神，祭大祇，享大鬼，帥執事而卜日宿，視滌濯，涖玉鬯，省牲鑊，奉玉齍，制大號，理其大禮，制相王之大禮。若王不與祭祀，則攝位。』此已上一『凡』，直是王兼祭天地宗廟之事，故通言大神、大祇、大鬼之祭也。已下文云：『凡大祭祀，王后不與，則攝而薦豆籩，徹。』此一『凡』，直是王后祭廟之事，故唯言大祭祀也。若云王后助祭天地，不應重起『凡大祭祀』之文也。爲嫌王后有祭天地之疑，故重起後『凡』以別之耳。王后祭廟，自是大祭祀，何故取上『凡』相王之禮，以混下『凡』王后祭宗廟之文？此是本經，科段明白。」

此為議禮中說文例之最有趣者。

時尚書左僕射韋巨源又希旨，協同欽明之議。上納其言，竟以后爲亞獻，仍補大臣李嶠等女爲齋娘，以執籩豆。及禮畢，特詔齋娘有夫壻者，咸爲改官。

齋娘夫壻因妻改官。

郭山惲

時中宗數引近臣及修文學士，與之宴集，嘗令各効伎藝，以爲笑樂。工部尚書張錫爲談容娘舞，將作大匠宗晉卿舞渾脫，左衛將軍張洽舞黃麞，左金吾將軍杜元琰誦婆羅門呪，給事中李行言唱駕車西河，中書舍人盧藏用効道士上章。

婆羅門呪。

蘇冕

冕纘國朝政事，撰會要四十卷，行於時。會要。

卷一百九十上　列傳第一百四十上　文苑上

袁朗附袁誼

朗自以中外人物爲海内冠族，雖琅邪王氏繼有台鼎，而歷朝首爲佐命，鄙之不以爲伍。朗孫誼，又虞世南外孫。神功中，爲蘇州刺史。嘗因視事，司馬清河張沛通謁，沛即侍中文瓘之子，誼揖之曰：「司馬何事？」沛曰：「此州得一長史，是隴西李亶，天下甲門。」誼曰：「司馬何言之失！門户須歷代人賢，名節風教，爲衣冠顧矚，始可稱舉，老夫是也。夫山東人尚於婚媾，求於禄利；作時柱石，見危授命，則曠代無人。何可説之以爲門户？」沛懷慙而退。時人以爲口實。

參考梁書廿六傅昭傳附弟映答袁昂語。舊唐書六十三封倫傳：「宇文化及之亂，逼帝出宮，使倫數帝之罪，帝謂曰：『卿是士人，何至於此？』倫赧然而退。」

按：倫為勃海蓨人，封隆之之孫，盧思道之外甥，固士族之英也。北朝士族，臣於異類，忠義氣節，自不如南方舊門，此袁氏所以譏山東人，並可窺見當日衣冠之家亦必鄙隴西李氏也。

張昌齡

新書二百一文藝傳上。

弱冠以文詞知名，本州欲以秀才舉之，昌齡以時廢此科已久，固辭，乃充進士貢舉及第。

秀才之科久廢。

徐齊聃

時敕令有突厥酋長子弟事東宮，齊聃上疏曰：「今乃使氈裘之子，解辮而侍春闈；冒頓之苗，削衽而陪望苑。在於道義，臣竊有疑。」

參廢太子承乾傳。

楊炯

如意元年七月望日，宮中出盂蘭盆，分送佛寺，則天御洛南門，與百僚觀之。炯獻盂蘭盆賦，詞甚雅麗。

盂蘭盆賦。

卷一百九十中　列傳第一百四十中　文苑中

席豫

豫與弟晉，俱以詞藻見稱，而豫性尤謹，雖與子弟書疏及吏曹簿領，未嘗草書，謂人曰：「不敬他人，是自不敬也。」或曰：「此事甚細，卿何介意？」豫曰：「細猶不謹，而況巨耶？」

今敦煌寫本佛經正文俱真書，注疏乃有草書者，殆亦敬與不敬之別。可參賈島詩及大乘義章日本傳本小注中「草書」之語。

齊澣

時開府王毛仲寵幸用事，與龍武將軍葛福順爲姻親，故北門官見毛仲奏請，無不之允，皆受毛仲之惠，進退隨其指使。澣惡之，乘間論之曰：「福順典兵馬，與毛仲婚姻，小人寵極則姦生，若不預圖，恐後爲患，惟陛下思之。況腹心之委，何必毛仲？而高力士小心謹慎，又是閹官，便於禁中驅使。臣雖過言，庶裨萬一。臣聞君不密則失臣，臣不密則失身，唯聖慮密之。」

玄宗嘉其誠。

此或玄宗重用力士之一因。

李邕

廣陵江都人。父善，嘗受文選於同郡人曹憲。後爲左侍極賀蘭敏之所薦引，爲崇賢館學士，轉蘭臺郎。敏之敗，善坐配流嶺外。會赦還，因寓居汴、鄭之間，以講文選爲業。年老疾卒。所注文選六十卷，大行於時。

李邕墓志出土。又其孫正卿墓志，為綿州刺史李褒撰，亦出土(會昌四年)。

卷一百九十下　列傳第一百四十下　文苑下

李白

山東人。少有逸才，志氣宏放，飄然有超世之心。父爲任城尉，因家焉。

據范氏(傳正)所撰白墓志(唐左拾遺翰林學士李公新墓碑文)，「父名客」，即不知其名，或「胡客」、「海客」之義，所謂「為任城尉」者，未可信也。

吳通玄

陸贄富詞藻，特承德宗重顧，經歷艱難，通玄弟兄又以東宮侍上，由是爭寵，頗相嫌恨。贄性褊急，屢於上前短通玄，又言：「承平時工藝書畫之徒，待詔翰林，比無學士，只自至德後，天子召集賢學士于禁中草書詔，因在翰林院進止，遂以爲名。奔播之時，道途或豫除改，權令草制。今四方無事，百揆時序，制書職分，宜歸中書舍人，學士之名，理須停寢。」贄以通玄援引朋黨，於禁中叶力排己，故欲廢之。

參閱本書一百三十九陸贄傳。

貞元初，昭德王皇后崩，詔李紓爲謚册文，宰相張延賞、柳渾爲廟樂章。及進，皆不稱旨，並召通玄重撰。凡中旨撰述，非通玄之筆，無不慊然，重之如此。

「非」或「無」，必易其一，文氣方妥。

劉蕡

文宗即位，恭儉求理，大和二年，策試賢良。時對策者百餘人，所對止循常務，唯蕡切論黄門太横，將危宗社，對曰：「臣聞古者因井田而制軍賦，間農事以脩武備，提封約卒乘之數，命將在公卿之列，故兵農一致而文武同方，可以保乂邦家，式遏禍亂。暨太宗皇帝肇建邦典，亦置府兵，臺省軍衛，文武參掌，居閑歲則櫜弓力穡，將有事則釋耒荷戈，所以脩復古制，不廢舊物。今則不然。夏官不知兵籍，止於奉朝請；六軍不主兵事，止於養勳階。軍容合中官之政，戎律附内臣之職。首一戴武弁，嫉文吏如仇讎；足一蹈軍門，視農夫如草芥。……臣願陛下貫文武之道，均兵農之功，正貴賤之名，一中外之法，選軍衛之職，脩省署之官，近崇貞觀之規，遠復成周之制。」

唐廢府兵，禁衛軍召來自雇募，實乃宦寺主之。

溫庭筠

公卿家無賴子弟裴誠、令狐縞之徒。

滈。

卷一百九十一　列傳第一百四十一　方伎

崔善爲

新書九十一。

貞觀初，拜陝州刺史。時朝廷立議，户殷之處，得徙寬鄉。善爲上表稱：「畿内之地，是謂户殷，丁壯之人，悉入軍府。若聽移轉，便出關外。此則虛近實遠，非經通之議。」其事乃止。

此亦唐府兵制兵農合一之證。

孫思邈

新書一百九十六隱逸傳。

思邈自云開皇辛酉歲生，至今年九十三矣。詢之鄉里，咸云數百歲人，話周、齊間事，歷歷如眼見，以此參之，不啻百歲人矣。初，魏徵等受詔脩齊、梁、陳、周、隋五代史，恐有遺漏，屢訪之，思邈口以傳授，有如目覩。

盧照隣集病樹賦序及四庫提要一百三千金方條，據云「辛酉」當作「辛丑」，「九十二」當作「九十三」。寅恪案：岑刊本舊唐書校勘記，諸本皆「九十三」，無作「九十二」者，故「二」字之誤可不論。

李嗣真

新書九十一。

卷一百九十二　列傳第一百四十二　隱逸

陽城

新書一百九十四卓行傳。

卷一百九十三　列傳第一百四十三　列女

女道士李玄真

詔曰：「葬畢，玄真如願住京城，便配咸宜觀安置。」

咸宜觀。

卷一百九十四上　列傳第一百四十四上　突厥上

始畢可汗

可汗者，猶古之單于；妻號可賀敦，猶古之閼氏也。其子弟謂之特勤，別部領兵者皆謂之設。

高祖起義太原，遣大將軍府司馬劉文静聘于始畢，引以爲援。始畢遣其特勤康稍利等獻馬千匹，會于絳郡，又遣二千騎助軍，從平京城。

此李思摩以貌類胡故，止為夾畢特勤，而不得為設之也。

突利可汗

突利可汗什鉢苾者，始畢可汗之嫡子，頡利之姪也。隋大業中，突利年數歲，始畢遣領其東牙之兵，號爲泥步設。隋淮南公主之北也，遂妻之。頡利嗣位，以爲突利可汗，牙直幽州之北。突利在東偏，管奚、霫等數十部，徵税無度，諸部多怨之。貞觀初，奚、霫等並來歸附，頡利怒其失衆，遣北征延陀，又喪師旅，遂囚而撻焉。

新書二百一十五上突厥傳作「以突利可汗主契丹、靺鞨部」，又云「步利設主霫部」，與此微異。

思摩

思摩者，頡利族人也。始畢、處羅以其貌似胡人，不類突厥，疑非阿史那族類，故歷處羅、頡利世，常爲夾畢特勤，終不得典兵爲設。

本傳首：其子孫謂之特勤，別部典兵者皆謂設。

車鼻

車鼻長子羯漫陀先統拔悉密部。

拔悉密。

默啜

默啜者，骨咄祿之弟也。骨咄祿死時，其子尚幼，默啜遂簒其位，自立爲可汗。萬歲通天元年，契丹首領李盡忠、孫萬榮反叛，攻陷營府，默啜遣使上言：「請還河西降户，即率部落兵馬爲國家討擊契丹。」制許之。默啜遂攻討契丹，部衆大潰，盡獲其家口，默啜自此兵衆漸盛。

則天尋遣使册立默啜爲特進、頡跌利施大單于、立功報國可汗。

暾欲谷碑：Elteriš

初，默啜景雲中率兵西擊娑葛，破滅之。

景雲中，默啜西擊突騎施，滅之。

骨咄禄之子闕特勤鳩合舊部，殺默啜子小可汗及諸弟并親信略盡，立其兄左賢王默棘連，是爲毗伽可汗。

小可汗匐俱，即拓西可汗。

毗伽可汗

以開元四年即位，本蕃號爲小殺。性仁友，自以得國是闕特勤之功，固讓之，闕特勤不受，遂以爲左賢王，專掌兵馬。小殺又欲修築城壁，造立寺觀，暾欲谷曰："不可。突厥人户寡少，不敵唐家百分之一，所以常能抗拒者，正以隨逐水草，居處無常，射獵爲業，又皆習武。强則進兵抄掠，弱則竄伏山林，唐兵雖多，無所施用。若築城而居，改變舊俗，一朝失利，必將爲唐所併。且寺觀之法，教人仁弱，本非用武争强之道，不可置也。」小殺等深然其策。

此突厥文「唐家子」之同字歟？待考。新書删「家」字，殆以其不雅而去之，於此益可見其為當時俗語矣。

〔開元〕二十年，闕特勤死，詔金吾將軍張去逸、都官郎中吕向齎璽書入蕃弔祭，並爲立碑，上自爲碑文，仍立祠廟，刻石爲像，四壁畫其戰陣之狀。

新書二百一十五下突厥傳下：〔開元〕十九年，闕特勤死。通鑑二百一十三：開元十九年三月，突厥左賢王闕特勤卒，賜書弔之。册府元龜九百七十五：開元十九年四月辛巳，闕特勤卒。（録者注：陳先生批舊新唐書以為「特勤」是。）

卷一百九十四下　列傳第一百四十四下　突厥下

阿史那賀魯

永徽二年，與其子咥運率衆西遁，據咄陸可汗之地，總有西域諸郡，建牙于雙河及千泉，自號沙鉢羅可汗，統攝咄陸、弩失畢十姓。

十姓。

阿史那步真

自垂拱已後，十姓部落頻被突厥默啜侵掠，死散殆盡。

通鑑二百四天授元年紀此事，改突厥默啜為東突厥，蓋「默啜」二字與「垂拱」二字衝突也。

卷一百九十五　列傳第一百四十五　迴紇

新書二百一十七上下。

貞觀二十年，南過賀蘭山，臨黃河，遣使入貢，以破薛延陀功，賜宴内殿。太宗幸靈武，受其降款，因請迴鶻已南置郵遞，通管北方。太宗爲置六府七州。以迴紇部爲瀚海府，拜其俟利發吐迷度爲懷化大將軍兼瀚海都督。時吐迷度已自稱可汗，署官號皆如突厥故事。以思結爲盧山府，阿跌爲雞田州，阿布思爲歸林州。

新書四十三下地理志七下：「蹛林州，以思結別部置；盧山都督府，以思結部置。」據此，阿布思乃思結別部也。並參新書二百一十一王廷湊傳、二百一十五下突厥傳蘇祿傳、二百一十二李茂勳傳。

新書(二百一十七上)作「思結為蹛林州」，「歸」乃「蹛」之誤。

開元中，迴鶻漸盛，殺涼州都督王君㚟，斷安西諸國入長安路，玄宗命郭知運等討逐，退保烏德健山，南去西城一千七百里，西城即漢之高闕塞也。西城北去磧石口三百里。有十一都督，本九姓部落。

九姓。

〔乾元元年秋七月〕癸巳，以册立迴紇英武威遠毗伽可汗，上御宣政殿，漢中王瀲受册命。及瀲至其牙帳，瀲不拜而立，可汗報曰：「兩國主君臣有禮，何得不拜？」瀲曰：「今寧國公主，天下真女，又有才貌，萬里嫁與可汗。可汗是唐家天子女婿，合有禮數，豈得坐於榻上受詔命耶！」可汗乃起奉詔，便受册命。

「唐家」二字新書删，新書删去，足徵其為當時俗語，與闕特勤碑突厥文合。

〔乾元二年〕夏四月，迴紇毗伽闕可汗死，長子葉護先被殺，乃立其少子登里可汗，其妻爲可敦。

登里可汗，據新書知回紇立為牟羽可汗，而唐册為登里。

〔寶應元年〕其秋，〔中使劉〕清潭入迴紇庭，迴紇已爲史朝義所誘，云唐家天子頻有大喪，國亂無主，請發兵來收府庫。可汗乃領衆而南，已八月矣。清潭賫敕書國信至，可汗曰：「我聞唐家已無主，何爲更有敕書？」中使對曰：「我唐家天子雖棄萬國，嗣天子廣平王天生英武，往年與迴紇葉護兵馬同收兩京，破安慶緒，與可汗有故。又每年與可汗繒絹數萬匹，可汗豈忘之耶？」

此處兩「唐家」，新書亦删「家」字。

迴紇首領羅達干等率其衆二千餘騎，詣涇陽請降，子儀許之。子儀先執杯，合胡祿都督請咒，子儀咒曰：「大唐天子萬萬歲！迴紇可汗亦萬歲！兩國將相亦萬歲！若起負心違背盟約者，身死陣前，家口屠戮。」合胡祿都督等失色，及杯至，即譯曰：「如令公盟約。」皆喜曰：「初發本部來日，將巫師兩人來，云：『此行大安穩，然不與唐家兵馬鬭，見一大人即歸。』今日領兵見令公，令公不爲疑，脱去衣甲，單騎相見，誰有此心膽！是不戰鬭見一大人，巫師有徵矣。」歡躍久之。

唐家，即「桃花石」，Tolgus。

〔大曆八年十一月〕迴紇恃功，自乾元之後，屢遣使以馬和市繒帛，仍歲來市，以馬一匹易絹四十匹，動至數萬馬。其使候遣繼留於鴻臚寺者非一，蕃得帛無厭，我得馬無用，朝廷甚苦之。是時特詔厚賜遣之，示以廣恩，且俾知愧也。是月，迴紇使使赤心領馬一萬匹來求市，代宗以馬價出於租賦，不欲重困於民，命有司量入計許市六千匹。

可與元白陰山道樂府參觀。

〔元和八年〕先是，迴鶻請和親，憲宗使有司計之，禮費約五百萬貫，方内有誅討，未任其親，以摩尼爲迴鶻信奉，故使宰臣言其不可。〔長慶元年〕敕太和公主出降迴鶻爲可敦。迴紇自咸安公主歿後，屢歸款請繼前好，久未之許。至元和末，其請彌切，憲宗以北虜有勳勞於王室，又西戎比歲爲邊患，遂許以妻之。既許而憲宗崩。穆宗即位，踰年乃封第十妹爲太和公主，將出降，迴紇登邏骨没密施合毗伽可汗遣使伊難珠、句録都督思結并外宰相、駙馬、梅録司馬、兼公主一人，葉護公主一人，及達干并駝馬千餘來迎。

出李相國論事集，參新傳李絳論許婚事。

雲溪友議戎昱條云：憲宗朝，以北狄頻侵近境，大臣奏議和親有五利而無千金之費，帝曰：「比聞有一卿而姓氏稍僻，是誰？」侍臣對曰：「此是戎昱（『詩』字略去）也。」帝悦曰：「朕又記得詠史一篇，此人若在，便與朗州刺史武陵桃源足稱詩人之興詠。」其詠史詩云：「漢家青史内（注：一作『上』），計拙是和親。社稷依明主，安危託婦人。豈能將玉貌，便欲（注：一作『擬』）静胡塵。地下千年骨，誰為輔佐臣？」

寅恪案：朱子以歐陽永叔「玉顏自古為身累，肉食何人與國謀」詩為絶大議論，其實戎昱詩已先有此言矣。後來石晉及宋仁宗朝富弼之不肯以女婚契丹，亦此意也。

有迴鶻相掘羅勿者，擁兵在外，怨誅柴革、安允合，又殺薩特勤可汗，以㕡馺特勤爲可汗。有將軍句録末賀恨掘羅勿，走引黠戛斯領十萬騎破迴鶻城，殺㕡馺，斬掘羅勿，燒蕩殆盡，迴鶻散奔諸蕃。有迴鶻相馺職者，擁外甥龐特勤及男鹿并遏粉等兄弟五人、一十五部西奔葛邏祿，一支投吐蕃，一支投安西。又有近可汗牙十三部，以特勤烏介爲可汗，南來附漢。

參觀李德裕會昌一品集中關於迴鶻諸文。

初，黠戛斯破迴鶻，得太和公主。黠戛斯自稱李陵之後，與國同姓，遂令達干十人送公主至塞上。烏介途遇黠戛斯使，達干等並被殺，太和公主却歸烏介可汗，乃質公主同行，南渡大磧，至天德界，奏請天德城與太和公主居。

唐室先世本起於西北，其在元嘉太平真君時已姓李，而胡名不知，是否西北胡人而冒李氏如黠戛斯之例？此問題以史料殘闕，固終古不能解決也。今已知其本姓李，蓋漢人也。

參觀石雄傳。

豐州刺史石雄兵遇太和公主帳，因迎歸國。

迴鶻在室韋者，〔黠戛斯相〕阿播皆收歸磧北。在外猶數帳，散藏諸山深林，盜劫諸蕃，皆西向傾心望安西龐勒之到。龐勒已自稱可汗，有磧西諸城。

此處龐勒，即上文之龐特勤。

（傳末）

參考本書一百三十三李晟傳附惎傳。冊府元龜九百九十九外臣部互市門：太和五年六月，有龍武大將軍李惎之子某，借迴紇錢一萬一千二百貫不償，為迴紇所訴，貶惎宣州別駕。下詔戒飭曰：「如聞頃來京城內衣冠子弟及諸軍使並商人百姓等，多有舉諸蕃客本錢，歲月稍深，徵索不得，致蕃客停滯市易，不獲及時。……自今以後，應諸色人宜除准敕互市外，並不得輒與蕃客錢物交關。委御史臺及京兆府切加捉搦，仍即作條件聞奏。其今日已前所欠負，委府縣速與徵理處分。」

中田薰唐代法ニ於ケル外國人ノ地位，覓教授還曆祝賀論文集（八十九頁）。

Reinand : Relation des Voyages Faits par les Arabes et les Persans dans l'Inde et à la Chine I (1845) P. 64.

新書二百十七上回鶻傳：始回紇至中國，常參以九姓胡，往往留京師，至千人，居貲殖產甚厚。

寅恪案：李惎子借回紇錢之回紇，殆九姓胡也。

卷一百九十六上　列傳第一百四十六上　吐蕃上

咸亨元年四月，詔以右威衛大將軍薛仁貴爲邏娑道行軍大總管，左衛員外大將軍阿史那道真、右衛將軍郭待封爲副，率衆十餘萬以討之。軍至大非川，爲吐蕃大將論欽陵所敗，仁貴等並坐除名。吐谷渾全國盡没。自是吐蕃連歲寇邊。

參本書八十三、新書一百十一薛仁貴傳。

〔李〕敬玄遂擁衆鄯州，坐改爲衡州刺史。往劍南兵募，於茂州之西南築安戎城以壓其境。俄有生羌爲吐蕃鄉導，攻陷其城，遂引兵守之。

據下文玄宗開元二十八年詔書，安戎城乃儀鳳年中為吐蕃所陷。此〔築安戎城〕為唐斷吐蕃與南蠻交通政策。通鑑於永隆元年叙此事，有「以斷吐蕃通蠻之路」語，甚確。

〔開元〕二十二年，遣將軍李佺於赤嶺與吐蕃分界立碑。〔二十四年〕吐蕃西擊勃律，遣使來告急，上使報吐蕃，令其罷兵。吐蕃不受詔，遂攻破勃律國，上甚怒之。

新書二百一十六上吐蕃傳：〔開元〕十年，攻小勃律國，其王没謹忙詒書北庭節度使張孝嵩曰：「勃律，唐西門，失之，則西方諸國皆墮吐蕃。」又置綏遠軍以扞吐蕃，故歲常戰。吐蕃每曰：「我非利若國，我假道攻四鎮爾。」

及潼關失守，河洛阻兵，於是盡徵河隴、朔方之將鎮兵入靖國難，謂之行營。曩時軍營邊州無備預矣。乾元之後，吐蕃乘我間隙，日蹙邊城，或爲虜掠傷殺，或轉死溝壑。數年之後，鳳翔之西，邠州之北，盡蕃戎之境，湮没者數十州。

此節為元白西涼伎之注脚。

卷一百九十六下　列傳第一百四十六下　吐蕃下

〔大曆〕九年四月，以吐蕃侵擾，預爲邊備，乃降敕：「馬璘以西域前庭，車師後部，兼廣武之戍，下蔡之徭，凡三萬衆，屯於泗中，張大軍之援。」

泗中，新傳作「原州」，故「泗」字疑是「洄」字之譌。洄中即回中也。

〔建中〕四年正月，詔張鎰與尚結贊盟于清水。文曰：「今國家所守界：涇州西至彈箏峽西口，隴州西至清水縣，鳳州西至同谷縣，暨劍南西山大渡河東，爲漢界。蕃國守鎮在蘭、渭、原、會，西至臨洮，東至成州，抵劍南西界磨些諸蠻，大渡水西南，爲蕃界。其兵馬鎮守之處，州縣見有居人，彼此兩邊見屬漢諸蠻，以今所分見住處，依前爲定。其黄河以北，從故新泉軍，直北至大磧，直南至賀蘭山駱駝嶺爲界，中間悉爲閒田。盟文有所不載者，蕃有兵馬處蕃守，漢有兵馬處漢守，並依見守，不得侵越。其先未有兵馬處，不得新置，并築城堡耕種。」

參觀沈亞之對長慶元年賢良方正極言直諫策，其所言唐蕃分界，猶與建中四年清水之盟約大同，可知長慶唐蕃會盟碑其未論及之邊界，沈策可以補證也。册府元龜九百八十一。參觀本書一百二十五張鎰傳。

元和郡縣志卷二：鳳翔節度使管隴州。

卷三：原州百泉縣，涇水源出縣西南涇谷，又南流，經都盧山，山路之中，常如彈箏之聲，故行旅因謂之彈箏峽。

卷四：關内道四，靈武節度使管有會州。

卷二十五：山南西道節度管有成州同谷縣。又管内有鳳州。

卷三十九：隴右道上，秦州。渭州。蘭州。洮州治臨洮。

卷四十：隴右道下，涼州有新泉郡，會州西北二百里，大足初，郭元振置，去理所四百里也。「郡」字疑「軍」之譌。新書三十七地理志：會州有新泉軍，開元三年廢為守捉。

〔貞元〕十七年七月，吐蕃寇鹽州，又陷麟州，殺刺史郭鋒，毀城隍，大掠居人，驅党項部落而去。次鹽州西九十里橫槽烽頓軍，呼延州僧延素輩七人，稱徐舍人召。其火隊吐蕃没勒遽引延素等疾趨至帳前，皆馬革梏手，毛繩縲頸。見一吐蕃年少，身長六尺餘，赤髭大目，乃徐舍人也。命解縛，坐帳中，曰：「師勿懼。余本漢人，司空英國公五代孫也。屬武后斲喪王室，高祖建義中泯，子孫流播絶域，今三代矣。雖代居職位，世掌兵要，思本之心無涯，顧血族無由自拔耳。此蕃漢交境也，復九十里至安樂州，師無由歸東矣。」又曰：「余奉命率師備邊，因求資食，遂涉漢疆，展轉東進至麟州。城既無備，援兵又絶，是以拔之。知郭使君是勳臣子孫，必將活之，不幸爲亂兵所害。」適有飛鳥使至，飛鳥，猶中國驛騎也，云：「術者上變，召軍亟還。」遂歸之。

因話録四角部之次。

元和元年正月，福建道送到吐蕃生口十七人，詔給遞乘放還蕃。六月，遣使論勃藏來朝。五年五月，遣使論思耶熱來朝，并歸鄭叔矩、路泌之柩及叔矩男文延等一十三人。叔矩、泌，平涼之盟陷焉，凡二十餘年，竟不屈節，因没于蕃中，至是請和，故歸之。六月，命宰相杜佑等與吐蕃使議事中書令廳，且言歸我秦、原、安樂州地。七月，遣鴻臚少卿、攝御史中丞李銛爲入蕃使，丹王府長史、兼侍御史吴暈副之。六年至十年，遣使朝貢不絶。

參本書一百五十九路隋傳。

白居易與吐蕃宰相鉢闡布敕書：「比知叔矩已亡，路泌猶在。」「所議割還安樂、秦、原等三州事宜，已具前書。」又與吐蕃宰相尚綺心兒等書：「所送鄭叔矩、路泌神柩及男女等，並已到此。」

貞元三年，會於平涼，亦無告廟之文。十月十日，與吐蕃使盟。其詞曰：「越歲在癸丑冬十月癸酉，文武孝德皇帝詔丞相臣植、臣播、臣元穎等，與大將和蕃使禮部尚書論訥羅等，會盟於京師，壇于城之西郊，坎于壇北。日吉辰良，奠其兩疆，西爲大蕃，東實巨唐。大蕃贊普及宰相鉢闡布、尚綺心兒等，先寄盟文要節云：『蕃漢兩邦，各守見管本界，彼此不得征，不得討，不得相爲寇讎，不得侵謀境土。若有所疑，或要捉生問事，便給衣糧放還。』今並依從，更無添改。」

長慶元年，歲在辛丑。此「癸」字當為「辛」字之譌。岑刻本亦未校正，全唐文照録於劉元鼎文內，蓋其因仍譌詞，未知改正也久矣。「捉生問事」下應脱「訖」字。

卷一百九十七　列傳第一百四十七　南蠻　西南蠻

林邑國

漢日南象林之地，在交州南千餘里。其國延袤數千里。北與驩州接。有結遼鳥，能解人語。

吉了之異譯。

自林邑已南皆卷髮黑身，號爲「崑崙」。

崑崙。

真臘國

在林邑西北，本扶南之屬國，「崑崙」之類。南方人謂真臘國爲吉蔑國。自神龍以後，真臘分爲二：半以南近海多陂澤處，謂之水真臘；半以北多山阜，謂之陸真臘，亦謂之文單國。

吴俗謂柚為文單，殆由於此。

東女國

東女國，西羌之别傳，以西海中復有女國故稱東女焉。俗以女爲王。文字同於天竺。以十一月爲正，每至十月，令巫者齎楮詣山中，散糟麥於空，大咒呼鳥。俄而有鳥如雞，飛入巫者之懷，因剖腹而視之，每有一穀，來歲必登，若有霜雪，必多災異。其俗信之，名爲鳥卜。

鳥卜。

南詔蠻

新書二百二十二。

本烏蠻之别種也，姓蒙氏。〔天寶〕十二年，劍南節度使楊國忠執國政，仍奏徵天下兵，俾留後、侍御史李宓將十餘萬，輦餉者在外，涉海，瘴死者相屬於路，天下始騷然苦之。宓復敗於大和城北，死者十八九。

高適有贈李宓詩，知宓由交趾將兵往攻南詔也。

先是，韋皋奏南詔前遣清平官尹仇寬獻所受吐蕃印五，二用黄金，今賜請以黄金，從蠻夷所重，傳示無窮。從皋之請也。〔貞元〕十年八月，遣使蒙湊羅棟及尹仇寬來獻鐸槊、浪人劍及吐蕃印八紐。湊羅棟，牟尋之弟也，錫賚甚厚。

參觀元稹、白居易蠻子朝樂府。

驃　國

華言謂之驃，自謂突羅成，闍婆人謂之徒里掘。古未嘗通中國。貞元中，其王聞南詔異牟尋歸附，心慕之。十八年，乃遣其弟悉利移因南詔重譯來朝，又獻其國樂凡十曲，與樂工三十五人俱。樂曲皆演釋氏經論之詞意。

參觀元稹、白居易驃國樂樂府。白詩注云：貞元十七年來獻。

卷一百九十八　列傳第一百四十八　西戎

高　昌

〔武德〕七年，文泰又獻狗雄雌各一，高六寸，長尺餘，性甚慧，能曳馬銜燭，云本出拂菻國，中國有拂菻狗，自此始也。

拂菻狗。

康國

即漢康居之國也。隋煬帝時，其王屈朮支娶西突厥葉護可汗女，遂臣於西突厥。

隋煬帝時，康國屬服西突厥。

波斯國

自開元十年至天寶六載，凡十遣使來朝，并獻方物。四月，遣使獻瑪瑙牀。九年四月，獻火毛繡舞筵、長毛繡舞筵、無孔真珠。乾元元年，波斯與大食同寇廣州，劫倉庫，焚廬舍，浮海而去。大曆六年，遣使來朝，獻真珠等。

無孔真珠。

拂菻國

拂菻國，一名大秦，在西海之上，東南與波斯接。風俗，男子翦髮，披帔而右袒，婦女不開襟，錦爲頭巾。

右袒。

大食國

新書二二百二十一下。

一云：隋開皇中，大食族中有孤列種代爲酋長，孤列種中又有兩姓：一號盆泥奚深，一號盆泥末換。其奚深後有摩訶末者，勇健多智，衆立之爲主，東西征伐，開地三千里，兼克夏臘，一名鈐城。摩訶末後十四代，至末換。末換殺其兄伊疾而自立，復殘忍，其下怨之。有呼羅珊木鹿人並波悉林舉義兵，應者悉令著黑衣，旬月間衆盈數萬，鼓行而西，生擒末換，殺之，遂求得奚深種阿蒲羅拔，立之。末換已前謂之白衣大食，自阿蒲羅拔後改爲黑衣大食。

據唐會要一百大食條，「一云」以下乃賈躭四夷述。

卷一百九十九上　列傳第一百四十九上　東夷

高　麗

〔貞觀〕十九年，命刑部尚書張亮爲平壤道行軍大總管，領將軍常何等率江淮嶺硤勁卒四萬，戰船五百艘，自萊州汎海趨平壤。

敦煌本李義府撰常何碑。

日本國

長安三年，其大臣朝臣真人來貢方物。朝臣真人者，猶中國户部尚書，冠進德冠，其頂爲花，分而四散，身服紫袍，以帛爲腰帶。真人好讀經史，解屬文，容止温雅。則天宴之於麟德殿，授司膳卿，放還本國。開元初，又遣使來朝，因請儒士授經。詔四門助教趙玄默就鴻臚寺教之，乃遺玄默闊幅布以爲束修之禮，題云「白龜元年調布」。人亦疑其僞。所得錫賚，盡市文籍，泛海而還。其偏使朝臣仲滿，慕中國之風，因留不去，改姓名爲朝衡，仕歷左補闕、儀王友。衡留京師五十年，好書籍，放歸鄉，逗留不去。天寶十二年，又遣使貢。上元中，擢衡爲左散騎常侍、鎮南都護。貞元二十年，遣使來朝，留學生橘逸勢、學問僧空海。元和元年，日本國使判官高階真人上言：「前件學生，藝業稍成，願歸本國，便請與臣同歸。」從之。開成四年，又遣使朝貢。

此日本信唐制之證。「元」字誤，新書二百二十東夷傳日本傳作「歷二十餘年」，是也。若如此本誤作「元和」，則自貞元二十年至元和元年，為時至短，豈非「速成師範」速成法成耶？呵呵！

卷一百九十九下　列傳第一百四十九下　北狄

契　丹

〔開元十三年〕可突于立李盡忠弟邵固爲主。其冬，車駕東巡，邵固詣行在所，因從至岳下，拜左羽林軍員外大將軍、静析軍經略大使，改封廣化郡王，又封皇從外甥女陳氏爲東華公主以妻之。

東華。

奚國

〔開元〕八年，大輔率兵救契丹，戰死，其弟魯蘇嗣立。十年，入朝，詔令襲其兄饒樂郡王、右金吾員外大將軍兼保塞軍經略大使，賜物一千段，仍以固安公主爲妻。而公主與嫡母未和，遞相論告，詔令離婚，復以成安公主之女韋氏爲東光公主以妻之。

東光。

室韋

又東南至黄頭室韋，此部落兵强，人户亦多。

黄頭室韋。

卷二百上　列傳第一百五十上

安禄山

安禄山，營州柳城雜種胡人也。本無姓氏，名軋犖山。母阿史德氏，亦突厥巫師，以卜爲業。

突厥呼鬬戰爲「軋犖山」，遂以名之。

新唐書謂其本姓康。

卷二百下　列傳第一百五十下

黄　巢

〔廣明元年〕十二月三日，僖宗夜自開遠門出。趨駱谷，諸王官屬相次奔命。四日賊至昭應。五日，賊陷京師。

廣明元年十二月五日，黄巢入長安。

十三日，賊巢僭位，國號大齊，年稱金統。賊搜訪舊宰相不獲，以前浙東觀察使崔璆、楊希古、尚讓、趙章爲四相。

唐代同平章事率為四人，故巢仿之。

〔中和〕二年，王處存合忠武之師，敗賊將尚讓，乘勝入京師，賊遁去。處存不爲備，是夜復爲賊寇襲，官軍不利。賊怒坊市百姓迎王師，乃下令洗城，丈夫丁壯，殺戮殆盡，流血成渠。

據新書，黄巢重入長安乃中和二年二月事。

忠武黄頭軍使龐從等三十都隨李克用自光泰門先入。

忠武黄頭軍。

舊唐書末考證

詹事臣德潛謹言：舊唐書成于石晉時宰相劉昫，因吴兢、韋述、柳芳、令狐峘、崔龜從諸人所紀載而增損之。宋仁宗朝奉詔成新唐書，而舊書遂廢矣。後司馬光作資治通鑑，轉多援據舊書，以新書中所載詔令、奏議之類，皆宋祁刊削，盡失本真，而舊書獨存原文也。蓋二書之成，互有短長：新書語多僻澁，而義存筆削，具有裁斷；舊書辭近繁蕪，而首尾該贍，叙次詳明。故應並行于世。

新書所採材料多於舊書，所謂事增於舊者，實其佳處，不可不舉出也。

新唐書之部

宋 歐陽修 宋祁 撰

四部備要史部，上海
中華書局據武英殿本校刊

目次

卷一　本紀第一　高祖

贊曰：豈非人厭隋亂而蒙德澤，繼以太宗之治，制度紀綱之法，後世有以憑藉扶持，而能永其天命歟？

歐公作唐書諸志實申此意。

卷二　本紀第二　太宗

贊曰：至其牽於多愛，復立浮圖，好大喜功，勤兵於遠，此中材庸主之所常爲。

其實高祖亦未盡廢絀佛法，但歐公平生以闢佛為宗旨，故藉此發議論耳。

卷四　本紀第四　則天皇后　中宗

贊曰：昔者孔子作春秋而亂臣賊子懼，其於弒君篡國之主，皆不黜絕之，豈以其盜而有之者，莫大之罪也，不没其實，所以著其大惡而不隱歟？

五代史記梁本紀論同此意旨。

卷五　本紀第五　睿宗　玄宗

贊曰：嗚呼，女子之禍於人者甚矣！窮天下之欲不足爲其樂，而溺其所甚愛，忘其所可戒，至於竄身失國而不悔。可不慎哉！可不慎哉！

參五代史記家人傳論及伶官傳論。

卷六　本紀第六　肅宗　代宗

贊曰：蓋自高祖以來，三遜于位以授其子，而獨睿宗上畏天戒，發於誠心，若高祖、玄宗，豈其志哉！

睿宗亦未必發於誠心，歐公猶為舊史所欺也。

卷八　本紀第八　穆宗　敬宗　文宗　武宗　宣宗

贊曰：故大和之初，政事脩飭，號爲清明。然其仁而少斷，承父兄之弊，宦官撓權，制之不得其術，故其終困以此。甘露之事，禍及忠良，不勝冤憤，飲恨而已。由是言之，其能殺弘志，亦足伸其志也。

文宗非少斷者，特以其時閹黨之勢力已鞏固，無可如何耳。

卷九　本紀第九　懿宗　僖宗

贊曰：唐自穆宗以來八世，而爲宦官所立者七君。然則唐之衰亡，豈止方鎮之患？

唐自玄宗後，嗣君繼立，俱與宦官有關，不僅敬宗以後也。

卷十　本紀第十　昭宗　哀帝

贊曰：自古亡國，未必皆愚庸暴虐之君也。其禍亂之來有漸積，及其大勢已去，適丁斯時，故雖有智勇，有不能爲者矣，可謂真不幸也，昭宗是已。

不以成敗論人，史家不易有此卓識，歐公可謂特殊之士也。

卷十一　志第一　禮樂一

由三代而上，治出於一，而禮樂達于天下；由三代而下，治出於二，而禮樂爲虛名。

歐陽文忠集附録發等所撰事跡云：其於唐書禮樂志發明禮樂之本，言前世治出於一，而後世禮樂為空名。（中略）皆出前人所未至。

卷二十二　志第十二　禮樂十二

帝幸驪山，楊貴妃生日，命小部張樂長生殿，因奏新曲，未有名，會南方進荔枝，因名曰荔枝香。

此採自袁郊甘澤謠，疑非事實。

卷三十一　志第二十一　天文一

昔者，堯命羲和，出納日月，考星中以正四時。至舜，則曰「在璿璣玉衡，以齊七政」而已。雖二典質略，存其大法，亦由古者天人之際，推候占測，爲術猶簡。至於後世，其法漸密者，必積衆人之智，然後能極其精微哉。

深識之論。

中晷之法。初，淳風造曆，定二十四氣中晷，與祖沖之短長頗異，然未知其孰是。及一行作太衍曆，詔太史測天下之晷，求其土中，以爲定數。

通鑑採此而極為胡梅磵所贊嘆者也。見通鑑開元十二年胡注。

卷三十四　志第二十四　五行一

語曰：「迅雷風烈必變。」蓋君子之畏天也，見物有反常而爲變者，失其本性，則思其有以致而爲之戒懼，雖微不敢忽而已。至爲災異之學者不然，莫不指事以爲應。及其難合，則旁引曲取而遷就其說。蓋自漢儒董仲舒、劉向與其子歆之徒，皆以春秋、洪範爲學，而失聖人之本意。至其不通也，父子之言自相戾，可勝歎哉！昔者，箕子爲周武王陳禹所有洪範之書，條其事爲九類，別其說爲九章，謂之「九疇」。考其說初不相附屬，而向爲五行傳，乃取其五事、皇極、庶證附於五行，以爲八事皆屬五行歟！則至於八政、五紀、三德、稽疑、福極之類，又不能附。至俾洪範之書失其倫理，有以見所謂旁引曲取而遷就其說也。然自漢以來，未有非之者。又其祥眚禍痾之說，自其數術之學，故略存之，庶幾深識博聞之士有以考而擇焉。

北宋諸儒確有高世之識

夫所謂災者，被於物而可知者也，水旱、螟蝗之類是已。異者，不可知其所以然者也，日食、星孛、五石、六鷁之類是已。孔子於春秋記災異，而不著其事應，蓋慎之也。以謂天道遠，非諄諄以諭人，而君子見其變，則知天之所以譴告，恐懼脩省而已。若推其事應，則有合有不合，有同有不同。至於不合不同，則將使君子怠焉，以爲偶然而不懼。此其深意也。蓋聖人慎而不言如此，而後世猶爲曲説以妄意天，此其不可以傳也。故考次武德以來，略依洪範五行傳，著其災異，而削其事應云。

歐陽發等所述文忠事迹，盛稱其卓見，誠然，誠然。當濮議時，有以水災為簡宗廟之事應而攻永叔者，此所謂道不同不相為謀也。

唐初，宫人乘馬者，依周舊儀，著羃䍦，全身障蔽；永徽後，乃用帷帽，施裙及頸，頗爲淺露；至神龍末，羃䍦始絶，皆婦人預事之象。

婦人預外事，則不能障蔽其全部，勢也。

元和末婦人爲圓鬟椎髻，不施朱粉，惟以烏膏注唇，狀似悲啼者。

此採白氏新樂府。

卷三十五　志第二十五　五行二

建中三年秋，江淮訛言有毛人食其心，人情大恐。朱泚既僭號，名其舊第曰潛龍宫，移内府珍貨以實之。占者以爲易稱「潛龍勿用」，此敗祥也。

此録占者之言，蓋襲舊史而删除未盡者，殊與不書事應之旨不合也。

卷三十六　志第二十六　五行三

初，鶉觚縣衛士胡萬年妻吴生一男一女，其胸相連，餘各異體，乃析之，則皆死；又産，復然，俱男也，遂育之，至是四歲，以獻于朝。

近年贛州連産者猶存，已遊歷外國致富矣。

卷三十七　志第二十七　地理一

然舉唐之盛時，開元、天寶之際，東至安東，西至安西，南至日南，北至單于府，蓋南北如漢之盛，東不及而西過之。

此點最要治史者所當留意。

宥州，寧朔郡，上。調露元年於靈夏南境以降突厥置魯州、麗州、含州、塞州、依州、契州，以唐人爲刺史，謂之「六胡州」。

六胡州。

卷三十八　志第二十八　地理二

陝州陝郡，縣六。靈寶。（原注：望。本桃林，義寧元年隸虢郡，武德元年來屬。天寶元年獲寶符于縣南古函谷關，因更名。有沍津，義寧元年置關，貞觀元年廢關，置津。有桃源宮，武德元年置。）

桃源宫。

卷四十　志第三十　地理四

鄯州西平郡。縣三。鄯城。（原注：儀鳳三年置。有土樓山。有河源軍，西六十里有臨蕃城，又西六十里有白水軍、綏戎城，又西南六十里有定戎城。又南隔澗七里有天威軍，軍故石堡城，開元十七年置，初曰振武軍，二十九年没吐蕃，天寶八載克之，更名。又西二十里至赤嶺，其西吐蕃，有開元中分界碑。自振武經尉遲川、苦拔海、王孝傑米栅，九十里至莫離驛。又經公主佛堂、大非川二百八十里至那録驛，吐渾界也。又經暖泉、烈謨海，四百四十里渡黄河，又四百七十里至衆龍驛。又渡西月河，二百一十里至多彌國西界。又經犛牛河度藤橋，百里至列驛。又經食堂、吐蕃村、截支橋，兩石南北相當，又經截支川，四百四十里至婆驛。乃度大月河羅橋，經潭池、魚池，五百三十里至悉諾羅驛。又經乞量寧水橋，又經大速水橋，三百二十里至鶻莽驛，唐使入蕃，公主每使人迎勞於此。又經鶻莽峽十餘里，兩山相崟，上有小橋，三瀑水注如瀉缶，其下如煙霧，百里至野馬驛。經吐蕃墾田，又經樂橋湯，四百里至閣川驛。又經恕諶海，百三十里至蛤不爛驛，旁有三羅骨山，積雪不消。又六十里至突録濟驛，唐使至，贊普每遣使慰勞於此。又經柳谷莽布支莊，有温湯，涌高二丈，氣如煙雲，可以熟米。又經湯羅葉遺山及贊普祭神所，二百五十里至農歌驛。邏些在東南，距農歌二百里，唐使至，吐蕃宰相每遣使迎候於此。又經鹽池、暖泉、江布靈河，百一十里渡姜濟河，經吐蕃墾田，二百六十里至卒歌驛。乃渡臧河，經佛堂，百八十里至勃令驛鴻臚館，至贊普牙帳，其西南拔布海。）

通吐蕃道。

卷四十二　志第三十二　地理六

嶲州越嶲郡，縣九。（原注：有清溪關，大和中，節度使李德裕徙于中城。西南有昆明軍，其西有寧遠軍，有新安、三阜、沙野、蘇祁、保塞、羅山、西瀘、蛇勇、遏戎九城。自清溪關南經大定城百一十里至達仕城，西南經菁口百二十里至永安城，城當滇、笮要衝。又南經水口西南度木瓜嶺二百二十里至臺登城。又九十里至蘇祁縣，又南八十里至嶲州。又經沙野二百六十里至羌浪驛。又經陽蓬嶺百餘里至俄淮添館。陽蓬嶺北嶲州境，其南南詔境。又經菁口、會川四百三十里至河子鎮城，又三十里渡瀘水，又五百四十里至姚州，又南九十里至外沴蕩館。又百里至佉龍驛，與戎州往羊苴咩城路合。貞元十四年，内侍劉希昂使南詔由此。）

通南詔路。本書一百五十八韋臯傳。

戎州南溪郡，縣五。開邊。（原注：自縣南七十里至曲州。又四百八十里至石門鎮，隋開皇五年率益、漢二州兵所開。又經鄧枕山、馬鞍渡二百二十五里至阿傍部落。又經蒙夔山百九十里至阿夔部落。又百八十里至諭官川。又經薄哮川百五十里至界江山下。又經荆溪谷、激渘池三百二十里至湯麻頓。又二百五十里至柘東城。又經安寧井三百九十里至曲水。又經石鼓二百二十里渡石門至佉龍驛。又六十里至雲南城。又八十里至白崖城。又八十里至龍尾城。又四十里至羊苴咩城。貞元十年，詔祠部郎中袁滋與内給事劉貞諒使南詔，由此。）

本書一百五十八韋臯傳。通南詔路。今昭通有開路摩崖。

卷四十三下　志第三十三下　地理七下

羇鹿州（原注：以奚結部置，僑治回樂）。羇田州（原注：以阿跌部置，僑治回樂）。

李光顔，參本書二百十四劉悟傳「黄頭郎」上識語。

蹛林州（原注：以思結别部置。）

舊書一百九十五迴紇傳：阿布思為歸林州。「歸」乃「蹛」之譌。

卷四十四　志第三十四　選舉上

然朝廷選官，須公卿子弟爲之。何者？少習其業，目熟朝廷事，臺閣之儀，不教而自成。

舊書十八上武宗紀會昌四年「選官」作「顯官」，「其業」作「舉業」。

卷四十七　志第三十七　百官二

中書省　侍郎二人，正三品。

參本書一百四于志寧傳。

卷四十九上　志第三十九上　百官四上

親衛之府一，曰親府。勳衛之府二，一曰勳一府，二曰勳二府。翊衛之府二，一曰翊一府，二曰翊二府。凡五府，每府中郎將一人，正四品下。

舊志作「每府中郎一人，中郎將一人，皆四品下」。

左右翊中郎將府中郎將各一人，左郎將各一人，右郎將各一人。

舊志作「翊府中郎、中郎將、左右中郎將、左右郎將」。

左右羽林軍。

此為北軍。

左右龍武軍。

此亦北軍。

卷四十九下　志第三十九下　百官四下

外官　節度使、副大使知節度事。

此新增於舊者。

卷五十　志第四十　兵志

古之有天下國家者，其興亡治亂，未始不以德，而自戰國、秦、漢以來，鮮不以兵。（中略）若乃將卒、營陣、車旗、器械、征防、守衛，凡兵之事不可以悉記，記其廢置、得失、終始、治亂、興滅之迹，以爲後世戒云。

總論。

府兵之制，起自西魏、後周，而備於隋，唐興因之。（中略）玄宗開元六年，始詔折衝府兵每六歲一簡。

府兵。

自高宗、武后時，天下久不用兵，府兵之法寖壞，番役更代多不以時，衛士稍稍亡匿，至是益耗散，宿衛不能給。宰相張説乃請一切募士宿衛。十一年，取京兆、蒲、同、岐、華府兵及白丁，而益以潞州長從兵，共十二萬，號「長從宿衛」，歲二番，命尚書左丞蕭嵩與州吏共選之。明年，更號曰「彍騎」。（中略）然則方鎮不得不彊，京師不得不弱，故曰措置之勢使然者，以此也。

彍騎。

夫所謂方鎮者，節度使之兵也。原其始，起於邊將之屯防者。唐初，兵之戍邊者，大曰軍，小曰守捉，曰城，曰鎮，而總之者曰道。唐之置兵，既外柄以授人，而末大本小，方區區自爲捍衛之計，可不哀哉！

方鎮之兵。

夫所謂天子禁軍者，南、北衙兵也。南衙，諸衛兵是也；北衙者，禁軍也。（中略）及東遷，唯小黄門打毬供奉十數人、内園小兒五百人從。至穀水,又盡屠之,易以汴人,於是天子無一人之衛。昭宗遇弑,唐乃亡。

禁軍。

馬者,兵之用也;監牧,所以蕃馬也,其制起於近世。唐之初起,得突厥馬二千匹,又得隋馬三千於赤岸澤,徙之隴右,監牧之制始於此。(中略)大和七年,度支鹽鐵使言:「銀州水甘草豐,請詔刺史劉源市馬三千,河西置銀川監,以源爲使。」襄陽節度使裴度奏停臨漢監。開成二年,劉源奏:「銀川馬已七千,若水草乏,則徙牧綏州境。今綏南二百里,四隅險絶,寇路不能通,以數十人守要,畜牧無它患。」乃以隸銀川監。

附馬政。

卷五十一　志第四十一　食貨一

庸調輸以八月,發以九月。

觀姚羣(?)庸調布書神龍二年八月可證。

　　初，永徽中禁買賣世業、口分田。其後豪富兼并，貧者失業，於是詔買者還地而罰之。先是揚州租調以錢，嶺南以米，安南以絲，益州以羅、紬、綾、絹供春綵。因詔江南亦以布代租。

Chinese Inscriptions on Shrouds of Cloth from Astana Cemetery, M. A. Stein 著 Innermost Asia, Vol. III APP. I. P. 1044, Pl. CXXVII：「婺州信安縣顯德鄉梅山里祝伯亮租布一端光宅元年（公元六八四）十一月日」，「婺州蘭溪縣瑞山鄉從善里姚羣（?）庸調布一端神龍二年（公元七〇六）八月日」。

寅恪案：武后中宗時，江南已以布代租庸矣。此所謂「先是揚州租調以錢」者，或指唐初，或泛指江南全部，而光宅、神龍之以布代租庸調，豈僅限於婺州等少數地域，開元二十五年（公元七三七）遂採用其制而擴充於江南全境耶？待考。

唐六典三户部郎中員外郎條：其調皆書印。舊唐書四十三職官志同。日本養老賦役令第二條：凡調皆隨近合成，絹絁布兩頭及絲綿囊，具注國郡、里、户主姓名、年月日，各以國印印之。

寅恪案：漢任城亢父帛亦已如此，知唐制淵源舊矣。

卷五十二　志第四十二　食貨二

貞元四年，詔天下兩稅審等第高下，三年一定户。自初定兩稅，貨重錢輕，乃計錢而輸綾絹。既而物價愈下，所納愈多，絹匹爲錢三千二百，其後一匹爲錢一千六百，輸一者過二，雖賦不增舊，而民愈困矣。度支以稅物頒諸司，皆增本價爲虚估給之，而繆以濫惡督州縣剥價，謂之折納。復有「進奉」、「宣索」之名，改科役曰「召雇」，率配曰「和市」，以巧避微文，比大曆之數再倍。又癘疫水旱，户口減耗，刺史析户，張虚數以寬責。逃死闕稅，取於居者，一室空而四鄰亦盡。户版不緝，無浮游之禁，州縣行小惠以傾誘鄰境，新收者優假之，唯安居不遷之民，賦役日重。帝以問宰相陸贄，贄上疏請釐革其甚害者，大略有六。

陸宣公奏議十二，均節賦稅恤百姓疏第一、第二條，言之極詳明。志文採節尚未盡其要，應取元文參補之。

憲宗又罷除官受代進奉及諸道兩稅外榷率；分天下之賦以爲三，一曰上供，二曰送使，三曰留州。宰相裴垍又令諸道節度、觀察調費取於所治州，不足則取於屬州，而屬州送使之餘與其上供者，皆輸度支。

裴垍奏請天下留州、送使物，一切用省估，不得降省估就實估一節，所關至鉅，不應略之。

山南東道節度使于頔、河東節度使王鍔進獻甚厚，翰林學士李絳嘗諫曰：「方鎮進獻，因緣爲姦，以侵百姓，非聖政所宜。」帝喟然曰：「誠知非至德事，然兩河中夏貢賦之地，朝覲久廢，河、湟陷没，烽候列於郊甸。方刷祖宗之恥，不忍重斂於人也。」然獨不知進獻之取於人者重矣。

此節出于李司徒論事集。

蓋自建中定兩稅，而物輕錢重，民以爲患，至是四十年。當時爲絹二匹半者爲八匹，大率加三倍。

陸贄貞元九年奏言：初定兩稅時，百姓納絹一匹折錢三千二三百文；近者，百姓納絹一匹折錢一千五六百文。

元和中，供歲賦者，浙西、浙東、宣歙、淮南、江西、鄂岳、福建、湖南八道，户百四十四萬，比天寶纔四之一。兵食於官者八十三萬，加天寶三之一，通以二户養一兵。京西北、河北以屯兵廣，無上供。至長慶，户三百三十五萬，而兵九十九萬，率三户以奉一兵。

舊書十四憲宗紀上，元和二年十二月己卯李吉甫撰元和國計簿條。

卷五十三　志第四十三　食貨三

（卷首）

殷亮顔魯公行狀：清河寄客李華為郡人來乞師於公曰：國家舊制，江淮郡租布貯於清河，以備北軍費用，為日久矣。相傳為「天下北庫」。今所貯者，有江東布三百餘萬疋，河北租調絹七十餘萬，當郡綵綾十餘萬，累年税錢三十餘萬，倉糧三十萬，討默啜甲仗藏於庫内五十餘萬。編户七十萬，見丁十餘萬。計其實，足以三平原之富；計其卒，足以二平原之强。

貞觀、開元後，邊土西舉高昌、龜茲、焉耆、小勃律，北抵薛延陀故地，緣邊數十州戍重兵，營田及地租不足以供軍，於是初有和糴。牛仙客爲相，有彭果者獻策廣關輔之糴，京師糧稾益羨，自是玄宗不復幸東都。天寶中，歲以錢六十萬緡賦諸道和糴，斗增三錢，每歲短遞輸京倉者百餘萬斛。米賤則少府加估而糴，貴則賤價而糶。

元氏長慶集和李校書新題樂府西涼伎篇可參考。通鑑二百十六天寶十二載秋八月條：「是時中國盛强，自安遠門西盡唐境，萬二千里，閭閻相望，桑麻翳野，天下稱富庶者無如隴右。」寅恪案：此出大唐傳載，當時人户富庶，桑麻翳野，故和糴之法牛仙客得用之於河、湟而有成效也。

貞元初，吐蕃劫盟，召諸道兵十七萬戍邊。關中爲吐蕃蹂躪者二十年矣，北至河曲，人户無幾，諸道戍兵月給粟十七萬斛，皆糴於關中。宰相陸贄以關中穀賤，請和糴。

陸宣公奏議八，請減京東水運收脚價於緣邊諸州鎮儲蓄軍糧事宜狀。寅恪案：此疏貞元八年所上。

憲宗即位之初，有司以歲豐熟，請畿内和糴。當時府、縣配户督限，有稽違則迫蹙鞭撻，甚於稅賦，號爲和糴，其實害民。

此出白氏文集四十一論和糴狀。

唐書卷五十三考證

食貨志三：凡三歲漕七百萬石，省陸運傭錢三十萬緡。○「三十」舊書作「四十」。通典卷十食貨典漕運門作「凡三年運七百萬石，省脚三十萬貫」。唐會要八十七漕運門悉同通典之文。

卷五十四　志第四十四　食貨四

劉晏鹽法既成，商人納絹以代鹽利者，每緡加錢二百，以備將士春服。包佶爲汴東水陸運、兩稅、鹽鐵使，許以漆器、瑇瑁、綾綺代鹽價，雖不可用者亦高估而售之，廣虚數以罔上。亭户冒法，私鬻不絶，巡捕之卒，遍于州縣。鹽估益貴，商人乘時射利，遠鄉貧民困高估，至有淡食者。

虚估之害。

卷五十五　志第四十五　食貨五

凡給田而無地者，畝給粟二斗。京司及州縣皆有公廨田，供公私之費。其後以用度不足，京官有俸賜而已。諸司置公廨本錢，以番官貿易取息，計員多少爲月料。貞觀初，百官得上考者，給禄一季。未幾，又詔得上下考給禄一年，出使者稟其家，新至官者計日給糧。中書舍人高季輔言：「外官卑品貧匱，宜給禄養親。」自後以地租春秋給京官，歲凡五十萬一千五百餘斛。外官降京官一等，一品以五十石爲一等，二品、三品以三十石爲一等，四品、五品以二十石爲一等，六品、七品以五石爲一等，八品、九品以二石五斗爲一等。無粟則以鹽爲禄。十一年（眉批：貞觀十一年），以職田侵漁百姓，詔給逃還貧户，視職田多少，每畝給粟二升，謂之「地子」。是歲，以水旱復罷之。十二年，罷諸司公廨本錢，以天下上户七千人爲胥士，視防閤制而收其課，計官多少而給之。十五年，復置公廨本錢，以諸司令史主之，號「捉錢令史」。每司九人，補於吏部，所主繈五萬錢以下，市肆販易，月納息錢四千，歲滿受官。諫議大夫褚遂良上疏：「京七十餘司，更一二載，捉錢令史六百餘人受職。太學高第，諸州進士，拔十取五，猶有犯禁罹法者，況廛肆之人，苟得無恥，不可使其居職。」太宗乃罷捉錢令史，復詔給百官俸。十八年，以京兆府、岐、同、華、邠、坊州隙地陂澤可墾者，復給京官職田。二十二年，置京諸司公廨本錢，捉以令史、府史、胥士。永徽元年，廢之，以天下租脚直爲京官俸料。其後又薄斂一歲税，以高户主之，月收息給俸。尋顒以税錢給之，歲總十五萬二千七百三十緡。

通鑑二百十四開元二十五年末：初，令租庸調、租資課皆以土物輸京都。胡注云：租庸調，高祖、太宗之法，租資課必開元以來之法。

寅恪案：此卷多言資課，所謂租資課之租，或即地租給京官即職田租之租也，此則唐初已有之矣。俟考。

李泌以度支有兩税錢，鹽鐵使有筦榷錢，可以擬經費，中外給用，每貫墊二十，號「户部除陌錢」。復有闕官俸料、職田錢，積户部，號「户部别貯錢」。御史中丞專掌之，皆以給京官，歲費不及五十五萬緡。

李泌以度支有兩税錢一節，可參看舊唐書十三德宗紀貞元四年正月辛巳，及通鑑二百三十三德宗紀貞元四年正月李泌奏京官俸太薄條考異。

卷六十四　表第四　方鎮一

唐自中世以後，收功弭亂，雖常倚鎮兵，而其亡也亦終以此，可不戒哉！

其實鎮兵多為胡種也。

大中五年條，興鳳隴欄：罷領隴州，以隴州置防禦使，領黃頭軍使。

黃頭軍，舊唐書十九下僖宗紀：中和三年四月，楊復光收復京城，露布：忠武黃頭軍使龐從等三十二都云云。

卷七十一上　表第十一上　宰相世系一上

唐爲國久，傳世多，而諸臣亦各修其家法，務以門族相高。其材子賢孫不殞其世德，或父子相繼居相位，或累數世而屢顯，或終唐之世不絕。嗚呼，其亦盛矣！然其所以盛衰者，雖由功德薄厚，亦在其子孫。作宰相世系表。

修家法則唯山東舊門為然。

卷七十一下　表第十一下　宰相世系一下

梁高祖武皇帝八子：統、綱、續、繹、綜、績、綸、紀。統，昭明太子。綱，簡文皇帝也。統五子：歡、譽、詧、警、譼。表第八行第五格：灌字玄茂，渝州長史。

本書一百一蕭瑀傳作「瓘」。

（表第十五行第七格）：悟，大理司直。（第八格）：倣字思道，相僖宗。

本書一百一蕭瑀附華傳云：二子，恒、悟。故此行悟宜低一格方合。且恒、悟俱從心傍，俛、倣俱從人傍，明是同輩也。

封氏出自姜姓。（表第一行二格）：隆之字祖裔，北齊右僕射富城宣懿子。

本書一百封倫傳作「隆」。消去「之」字，天師道名中，「之」本可略也。

楊氏出自姬姓，周宣王子尚父封爲楊侯。寶字稚淵，二子：震、衡。震字伯起，太尉。五子：牧、里、秉、讓、奉。

隋朝皇室自稱震嫡裔。

卷七十二上　表第十二上　宰相世系二上

襄陽杜氏出自當陽侯預少子尹，字世甫，晋弘農太守。洪泰，字道廓，南徐州刺史，襲池陽侯，二子：祖悦、顒。（表第十五行第六格）：崇懿。

據舊書一百四十七杜佑傳，崇懿之名作「愨」。

江夏李氏：漢酒泉太守護次子昭，昭少子就，後漢會稽太守、高陽侯，徙居江夏平春。七世孫元哲。（表第七行第八格）：況字東濟。

本書一百四十六李鄘傳作「流字東濟」。

卷七十二下　表第十二下　宰相世系二下

〔崔〕鬱，後魏濮陽太守，生挺。（表第二十四行第五格）：幹字道貞黄門侍郎博陵元公。

太宗定氏族志特降為第三等。

卷七十五上　表第十五上　宰相世系五上

源氏出自後魏聖武帝詰汾長子疋孤。七世孫秃髮傉檀，據南涼，子賀降後魏，太武見之曰：「與卿同源，可改爲源氏。」

參魏書、北史源賀傳。

安定牛氏出自漢隴西主簿崇之後。

杜牧牛僧孺墓誌銘云：八代祖弘以德行儒學相隋氏，封奇章郡公，贈文安侯。文安後四世諱鳳及，仕唐為中書門下侍郎，監脩國史，於公為高祖。文安後五世集州刺史、贈給事中諱休克，於公為曾祖。集州生太常博士、贈太尉紹，太尉生華州鄭縣尉、贈太保諱幼聞，太保生公，孤始七歲。長安南下杜樊鄉東，文安有隋氏賜田數頃，書千卷尚存。

卷七十五下　表第十五下　宰相世系五下

令狐氏出自姬姓。（表第一行第八格）：楚字殼士，相憲宗。

舊書一百七十二令狐楚傳作「自言國初十八學士德棻之裔」，而新書一百六十六令狐楚傳則逕云「德棻之裔也」。今觀此表，楚非德棻之裔可知，故仍以舊傳之作「自言」為妥，且新書表、傳之内容亦互相矛盾也。

白氏出自姬姓。（表第一行第一格）：建字彥舉，後周弘農郡守、邵陵縣男。

白氏長慶集二十九白氏家狀以建為北齊五兵尚書，但又言有賜田在同州。考北齊書四十白建傳，建字彥舉，武平七年卒，則其賜田似無在同州之理。表作「後周弘農郡守」較合。但既名字皆同，北齊之司空恐是傅會聞人，白居易之祖，未必真是北齊之白建也。俟考。

柳城李氏，世爲契丹酋長，後徙京兆萬年。

契丹族。

武威李氏，本安氏，出自姬姓。至抱玉賜姓李。

西胡族。

高麗李氏。

高麗種。

柳城李氏，本奚族，不知何氏，至寶臣爲張鏁高養子，冒姓張氏，後賜姓李氏。

奚族。

雞田李氏，本河曲部落稽阿跌之族，至光進賜姓李。

回紇族。

范陽李氏，自云常山愍王之後。

疑亦胡族，附記。

代北李氏，本沙陀部落，姓朱邪氏。至國昌賜姓李，附鄭王屬籍。

西突厥種。

李氏三公七人，三師二人。

本書二百十二李茂勳傳云：本回紇阿布思之裔。

太原王氏，世居祁縣，後徙平州，至縉，從侯希逸南遷，遂居河内温縣。

疑出胡種。參本書一百七十一石雄傳，一百七十二王智興傳。

卷七十六　列傳第一　后妃上

（序）

此序仍不脱駢體習氣，殆子京修書時之動作，故未免舊染不除耶？

> 中葉以降，時多故矣，外有攻討之勤，内寡嬿溺之私，羣閹朋進，外戚勢分，后妃無大善惡，取充職位而已，故列著于篇。

中葉以前，唐之君主未失柄權，故女寵得以為禍。迨宦官執國政，君主充位而已。此中葉以後所以無外戚之禍也。

文德長孫皇后

> 后曰：「且赦令，國大事，佛、老異方教耳，皆上所不爲，豈宜以吾亂天下法！」

老氏何得謂之異方教？然則異方乃異端之義耳。此處偶疏忽也。

王皇后

> 武后頻見二人被髮瀝血爲厲，惡之，以巫祝解謝，即徙蓬萊宮，厲復見，故多駐東都。

高宗以風疾徙蓬萊宮，多駐東都，更有政治原因也。

則天武皇后

高宗爲太子時，入侍，悦之。王皇后久無子，蕭淑妃方幸，后陰不悦。它日，帝過佛廬，才人見且泣，帝感動。后廉知狀，引内後宫，以撓妃寵。

此猶承立武后詔書，所謂「事同政君」語傳説不？是否為太子時即已見而悦之也？

后乃更爲太平文治事，大集諸儒内禁殿，譔定列女傳、臣軌、百僚新誡、樂書等，大氐千餘篇。因令學士密裁可奏議，分宰相權。

唐代進士科之崇重及翰林學士為内宰相，皆啓於則天。

貞順武皇后

將遂立皇后，御史潘好禮上疏曰：「今太子非惠妃所生，而妃有子，若一儷宸極，則儲位將不安。古人所以諫其漸者，有以也！」遂不果立。

此疏雖未必好禮所上，然所言后立則太子不安一點，玄宗始終從之，而楊貴妃之所以不立為后者，即此故也。

楊貴妃

丐籍女官，號「太真」。

冠。

贊曰：或稱武、韋亂唐同一轍，武持久，韋亟滅，何哉？議者謂否。武后自高宗時挾天子威福，脅制四海，雖逐嗣帝，改國號，然嘗罰己出，不假借羣臣，僭於上而治於下，故能終天年，阽亂而不亡。韋氏乘夫，淫蒸于朝，斜封四出，政放不一，既鴆殺帝，引睿宗輔政，權去手不自知，戚地已疏，人心相挻，玄宗藉其事以撼豪英，故取若掇遺，不旋踵宗族夷丹，勢奪而事淺也。然二后遺後王戒，顧不厚哉！

頗確當。

卷七十七　列傳第二　后妃下

唐書卷七十七考證

憲宗懿安皇后郭氏傳，宣宗立，於后諸子也。帝母鄭，故侍兒，有曩怨，帝故奉養禮稍薄。后鬱鬱不聊，與一二侍人登勤政樓，將自隕，左右共持之。帝聞不喜。是夕后暴崩。○沈炳震曰：舊書云，宣宗繼統，既后之諸子也。恩禮愈異於前朝，兩書互異。舊傳諱飾，當從新書。

卷七十八　列傳第三　宗室

河間王孝恭

始，隋亡，盜賊徧天下，皆太宗身自討定，謀臣驍帥並隸麾下，無特將專勳者，惟孝恭獨有方面功以自見云。

太宗不躬往東南者，鑑於隋煬之遠離關中以失國故也。

廬江王瑗

字德圭。更爲幽州都督。瑗素懦，朝廷恐不任職，乃以右領軍將軍王君廓輔行。君廓，故盜也，其勇絶人，瑗倚之，許結婚，寄心腹。時隱太子有陰謀，厚結瑗。太子死，太宗令通事舍人崔敦禮召瑗，瑗懼有變。君廓內險賊，欲以計陷瑗而取己功，即謂瑗曰：「事變未可知，大王國懿親，受命守邊，擁兵十萬，而從一使者召乎？且趙郡王前已屬吏，今太子、齊王又復爾，大王勢能自保邪？」因泣。瑗信之，曰：「以命累公。」乃囚敦禮，勒兵，召北燕州刺史王詵與計事。兵曹參軍王利涉説瑗曰：「王今無詔擅發兵，則反矣。當須權結衆心。若諸刺史召之不至，將何以全？」瑗曰：「奈何？」對曰：「山東豪傑嘗爲竇建德所用，今失職與編户夷，此其思亂，若旱之望雨。王能發使，使悉復舊職，隨在所募兵，有不從，得輒誅之，則河北之地可呼吸而有。然後遣王詵外連突厥，繇太原南趨蒲、絳，大王整駕西入關，兩軍合勢，不旬月天下定矣。」瑗從之，以內外兵悉付君廓。利涉以君廓多翻覆，請以兵屬詵，瑗猶豫，君廓密知之，馳斬詵首，徇于軍曰：「李瑗與王詵反，錮敕使，擅追兵，今詵已斬，獨瑗在，無能爲也。諸君從之且族滅，助我者富貴可得！」衆曰：「願討賊。」乃出敦禮于獄。瑗聞之，率左右數百被甲出。君廓呼曰：「瑗誖亂，諸君皆詿誤，若何從之以取夷戮？」衆反走。瑗罵君廓曰：「小人賣我，行自及！」即禽瑗縊之，傳首京師，廢爲庶人，絶屬籍。

建成、世民當時俱欲藉助於河北之地，蓋山東豪雄乃唯一堪與關中為敵之勢力也。

淮安王神通

武德初，拜山東安撫大使，黄門侍郎崔幹副之，進擊宇文化及于魏。即博陵崔氏，幹當時以為第一等門第，而太宗降為第三者也。

神通十一子，得王者七人，道彦、孝詧、孝同、孝慈、孝友、孝節、孝義，後皆降王。孝逸爵公。孝鋭不得封，有子齊物顯。

李孝逸。

梁郡公孝逸

始封梁郡公。武后擅國，入爲左衛將軍，親遇之。

神通一支頗與史事有關。

李國貞

孝同曾孫國貞。

李國貞。

李錡

〔國貞〕子錡，自有傳。

李錡。

李昺

孝節曾孫昺。與兄昇、弟暈相友。暈至太僕少卿。暈子進亦知名，好從當世賢士游，賙人之急，累擢給事中。至德初，從廣平王東征，以工部侍郎署雍王元帥府行軍司馬，爲回紇鞭之幾死。

德宗所以深惡回紇。

李説

孝節四世孫説。定遠自以有勞於説，頗横恣，請別賜印，監軍有印，自定遠始。

監軍印。

李石

〔襄邑恭王神符子文暕，文暕子〕捷曾孫石，別傳。

李石。

李戡

〔渤海敬王奉慈七世孫〕戡字定臣，幼孤。

李戡。

年十歲所即好學，大寒，掇薪自炙。夜無然膏，默念所記。年三十明六經，舉進士，就禮部試，吏唱名乃入，戡恥之。明日，逕返江東，隱陽羨里。陽羨民有鬬爭不決，不之官而詣戡以辨。凡論著數百篇。常惡元和有元白詩，多纖豔不逞，而世競重之。乃集詩人之類夫古者，斷爲唐詩，以譏正其失云。平盧節度使王彥威表爲巡官，府遷，還洛陽，卒。

此採杜牧文。

贊曰：佑之言曰：「夫爲人置君，欲其蕃息則在郡縣，然而主祚常促；爲君置人，不病其寡則在建國，然而主祚常永。故曰：建國利一宗，列郡利百姓。且立法未有不敝者，聖人在度其患之長短而爲之。建國之制，初若磐石，然敝則鼎峙力爭，陵遲而後已，故爲患也長。列郡之制，始天下一軌，敝則世崩俱潰，然而戡定者易爲功，故其爲患也短。」又謂：「三王以來，未見郡縣之利，非不爲也，後世諸儒因泥古彊爲之說，非也。」宗元曰：「封建非聖人意，然而歷堯、舜、三王莫能去之，非不欲去之，勢不可也。秦破六國，列都會，置守宰，據天下之圖，攝制四海，此其得也。二世而亡，有由矣。暴威刑，竭人力，天下相合，劫令殺守，圜視而並起，時則有叛民，無叛吏。漢矯秦枉，剖海內，立宗子功臣，數十年間奔命扶傷不給，時則有叛國，無叛郡。唐興，制州縣，而桀黠時起，失不在州而在於兵，時則有叛將，無叛州。」以爲「矯而革之，垂二百年，不在諸侯明矣。」又言：「湯之興，諸侯歸者三千，資以勝夏；武王之興，會者八百，資以滅商。徇之爲安，故仍以爲俗，是湯、武之不得已也。不得已，非公之大也，私其力於己也。秦革之者，其爲制，公之大者也；其情，私也。然而公天下之端自秦始」云。

唐代論封建之文，取通典及柳文合觀，可知其大概。而讀柳文者，必先取杜書為參考也。

觀諸儒之言，誠然。然建侯置守，如質文遞救，亦不可一槩責也。救土崩之難，莫如建諸侯；

削尾大之勢，莫如置守宰；唐有鎮帥，古諸侯比也。故王者視所救爲之，勿及於敝則善矣。若乃百藥推天命、佑言郡縣利百姓而主肨促，乃臆論也。子京之論，殊為不然！杜、柳之後，仍為是說，可謂無識。

卷七十九　列傳第四　高祖諸子

隱太子建成

小字毗沙門。王將行，建成等謀曰：「秦王得土地甲兵，必爲患；留之京師，一匹夫耳。」因密使人說帝，言「秦王左右皆山東人，聞還洛，皆洒然喜，觀其意，不復來矣。」事果寢。

太宗之惡山東人，殆因其自矜門閥，其實山東豪傑乃其王業成就之主力也。

遲明，乘馬至玄武門，秦王先至，以勇士九人自衛。時帝已召裴寂、蕭瑀、陳叔達、封德彝、宇文士及、竇誕、顏師古等入。建成、元吉至臨湖殿，覺變，遽反走，秦王隨呼之，元吉引弓欲射，不能彀者三。秦王射建成即死，元吉中矢走，敬德追殺之。

先射建成。

巢王元吉

小字三胡。初，元吉生，太穆皇后惡其貌，不舉，侍媼陳善意私乳之。

必其貌類胡也。

其典籤裴宣儼免官，往事秦府，元吉疑事泄，鴆殺之。

觀王晊事，及常何先從建成後通世民事，則元吉之疑，要亦有因。

元吉曰：「王昔平東都，顧望不即西，散金帛樹私惠，豈非反邪？」

世民實欲結援山東豪傑以自輔之意，觀張儉事可知。

鄭王元懿

自仙爲楚州別駕，生夷簡，翻爲陳留公，生宗閔，璥弟琳，安德郡公，生擇言，擇言生勉。勉、宗閔、夷簡皆位宰相，別有傳，時稱小鄭王後。亦曰惠鄭王後，以別鄭王亮云。

小鄭王後。

卷八十　列傳第五　太宗諸子

常山王承乾

字高明。又好突厥言及所服，選貌類胡者，被以羊裘，辮髮，五人建一落，張氈舍，造五狼頭纛，分戟爲陣，繫幡旗，設穹廬自居，使諸部斂羊以烹，抽佩刀割肉相啗。

此突厥俗，見通典突厥傳首，太宗以突厥為宮衛，故承乾習染其俗也。

〔承乾〕子象，爲懷州别駕，厥鄂州别駕。開元中，象子適之爲宰相，贈還承乾始王，象越州都督，郇國公。

李適之。

鬱林王恪

恪善騎射，有文武才。其母隋煬帝女，地親望高，中外所向。永徽中，房遺愛謀反，因遂誅恪，以絶天下望。臨刑呼曰：「社稷有靈，無忌且族滅！」四子，仁、瑋、琨、璄並流嶺表。

〔琨子〕褘少有志尚。開元時，亦以傍繼徙信安郡王。累爲州刺史，治嚴辦。遷禮部尚書、朔方節度使。初，吐蕃據石堡城，數盜塞，詔褘與河西、隴右議攻取。既到屯，諏日進師。或謂：「城險，賊所愛，必固守。今兵深入，有如不捷，吾軍必奔，不如持重伺賊勢。」褘曰：「人臣之節，豈憚險不進乎？必衆寡不敵者，吾以死繼之。」於是分兵迮賊路。督諸將倍道進，遂拔之。自是河隴諸軍游弈，拓地至千里。玄宗喜，更號其城曰振武軍。褘治家嚴，教子有法度，故峘、嶧、峴皆顯。

峘性質厚，歷宦有美名，以王孫封趙國公。乾元元年，持節都統江淮節度宣慰觀察使。都統之號，自峘始。弟峴別傳。

李褘。李峘。李峴。

濮王泰

字惠褒。會召承乾譴勒，承乾曰：「臣貴爲太子，尚何求？但爲泰所圖，與朝臣謀自安爾。無狀之人，遂教臣爲不軌事。若泰爲太子，正使其得計耳。」帝曰：「是也，有如立泰，則副君可詭求而得。使泰也立，承乾、治俱死；治也立，泰、承乾可無它。」即幽泰將作監，解雍州牧、相州都督、左武候大將軍，降王東萊。因詔：「自今太子不道、藩王窺望者，兩棄之，著爲令。」

清聖祖之立世宗即是此意。

李之芳

蔣王惲子煌，煌封蔡國公。孫之芳，廣德初，詔兼御史大夫使吐蕃，被留二歲乃得歸。

李之芳。

嗣曹王皋

李皋。

此傳却無韓文怪字，然則子京亦以為太過不可用也。

朝廷仰食江淮，而西道出九江，至大别，皆與賊接，皋轉戰數千里，餉路遂通，江漢倚皋爲固。

西道。

李道古

李道古。

卷八十一　列傳第六　三宗諸子

李景儉

〔漢中王瑀，孫〕景儉。

李景儉。

李知柔

嗣薛王知柔。

李知柔。

卷八十二　列傳第七　十一宗諸子

唐制：親王封户八百，增至千；公主三百，長公主止六百。高宗時，沛英豫三王、太平公主武后所生，户始踰制。（中略）天子歲幸華清宫，又置十王、百孫院于宫側。宫人每院四百餘，百孫院亦三四十人。禁中置維城庫，以給諸王月奉。諸孫納妃、嫁女，就十王宅。太子不居東宫，處乘輿所幸别院。太子、親王、公主婚嫁並供帳於崇仁之禮院。此承平制云。

此節述制度。

德宗十一子：昭德皇后生順宗皇帝，帝取昭靖太子子誼爲第一子，又取順宗子諒爲第六子。

舒王誼，初名謨。帝愛其幼，取爲子。文敬太子諒，見愛於帝，命爲子。

德宗以孫為子。

陳王成美

舊書一百七十五。

莊恪太子永

舊書一百七十五。

吉王保

僖宗崩，王最長，將立之，楊復恭獨議以昭宗嗣。

此所謂「定策國老」、「天子門生」也。

德王裕

舊書一百七十五。

卷八十三　列傳第八　諸帝公主

太宗二十一女。南平公主下嫁王敬直，以累斥嶺南，更嫁劉玄意。

本書九十八王珪傳：子敬直，尚南平公主。唐會要六公主條同。而舊書一百八十六下酷吏傳王旭傳云：曾祖珪，貞觀初為侍中，尚永寧公主。新書（二百九）旭傳無此語。

中宗八女。安樂公主，最幼女。又請爲皇太女，左僕射魏元忠諫不可，主曰：「元忠，山東木彊，烏足論國事？阿武子尚爲天子，天子女有不可乎？」

本書一百二十二魏元忠傳作「阿母子」，又通鑑二百八神龍二年考異引統紀亦作「阿母子」。

肅宗七女。郜國公主，始封延光。主女爲皇太子妃，帝畏妃怨望，將殺之，未發，會主薨，太子屬疾，乃殺妃以厭災，謚曰惠。

順宗亦幾以此不得繼位。

順宗十一女。潯陽公主，崔昭儀所生。大和三年，與平恩、邵陽二公主並爲道士。

大和乃元和之誤，考證是也。

平恩公主，蚤薨。邵陽公主，蚤薨。

白氏新樂府所謂「貞元雙帝子」者，疑指此二主。然二主俱順宗女，豈白氏誤以為德宗女歟？俟考。

宣宗十一女。萬壽公主，下嫁鄭顥。主每進見，帝必諄勉篤誨，曰：「無鄙夫家，無忓時事。」又曰：「太平、安樂之禍，不可不戒！」故諸主祇畏，爭爲可喜事。帝遂詔：「夫婦，教化之端。其公主、縣主有子而寡，不得復嫁。」

此仿山東士族禮法也。

卷八十五　列傳第十

王世充

王世充字行滿。祖西域胡，號支頹耨。後徙新豐，死，其妻與霸城人王粲爲庶妻。頹耨子收從之，冒粲姓，仕隋，歷懷、汴二州長史。生世充，豺聲卷髮。

支者，殆月支之義歟？而李密傳謂之破野頭。

卷八十六　列傳第十一

李　軌

李軌字處則，涼州姑臧人。脩仁夜率諸胡入内苑城，建旗大呼，軌集衆應之，執虎賁郎將謝統師、郡丞韋士政，遂自稱河西大涼王，署官屬，準開皇故事。初，軌以梁碩爲謀主，授吏部尚書。碩有算略，衆憚之。嘗見故西域胡種族盛，勸軌備之，因與户部尚書安脩仁交怨。

西胡族勢力之大，于梁碩與脩仁交怨事可知。

屬薦饑，人相食，軌毁家貲賑之，不能給，議發倉粟，曹珍亦勸之。謝統師等故隋官，内不附，每引結羣胡排其用事臣，因是欲離沮其衆，乃廷詰珍曰：「百姓餓死皆弱不足事者，壯勇士終不肯困。且儲廪以備不虞，豈宜妄散惠孱小乎？僕射苟附下，非國計。」軌曰：「善。」乃閉粟。下益怨，多欲叛去。

曹珍疑亦西域胡種。

興貴對曰：「涼州僻遠，財力凋耗，雖勝兵十萬，而地不過千里，無險固自守。又濱接戎狄。戎狄，豺狼也，非我族類。」

安興貴，西胡種，而謂羌及突厥、吐谷渾為「非我族類」及「戎狄」，則西胡亦更同化漢族，自以為與其他外族殊類也。

興貴懼，謝曰：「竊聞富貴不居故鄉，如衣錦夜行。今合宗蒙任，敢有它志！」興貴知軌不可以說，乃與脩仁等潛引諸胡兵圍其城。軌嘆曰：「人心去矣，天亡我乎？」

李軌之興亡，與西胡種大有關涉，蓋涼州之地西胡久為一大勢力也。

卷八十七　列傳第十二

蕭銑

贊曰：若銑力困計殫，以好言自釋於下，係虜在廷，抗辭不屈，僞辯易窮，卒以殊死。高祖聖矣哉！

何聖之有？

梁師都

自爲梁國。始畢可汗遺以狼頭纛，號大度毗伽可汗，解事天子。

案：突厥語「大度」，事也；「毗伽」，解也；「可汗」，天子也。故大度毗伽可汗為音譯，解事天子為意譯。當時突厥封號中國特起之酋豪，俱如此例。或者誤因可汗、天子並稱，謂是二種不同徽號，遂附會木蘭詩定為此時作，蓋不知此義所致也。

唐書卷八十七考證

輔公祏傳：公祏復遣將馮惠亮、陳當世屯博望山，陳正通、徐紹宗屯青州山。〇博望山，李靖傳作當塗；青州山，舊書作青林山。

博望山在當塗。通鑑一百九十武德七年作青林山，胡注引水經注湖水條釋之，是也。此傳「林」字誤作「州」，而考證無所發明，何也？

卷八十八　列傳第十三

劉文静

唐公乃開大將軍府，以文静爲司馬。文静勸改旗幟，彰特興，又請與突厥連和，唐公從之。遣文静使始畢可汗，始畢曰：「唐公兵何事而起？」文静曰：「先帝廢冢嗣以授後主，故大亂。唐公，國近戚，懼毀王室，起兵黜不當立者。願與突厥共定京師，金幣、子女盡以歸可汗。」始畢大喜，即遣二千騎隨文静至，又獻馬千匹。公喜曰：「非君何以致之！」

稱臣突厥，乃當日崛起羣雄所為者，非獨唐也。然文静佐命功最多，實太宗之黨，裴寂則高祖親信，時藉以迫脅高祖，其才智、功勛，皆非文静之比也。

裴寂

至河東，屈突通未下，而三輔豪桀多歸者。唐公欲先取京師，恐通掎其後，猶豫未決。寂説曰：「今通據蒲關，未下而西，我腹背支敵，敗之符也。不若破通而後趨京師。」秦王曰：「不然。兵尚權，權利於速。今乘機度河以奪其心。且關中羣盜處處屯結，疑力相杖，易以招懷，撫而有之，衆附兵彊，何向不克？通自守賊耳，庸能患我？一失其機，勝負未可計也。」唐公兩從之，留兵圍蒲，而遣秦王入關。

寂之庸闇可見。

劉義節

劉義節，并州人。隋大業末，補晉陽鄉長，富於財。裴寂薦之唐公，又與王威、高君雅游，然於唐公爲最厚。兵將起，威、君雅疑之，義節刺知其情，得先事禽威等。

武士彠家富於財，與王威善，亦劉義節之流也。

張長遜

張長遜，京兆櫟陽人。精馳射，在隋爲里長。以平陳功，擢上開府，累遷五原郡通守。遭亂，附突厥，突厥號爲割利特勒。

本書九十二李子和傳屋利設事可參考。

突厥當時以可汗、特勤、設等號加諸降附漢人。

李安遠

李安遠，夏州人。隱太子將亂，陰使誘動，安遠介無貳志，秦王益親重。

安遠與段志玄、尉遲敬德皆誘而不動者。

贊曰：應龍之翔，雲雾滃然而從，震風薄怒，萬空不約而號，物有自然相動耳。觀二子非有踔越之姿，當高祖受命，赫然利見於世，故能或翼或從，尸天之功云。文静數履軍陷陣，以才自進，而寂専用串昵顯。外者易乘，邇者難疏，故文静先被躁望誅，寂後坐妖言斥，誠異夫蕭何、曹參云！

文静甚有謀略，非專以戰功顯，此論以之與裴寂平等並論，非是。

卷八十九　列傳第十四

屈突通

今屈突通墓志發見，與傳文無大異同。

尉遲敬德

舊書六十八。

張公謹

舊書六十八。

秦瓊

秦瓊字叔寶，以字顯，齊州歷城人。戰美良川，破尉遲敬德，功多，帝賜以黄金瓶，勞曰：「卿不卹妻子而來歸我，且又立功，使朕肉可食，當割以啖爾，況子女玉帛乎！」何至如此言？

段志玄

段志玄，齊州臨淄人。隱太子嘗以金帛誘之，拒不納。與李安遠、尉遲敬德同。

唐書卷八十九考證

段志玄傳：三世孫文昌。○臣德潛按：文昌，憲宗時人，命改作平淮西碑者，必非三世。本書七十五下宰相世系表，文昌乃志玄玄孫。「三」蓋譌字。

卷九十　列傳第十五

劉政會

劉政會，滑州胙人。隋大業中，爲太原鷹揚府司馬，以兵隸高祖麾下。〔政會〕次子奇，長壽中，爲天官侍郎，薦張鷟、司馬鍠爲監察御史，二人因申屠瑒以謝，奇正色曰：「舉賢本無私，何見謝？」聞者皆竦。後爲酷吏陷，被誅。

劉奇薦張鷟為監察御史。

〔政會〕七世孫崇望，字希徒，及進士第。兄崇龜，字子長，擢進士。弟崇魯，字郊文，亦第進士。雅與崔昭緯善。帝以韋昭度、李磎輔政，而昭緯外倚邠、岐兵爲援，以久其權。於是天子厚禮磎，昭緯懼見奪，共謀沮之。及磎墨麻出，崇魯輒掠麻大哭。崇龜始聞哭麻，恚不食，曰：「吾兄弟未始以聲利敗名，今不幸乃生是兒。」

劉氏本非山東禮法舊族，以進士貢舉起家，宜其如此。

丘和附行恭

丘和，河南洛陽人，後徙家郿。有子十五人，多至大官，而行恭爲知名。初，從討王世充，戰邙山。太宗欲嘗賊虛實，與數十騎衝出陣後，多所殺傷，而限長堤，與諸騎相失，唯行恭從。賊騎追及，流矢著太宗馬，行恭回射之，發無虛鏃，賊不敢前。遂下拔箭，以己馬進太宗，步執長刀，大呼導之，斬數人，突陣而還。貞觀中，詔斵石爲人馬，象拔箭狀，立昭陵闕前，以旌武功云。

今猶存。

卷九十一　列傳第十六

温大雅

温大雅字彦弘，并州祁人。隱太子圖亂，秦王表大雅鎮洛陽須變，數陳祕畫，多所嘉納。

可知大雅亦世民黨。大唐創業起居注亦不可全信。

温彦博

隸釋詳辨温氏兄弟名字，可參考。

> 突厥降，詔議所以安邊者，彦博請如漢置降匈奴五原塞，以爲捍蔽，與魏徵廷爭，徵不勝其辯，天子卒從之。其後突利可汗弟結社率謀反，帝始悔云。

彦博深習突厥事，非徵所及。諸臣議安邊事，彦博議最佳，太宗所以從之也。詳見魏鄭公評録、通典諸書。

> 初，顔氏、温氏在隋最盛，思魯與大雅俱事東宮，愍楚、彦博同直内史省，游秦、大有典校祕閣，顔以學業優，而温以職位顯於唐云。

温氏大非顔氏之比，顔氏乃晉以來禮法名家，至唐家風不替，乃中古士族之一顯著例證。

温　璋

舊書一百六十五。

銀刀軍驕横，累將姑息，而璋政嚴明，懼之，相率逐璋，詔徙邠寧節度，歷京兆尹。

銀刀軍。

姜謩附行本

姜謩，秦州上邽人。子確。確字行本，以字顯。貞觀中，爲將作少匠，護作九成、洛陽宫及諸苑籞，以幹力稱，多所賚賞，游幸無不從，遷宣威將軍。高昌之役，爲行軍副總管，出伊州，距柳谷百里，依山造攻械，增損舊法，械益精。其處有漢班超紀功碑，行本磨去古刻，更刊頌陳國威靈。遂與侯君集進平高昌，戰有功，璽書尉勞。還，爲金城郡公，賜奴婢七十人，帛百五十段。帝將征高麗，行本諫未宜輕用師，不從。至蓋牟城，中流矢，卒。帝賦詩悼之，贈左衛大將軍、郕國公，謚曰襄，陪葬昭陵。行本性恪敏。所居官，雖祁寒烈暑無懈容，加有巧思，凡朝之營繕，所司必諮而後行。

姜氏，秦州人，又善於工藝，殆與何氏、閻氏同出西胡也？俟考。

高昌之平，亦行本造攻城具之功也。

崔善爲

崔善爲，貝州武城人。貞觀初，爲陝州刺史。時議，户猥地狹者徙寬鄉，善爲奏：「畿内户衆，而丁壯悉籍府兵，若聽徙，皆在關東，虛近實遠，非經通計。」詔可。

足徵唐代府兵制在關中為普及制及兵農合一制。

李嗣真

字承胄，趙州柏人人。多藝數。嘗引工展器於廷，后奇其風度應對，召相王府參軍閻玄静圖之。

閻氏丹青。

唐書卷九十一考證

皇甫無逸傳：京兆萬年人。〇舊書作「安定烏氏人」。

此舊書用郡望、新書用居地之例。

卷九十二　列傳第十七

闞稜

闞稜，伏威邑人也。貌魁雄，善用兩刃刀，其長丈，名曰「陌刀」，一揮殺數人，前無堅對。

後玄宗時李嗣真等始以陌刀著，然則陌刀殆始於此邪？俟考。

王雄誕

歙賊汪華據郡稱王且十年，雄誕還師攻之，華以勁甲出新安洞拒戰，雄誕伏兵山谷，以弱卒數千鬬，輒走壁，華來攻，壁中奮殊死，不可下。會暮還，雄誕伏兵已據洞口，不得歸，遽面縛降。

歙酋汪氏。新安洞。

李子和

李子和，同州蒲城人，本郭氏。始畢可汗册子和爲平楊天子，不敢當，乃更署爲屋利設。

本書八十八張長遜傳割利特勤事可參考。

唐書卷九十二考證

杜伏威傳○臣德潛按：舊書伏威與輔公祏並列，均入竊據例也。然伏威既歸順，則爲唐臣矣，故新書於寇畔中秪列公祏，而杜伏威、闞稜、王雄誕三人另敍入唐臣中。

然羅藝亦叛臣，列於此傳，似亂其例。

卷九十三　列傳第十八

李　靖

李靖字藥師，京兆三原人。武德四年八月，大閲兵夔州。時秋潦，濤瀨漲惡，銑以靖未能下，不設備。諸將亦請江平乃進。靖曰：「兵機事，以速爲神。今士始集，銑不及知，若乘水傳壘，是震霆不及塞耳，有能倉卒召兵，無以禦我，此必禽也。」

此作「塞耳」，不作「掩聰」，未免晦怪不通也。

李彦芳

靖五代孫彦芳，大和中，爲鳳翔司録參軍。家故藏高祖、太宗賜靖詔書數函，上之。一曰：「兵事節度皆付公，吾不從中治也。」一曰：「有晝夜視公疾大老嫗遣來，吾欲熟知公起居狀。」皆太宗手墨，它大略如此。文宗愛之不廢手。其舊物有佩筆，以木爲管弢，刻金其上，別爲環以限其間，筆尚可用也。

此出權文公集衛公舊物記。

此古筆制演變之跡尚可尋也。可參考居延出土漢筆。

李勣

羅貞松據近出土墓志有文考證其世系，見遼居稿。

唐書卷九十三考證

李靖傳：御史大夫蕭瀲劾靖持軍無律。○舊書劾靖者爲温彦博。通鑑定為蕭瑀，蓋據實録。彦博是年（貞觀四年）二月已為中書令，而頡利三月始被禽也。舘史臣於通鑑考異未嘗參閲，故疏陋如此。

卷九十四　列傳第十九

侯君集

侯君集，豳州三水人。高昌不臣，拜交河道行軍大總管出討。賊嬰城自守，遣諭之，不下。乃刊木塞塹，引撞車毀其堞，飛石如雨，所向無敢當，因拔其城。姜確之功。

初，君集配没罪人不以聞，又私取珍寶、婦女，將士因亦盗入，不能制。詔君集詣獄簿對。中書侍郎岑文本諫曰：「夫將帥之臣，廉慎少而貪沒多。軍法曰：『使智，使勇，使貪，使愚。故智者樂立其功，勇者好行其志，貪者邀趨其利，愚者不計其死。』是以前聖使人，必收所長而棄所短。陛下宜申宥君集，俾復朝列，以勸有功。」帝寤，釋不問。

岳飛所謂「武官不怕死」者，蓋含不妨愛錢之意。飛本人亦未能不愛財，南宋當時將帥如劉光世、韓世忠輩更無論矣。

張亮

張亮，鄭州滎陽人。帝將伐高麗，亮頻諫，不納，因自請行，詔爲平壤道行軍大總管。引兵自東萊浮海，襲破沙卑城，進至建安，營壁未立，賊奄至，亮不知所爲，踞胡牀直視無所言，衆謂其勇，得自安。於是副將張金樹鼓于軍，士奮擊，因破賊。

此或毀亮之詞。

薛萬徹

太宗嘗曰：「當今名將，唯李勣、江夏王道宗、萬徹而已。勣、道宗雖不能大勝，亦未嘗大敗；至萬徹，非大勝即大敗矣。」

太宗為此言時，此三人年較少耳。

唐書卷九十四考證

張亮傳：會陝人常德發其謀。○舊書發其事者爲常德元。

通鑑一百九十八貞觀二十年作「常德玄」，蓋宋人諱「玄」，故新書偶略之耳。太宗伐高麗無功，深自怨怒，又苦疾病，故十九年十二月誅劉洎，二十年三月殺張亮，蓋皆為身後之謀耳。

卷九十五　列傳第二十

高　儉

高儉字士廉，以字顯，齊清河王岳之孫。士廉少識太宗非常人，以所出女歸之，是爲文德皇后。初，太宗嘗以山東士人尚閥閱，後雖衰，子孫猶負世望，嫁娶必多取貲，故人謂之賣昏。由是詔士廉與韋挺、岑文本、令狐德棻責天下譜諜，參考史傳，檢正真僞，進忠賢，退悖惡，先宗室，後外戚，退新門，進舊望，右膏粱，左寒畯，合二百九十三姓，千六百五十一家，爲九等，號曰氏族志，而崔幹仍居第一。帝曰：「我於崔、盧、李、鄭無嫌，顧其世衰，不復冠冕，猶恃舊地以取貲，不肖子偃然自高，販鬻松檟，不解人間何爲貴之？齊據河北，梁、陳在江南，雖有人物，偏方下國，無可貴者，故以崔、盧、王、謝爲重。今謀士勞臣以忠孝學藝從我定天下者，何容納貨舊門，向聲背實，買昏爲榮耶？太上有立德，其次有立功，其次有立言，其次有爵爲公、卿、大夫，世世不絶，此謂之門户。今皆反是，豈不惑邪？朕以今日冠冕爲等級高下。」遂以崔幹爲第三姓，班其書天下。

太宗之文采特著，遠超其家人者，殆由受士廉之染化，亦如隋煬之於蕭氏也。今唐書世系表多不與史傳符合，正由因襲家譜自序之舊，未加改正之故也。貞觀氏族志，敦煌有傳本，藏北平圖書館。崔幹即崔民幹，見李神通傳及宰相世系表。崔、盧、王、謝之見重於世，實始於魏晉中原及一統之世，非「偏方下國」也。

高　重

士廉五世孫重，字文明。敬宗慎置侍講學士，重以簡厚惇正，與崔郾偕選，再擢國子祭酒。文宗好左氏春秋，命分列國各爲書，成四十篇。與鄭覃刊定九經于石。

此體至顧復初而大成。

竇　威

竇威字文蔚，岐州平陸人。父熾，在周爲上柱國。高祖入關，召補大丞相府司録參軍。武德元年，授内史令。每論政事得失，必陳古爲諭，帝益親矚，嘗引入卧内，謂曰：「昔周有八柱國，吾與公家是也。今我爲天子，而公爲内史令，事固有不等耶？」威懼。

據周書侯莫陳崇傳後及北史王雄傳後所列八大柱國，竇氏不在内，高祖此言俟考。

竇　抗

威從兄子抗，字道生。卒，贈司徒，謚曰密。

會要八十謚法下「密」字條及舊傳俱作「司空」。

卷九十七　列傳第二十二

魏　徵

舊書七十一。

先是，帝作飛山宮，徵上疏曰：「隋有天下三十餘年，風行萬里，威懾殊俗，一旦舉而棄之。彼煬帝者，豈惡治安、喜滅亡哉？恃其富彊，不虞後患也。驅天下，役萬物，以自奉養，子女玉帛是求，宮宇臺榭是飾，徭役無時，干戈不休，外示威重，內行險忌，讒邪者進，忠正者退，上下相蒙，人不堪命，以致殞匹夫之手，爲天下笑。聖哲乘機，拯其危溺。今宮觀臺榭，盡居之矣；奇珍異物，盡收之矣；姬姜淑媛，盡侍於側矣；四海九州，盡爲臣妾矣。若能鑒彼所以亡，念我所以得，焚寶衣，毀廣殿，安處卑宮，德之上也。若成功不廢，即仍其舊，除其不急，德之次也。不惟王業之艱難，謂天命可恃，因基增舊，甘心侈靡，使人不見德而勞役是聞，斯爲下矣。以暴易暴，與亂同道。夫作事不法，後無以觀。人怨神怒，則災害生；災害生，則禍亂作；禍亂作，而能以身名令終者鮮矣。」

太宗與隋煬資質、地位同而成敗異者，鑒於煬帝所以敗亡而知避免之故也。

徵陳事曰：「自王道休明，綿十餘載，倉廩愈積，土地益廣，然而道德不日博，仁義不日厚，何哉？由待下之情，未盡誠信，雖有善始之勤，而無克終之美。故便佞之徒得肆其巧，謂同心爲朋黨，告訐爲至公，彊直爲擅權，忠讜爲誹謗。謂之朋黨，雖忠信可疑；謂之至公，雖矯僞無咎。彊直者畏擅權而不得盡，忠讜者慮誹謗而不敢與之爭。熒惑視聽，鬱於大道，妨化損德，無斯甚者。」

「未盡誠信」一語道破太宗之隱。

魏謩

徵五世孫謩。謩字申之，擢進士第，同州刺史楊汝士辟爲長春宮巡官。文宗讀貞觀政要，思徵賢，詔訪其後，汝士薦爲右拾遺。荆南監軍呂令琛縱傔卒辱江陵令，觀察使韋長避不發，移內樞密使言狀。謩劾長任察廉，知監軍侵屈官司，不以上聞，私白近臣，亂法度，請明其罰。不報。

事涉閹寺則文宗不敢問矣。

俄爲起居舍人，帝問：「卿家書詔頗有存者乎？」謩對：「惟故笏在。」詔令上送。鄭覃曰：「在人不在笏。」帝曰：「覃不識朕意，此笏乃今甘棠。」帝因敕謩曰：「事有不當，毋嫌論奏。」謩對：「臣頃爲諫臣，故得有所陳；今則記言動，不敢侵官。」帝曰：「兩省屬皆可議朝廷事，而毋辭也！」帝索起居注，謩奏：「古置左、右史，書得失，以存鑒戒。陛下所爲善，無畏不書；不善，天下之人亦有以記之。」帝曰：「不然。我既嘗觀之。」謩曰：「向者取觀，史氏爲失職。陛下一見，則後來所書必有諱屈，善惡不實，不可以爲史，且後代何信哉？」乃止。

謩殆有鑒於其祖之録諫諭事示史官，因為太宗所惡耶？

中尉仇士良捕妖民賀蘭進興及黨與治軍中，反狀具，帝自臨問，詔命斬囚以徇。御史中丞高元裕建言：「獄當與衆共之。刑部、大理，法官也，決大獄不與知，律令謂何？請歸有司。」未報。謩上言：「事繫軍，即推軍中。如齊民，宜付府縣。今獄不在有司，法有輕重，何從而知？」帝停決，詔神策軍以官兵留仗内，餘付御史臺。臺憚士良，不敢異，卒皆誅死。

神策軍有「治外法權」乃當時所公認。

始謩之進，李珏、楊嗣復實推引之。武宗立，謩坐二人黨，出爲汾州刺史。俄貶信州長史。

謩以進士進身，雖徵後，然仍與新興階級為近，故屬牛黨。

卷九十八　列傳第二十三

王　珪

王珪字叔玠。子敬直，尚南平公主。

舊書王旭傳誤以珪封永寧縣男而稱為永寧公主。

始，隱居時，與房玄齡、杜如晦善，母李嘗曰：「而必貴，然未知所與游者何如人，而試與偕來。」會玄齡等過其家，李闚大驚，敕具酒食，歡盡日，喜曰：「二客公輔才，汝貴不疑。」

杜詩可參證。

馬周

周上疏曰：「以陛下之明，誠欲厲精爲政，不煩遠采上古，但及貞觀初，則天下幸甚。」

劉洎、魏鄭公亦皆作如此言。

「臣聞天下者以人爲本。古者郡守、縣令皆選賢德，欲有所用，必先試以臨人，或由二千石高第入爲宰相。今獨重內官，縣令、刺史頗輕其選。又刺史多武夫勳人，或京官不稱職始出補外；折衝果毅身力彊者入爲中郎將，其次乃補邊州。而以德行才術擢者，十不能一。所以百姓未安，殆在于此。」

唐初內重之勢如此。

周病消渴連年。疾甚，周取所上章奏悉焚之，曰：「管、晏暴君之過，取身後名，吾不爲也。」二十二年卒，年四十八。

或有鑑於魏徵之恩禮不終歟？賓王之文似較玄成尤明切，惜不多傳於後。

韋　挺

是時承隋大亂，風俗薄惡，人不知教。挺上疏曰：「父母之恩，昊天罔極；創巨之痛，終身何已。今衣冠士族，辰日不哭，謂爲重喪，親賓來弔，輒不臨舉。」

辰日。

卷九十九　列傳第二十四

戴　胄

戴胄字玄胤，相州安陽人。貞觀四年，以本官參豫朝政，進爵郡公。帝將脩復洛陽宫，胄上疏諫曰：「比關中、河外置軍團，彊夫富室悉爲兵，九成之役又興，司農、將作見丁無幾。」

此河北置府兵之證，餘見地理志。

彊夫富室即西魏時所謂豪富者也。

劉　洎

洎諫曰：「欲求長久，匪由辯博，但當忘愛憎，慎取捨，若貞觀初可矣！」

魏徵、馬周意亦同此。

卷一百　列傳第二十五

楊恭仁

楊恭仁，隋觀王雄子也。

師道，恭仁弟。執柔，恭仁從孫，歷地官尚書。武后母，即恭仁叔父達之女。后曰：「要欲我家及外氏常一人爲宰相。」乃以執柔同中書門下三品。始，雄在隋，以同姓貴；自武德後，恭仁兄弟名位益盛;又以武后外家尊寵,凡尚主者三人,女爲王妃五人,贈皇后一人,三品以上者二十餘人。

楊氏,觀王雄房,由隋至唐中葉前為貴盛之族。

封倫

封倫字德彝,以字顯,觀州蓨人。祖隆,北齊太子太保。

隆之可以單稱隆,此六朝通例,蓋天師道名中「之」字,本非真名也。本書七十一下宰相世系表即作「隆之」,可證。

裴矩

是時,衛兵數逃去,帝憂之,以問矩。矩曰:「今乘輿淹狩已二年,諸驍果皆無家,人無匹合,則不久安,臣請皆聽納室。」帝笑曰:「公定多智。」因詔矩盡召江都女子、孀家,恣將士所欲,即配之。人情翕然相悅,曰:「裴公惠也。」宇文化及亂,衆劫矩,賊皆曰:「裴黄門無豫也。」

有家之報,可發一笑。

元璹

會突厥提精騎數十萬，身自將攻太原，詔即苫次起元璹持節往勞。因好謂頡利曰：「突厥得唐地無所用，唐得突厥不可臣而使，兩不爲用而相攻伐，何哉？今掠財資，劫人口，皆入所部，可汗一不得，豈若仆旗接好，則金玉重幣一歸可汗。且唐有天下，約可汗爲兄弟，使馹銜箠於道。今坐受其利不肯，乃蔑德貽怨，自取勞苦，若何？」頡利當其言，引還。

宋人每如此言，殆襲其語。

起太原時則稱臣於突厥。

閻立德

閻讓字立德，以字行，京兆萬年人。父毗，爲隋殿內少監，本以工藝進，故立德與弟立本皆機巧有思。……立德孫知微，曾孫用之。

閻氏世傳巧藝。

姜師度

姜師度，魏州魏人。師度喜渠漕，所至繇役紛紜，不能皆便，然所就必爲後世利。是時太史令傳孝忠以知星顯，時爲語曰：「孝忠知仰天，師度知相地。」嘲所嗜也。

姜師度雖魏州籍，然疑與姜行本同例，出於西域胡種也。本書七十三下宰相世系表不載師度房所出。俟考。

張知謇

張知謇字匪躬，幽州方城人，徙家岐。知謇敏且亮，惡請謁求進士，或不才冒位，視之若仇。每敕子孫「經不明不得舉」，家法可稱云。

由是觀之，張氏乃北朝舊族也。

卷一百一　列傳第二十六

蕭俛

穆宗初，兩河底定，俛與段文昌當國，謂四方無虞，遂議太平事，以爲武不可黷，勸帝偃革尚文，乃密詔天下鎮兵，十之，歲限一爲逃、死，不補，謂之銷兵。

據舊書十六穆宗紀長慶元年二月條及一百七十二蕭俛傳，其比例為每年百人中限八人逃、死。

贊曰：梁蕭氏興江左，實有功在民，厥終無大惡，以寖微而亡，故餘祉及其後裔。自漱逮遘，凡八葉宰相，名德相望，與唐盛衰。世家之盛，古未有也。

本書七十一下宰相世系表蕭氏悟行誤高一格，不合，茲為補正之如下，以便讀此傳時參考。壬午正月七日寅恪讀訖題記。

衍—統—詧—巋
- 瑀
  - 銳
  - 鉞—恕—定
- 琄—鈞—瓘—嵩
  - 華
    - 恆（韋）
      - 俶
      - 俛
    - 悟—倣—廩
  - 衡—復—湛—寘
    - 遘
    - 遽

（錄者注：「恆」旁之「韋」字乃陳先生原文。韋為蕭俛之母，見蕭俛傳。）

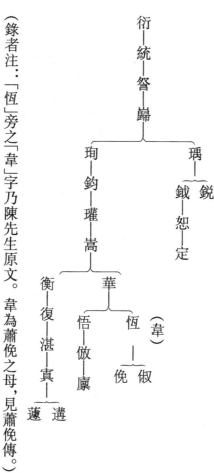

唐書卷一百一考證

蕭遘傳：支詳在徐州，引散騎常侍李損子凝吉爲佐。○舊書作「李凝古」。通鑑二百五十五中和三年十二月作「李凝古」，與舊書同。

卷一百二　列傳第二十七

李百藥

李百藥字重規，定州安平人。開皇初，授太子通事舍人，兼學士。僕射楊素、吏部尚書牛弘愛其才，署禮部員外郎。奉詔定五禮、律令、陰陽書。

隋修禮、律，多用北齊舊家。

褚亮

初，武德四年，太宗爲天策上將軍，寇亂平，乃鄉儒，宫城西作文學館，收聘賢才，於是下教，以大行臺司勳郎中杜如晦、記室考功郎中房玄齡及于志寧、軍諮祭酒蘇世長、天策府記室薛收、文學褚亮姚思廉、太學博士陸德明孔穎達、主簿李玄道、天策倉曹參軍事李守素、王府記室參軍事虞世南、參軍事蔡允恭顏相時、著作郎攝記室許敬宗薛元敬、太學助教蓋文達、軍諮典籤蘇勗，並以本官爲學士。七年，收卒，復召東虞州録事參軍劉孝孫補之。凡分三番遞宿于閤下，悉給珍膳。每暇日，訪以政事，討論墳籍，榷略前載，無常禮之間。命閻立本圖象，使亮爲之贊，題名字爵里，號「十八學士」，藏之書府，以章禮賢之重。方是時，在選中者，天下所慕向，謂之「登瀛洲」。

十八學士。

令狐德棻

方是時，大亂後，經籍亡散，祕書湮缺，德棻始請帝重購求天下遺書，置吏補録。不數年，圖典略備。又建言：「近代無正史，梁、陳、齊文籍猶可據，至周、隋事多脱捐。今耳目尚相及，史有所馮；一易世，事皆汩暗，無所掇拾。陛下受禪于隋，隋承周，二祖功業多在周，今不論次，各爲一王史，則先烈世庸不光明，後無傳焉。」帝謂然。

今周書仍簡略不完，然則唐初亦不能詳矣。

李延壽

嘗撰太宗政典，調露中，高宗觀之，咨美直筆，賜其家帛五十段，藏副祕閣，仍別録以賜皇太子云。

太宗政典大約如貞觀政要之類。

卷一百三　列傳第二十八

蘇世長

侍宴披香殿，對曰：「陛下武功舊第，纔蔽風雨，時以爲足，今天下厭隋之侈，以歸有道，陛下宜刈奢淫，復朴素。今乃即其宮加雕飾焉，欲易其亂，得乎？」

此唯武功舊人能言之。

世長有機辯，淺于學，嗜酒，簡率無威儀。初在陜，邑里犯法不能禁，乃引咎自撻于廛，五伯疾其詭。鞭之流血，世長不勝痛，呼而走，人笑其不情。

妙。

韋雲起

韋雲起，京兆萬年人。仁壽初，詔百官舉所知，〔柳〕述舉雲起通事舍人。大業初，改謁者。建言：「今朝廷多山東人，自作門户，附下罔上，爲朋黨。不抑其端，必亂政。」因條陳姦狀。煬帝屬大理推究，於是左丞郎蔚之、司隸别駕郎楚之等皆坐免。

山東人自作門户，隋時已為關中人所惡嫉。

張玄素

張玄素，蒲州虞鄉人。仕隋，爲景城縣户曹。始，玄素與孫伏迦在隋皆爲令史，太宗嘗問玄素宦立所來，深自羞汗。褚遂良見帝曰：「君子不失言於人，明主不失言於戲。故言則史書之，禮成之，樂歌之。居上能禮其臣，乃盡力以奉其上。近世宋武帝侮靳朝臣，攻其門户，至恥懼狼狽，前史以爲非。陛下昨問玄素在隋任何官，對曰：『縣尉。』又問未爲尉時，曰：『流外。』又問何曹司，玄素出不能徙步，顔若死灰，精爽頓盡，見者咸共驚怪。唐家創業，任官以才，卜祝庸保，量能並用。陛下以玄素擢任三品，佐皇儲，豈宜復對羣臣使辭窮負恥，欲責其伏節死義，安可得乎？」帝曰：「朕亦悔之。」伏伽雖廣坐，陳説往事，無少隱焉。

重門第已成風俗，玄素，山東人，尤甚。太宗雖惡山東人自矜門閥，而於此亦不覺作此問，然則當時風尚可知矣。

卷一百四　列傳第二十九

于志寧

東宮僕御舊得番休，而太子不聽，又私引突厥與相狎比。志寧懷不能已，上疏極言。

承乾甚好突厥語言風俗，參承乾傳。

晉王爲皇太子，復拜左庶子，遷侍中，加光禄大夫，進封燕國公，監脩國史。

西域記序即志寧作，淺人誤以張説當之，可笑！

張行成

張行成字德立，定州義豐人。族子易之、昌宗。神龍元年，張柬之、崔玄暐等率羽林兵迎皇太子入，誅易之、昌宗於迎仙院，及其兄昌期、同休、從弟景雄皆梟首天津橋。天寶九載，昌期女上表自言，楊國忠助之，詔復易之兄弟官爵，賜同休一子官。

參本書一百十七吉頊傳及通鑑天寶九載條，國忠乃易之甥也。

贊曰：于志寧諫太子承乾，幾遭賊殺，然未嘗懼，知太宗之明，雖匕首揕胸不愧也。及武后立，不敢出一言，知高宗之昧，雖死無益也。

論志寧頗確。

唐書卷一百四考證

張行成傳：張行成子易之。又加昌宗右散騎常侍。○舊書作「左散騎常侍」。

「張行成」下脱「族」字。

卷一百五　列傳第三十

長孫無忌附順德

無忌族叔順德。喪息女，感疾甚，帝薄之，謂房玄齡曰：「順德無剛氣，以兒女牽愛至大病，胡足䘏？」未幾，卒。

太宗爲人於此數語可見。

韓瑗

韓瑗字伯玉，京兆三原人。父仲良，武德初，與定律令，建言：「周律，其屬三千，秦、漢後約爲五百。依古則繁，請崇寬簡，以示惟新。」於是採開皇律宜於時者定之。

採開皇而不用大業之故。

卷一百六　列傳第三十一

郭正一

郭正一，定州鼓城人。貞觀時，由進士署第，歷中書舍人、弘文館學士。永隆中，遷祕書少監，檢校中書侍郎，詔與郭待舉、岑長倩、魏玄同並同中書門下承受進止平章事。平章事自正一等始。

平章事。

趙弘智附矜

趙弘智，河南新安人。曾孫矜，舉明經，調舞陽主簿，吴少誠反，以縣歸，徙襄城主簿，賜牙緋。歷襄陽丞。客死柳州，官爲斂葬。

柳河東集十一故襄陽丞趙君墓志。

李敬玄

李敬玄，亳州譙人。凡三娶皆山東舊族，又與趙李氏合譜，故臺省要職多族屬姻家。高宗知之，不能善也。二子：思沖、守一。守一鄄令。孫紳别傳。

李紳雖以進士科而終附李德裕為死黨，其故可於此求之。

唐書卷一百六考證

崔知温傳：贈幽州大都督。○舊書贈荆州大都督。

會要七十九謚法上作幽州，與新書同。

高智周傳：〔蔣子慎〕子繒往見智周，智周方貴，以女妻之，生子挺。○舊書繒子捷。

本書七十五下宰相世系表蔣氏不列蔣子慎房。

卷一百七　列傳第三十二

傅奕

傅奕，相州鄴人。貞觀十三年，卒，年八十五。奕病，未嘗問醫，忽酣卧，蹶然悟曰：「吾死矣乎！」即自誌曰：「傅奕，青山白雲人也。以醉死，嗚乎！」遺言戒子：「六經名教言，若可習也；妖胡之法，慎勿爲。吾死當倮葬。」奕雖善數，然嘗自言其學不可以傳。又注老子，並集晉、魏以來與佛議駁者爲高識篇。武德時，所改漏刻，定十二軍號，皆詔奕云。

奕乃道士也。

呂才

博州清平人。才之言不甚文，要欲救俗失，切時事，俾易曉也。故剟其三篇。禄命篇曰：「世有同建與禄，而貴賤殊域；共命若胎，而夭壽異科。魯桓公六年七月，子同生，是爲莊公。按曆，歲在乙亥，月建申，然則值禄空亡，據法應窮賤。又觸句絞六害，偕驛馬，身剋驛馬三刑，法無官。命火也，生當病鄉，法曰『爲人尫弱矬陋』，而詩言莊公曰：『猗嗟昌兮，頎而長兮。美目揚兮，巧趨蹌兮。』唯向命一物，法當壽，而公薨止四十五。一不驗。秦昭襄王四十八年，始皇帝生以正月，故名政。是歲壬寅正月，命偕禄，於法無官，假得禄，奴婢應少。又破驛馬三刑，身剋驛馬，法望官不到。命金也，正月爲絶，無始有終，老而吉，又建命生，法當壽，帝崩時不過五十。二不驗。漢武帝以乙酉歲七月七日平旦生，當禄空亡，於法無官。雖向驛馬，乃隔四辰，法少無官，老而吉；武帝即位，年十六，末年户口減耗。三不驗。後魏高祖孝文皇帝生皇興元年八月，是歲丁未，爲偕禄命與驛馬三刑，身剋驛馬，於法無官。又生父死中，法不見父，而孝文受其父顯祖之禪。禮，君未踰年，不得正位，故天子無父，事三老也。孝文率天下以事其親，而法不合識父。四不驗。宋高祖癸亥三月生，禄與命皆空亡，於法無官。又生子墓中，法宜嫡子，雖有次子，當早卒，而高祖長子先被弑，次子義隆享國。又生祖禄下，法得嫡孫財若禄；其孫劭、濬皆篡逆，幾失宗祧。五不驗。」

吕才必試算古來帝王命一過，而得此結論。

帝又詔〔吕才〕造方域圖及教飛騎戰陣圖，屢稱指。擢太常丞。麟德中，以太子司更大夫卒。生平豫脩書及著作甚多。

呂才與玄奘有論因明一段因緣。

陳子昂

陳子昂字伯玉，梓州射洪人。其先居新城，六世祖太樂，當齊時，兄弟競豪桀，梁武帝命爲郡司馬。父元敬，世高貲，歲飢，出粟萬石賑鄉里。舉明經，調文林郎。子昂十八未知書，以富家子，尚氣決，弋博自如。它日入鄉校，感悔，即痛脩飭。文明初，舉進士。

子昂不當與傳、呂同傳。

〔子昂〕又謂：「故甘州地廣粟多，左右受敵，但户止三千，勝兵者少，屯田廣夷，倉庾豐衍，瓜、肅以西，皆仰其餫，一旬不往，士已枵飢。是河西之命係于甘州矣。且其四十餘屯，水泉良沃，不待天時，歲取二十萬斛，但人力寡乏，未盡墾發。異時吐蕃不敢東侵者，繇甘、涼士馬彊盛，以振其入。今甘州積粟萬計，兵少不足以制賊，若吐蕃敢大入，燔蓄穀，蹂諸屯，則河西諸州，我何以守？宜益屯兵，外得以防盜，内得以營農，取數年之收，可飽士百萬，則天兵所臨，何求不得哉？」

甘州農產之多如此。

唐書卷一百七考證

陳子昂傳：會父喪，廬冢次，每哀慟，聞者爲涕。縣令段簡貪暴，聞其富，欲害子昂，家人納錢二十萬緡，簡薄其賂，捕送獄中，死。○臣德濳按：舊書子昂父在鄉爲縣令段簡所辱，子昂聞之，遽還鄉里，因事收繫獄中，憂憤而卒。據舊書，是子昂之歸，父未死也。且無廬冢事。兩書情事不一。

此須參考盧藏用所作傳。

卷一百八　列傳第三十三

裴行儉

調露元年，突厥阿史德温反。都護蕭嗣業討賊不克，死敗係踵。詔行儉爲定襄道行軍大總管討之。先是，嗣業饋糧，數爲虜鈔，軍餒死。行儉曰：「以謀制敵可也。」因詐爲糧車三百乘，車伏壯士五輩，齎陌刀、勁弩，以羸兵挽進，又伏精兵踵其後。

陌刀。

婁師德

婁師德字宗仁，鄭州原武人。第進士。天授初，爲左金吾將軍，檢校豐州都督。衣皮袴，率士屯田，積穀數百萬，兵以饒給，無轉饟和糴之費。武后降書勞之。

西北方久行和糴之法。

長壽元年，召授夏官侍郎，判尚書事，進同鳳閣鸞臺平章事。后嘗謂師德：「師在邊，必待營田，公不可以劬勞憚也。」乃復以爲河源、積石、懷遠軍及河、蘭、鄯、廓州檢校營田大使。後與武懿宗、狄仁傑分道撫定河北，進納言，更封譙縣子，隴右諸軍大使，復領營田。

營田政策。

卷一百九　列傳第三十四

崔琳

神慶子琳，明政事，開元中，與高仲舒同爲中書舍人。侍中宋璟親禮之，每所訪逮，嘗曰：「古事問仲舒，今事問琳，尚何疑？」累遷太子少保。琳與弟太子詹事珪、光禄卿瑶俱列棨戟，世號「三戟崔家」。初，玄宗每命相，皆先書其名。一日書琳等名，覆以金甌，會太子入，帝謂曰：「此宰相名，若自意之，誰乎？即中，且賜酒。」太子曰：「非崔琳、盧從愿乎？」帝曰：「然。」賜太子酒。時兩人有宰相望，帝欲相之數矣，以族大，恐附離者衆，卒不用。

此唐皇室嫌忌山東舊族之家法。

卷一百一十　列傳第三十五　諸夷蕃將

史大柰

史大柰，本西突厥特勒也。從平長安，以多，賞帛五千匹，賜姓史。

阿史那氏湝為史氏。

馮盎

馮盎字明達，高州良德人，本北燕馮弘裔孫。弘不能以國下魏，亡奔高麗，遣子業以三百人浮海歸晉。弘已滅，業留番禺，至孫融，事梁爲羅州刺史。子寶，聘越大姓洗氏女爲妻，遂爲首領，授本郡太守，至盎三世矣。

附會北燕馮氏，蓋其他無可依託也。

阿史那忠

阿史那忠者，字義節，蘇尼失子也。資清謹。以功擢左屯衛將軍，尚宗室女定襄縣主，始詔姓獨著史。封薛國公，擢右驍衛大將軍。宿衛四十八年，無纖隙，人比之金日磾。

參承乾傳。

契苾何力

永徽中，西突厥阿史那賀魯以處月、處蜜、姑蘇、歌邏祿、卑失五姓叛。處月酋朱邪孤注遂殺招慰使果毅都尉單道惠，據牢山以守。

朱邪。

李多祚

舊書一百九。

卷一百一十一　列傳第三十六

薛仁貴附訥

子訥字慎言，起家城門郎，遷藍田令。富人倪氏訟息錢於肅政臺，中丞來俊臣受賕，發義倉粟數千斛償之。訥曰：「義倉本備水旱，安可絶衆人之仰私一家？」報上不與。會俊臣得罪，亦止。

足徵此時義倉制之漸壞。

唐休璟

舊書九十三。

唐璿字休璟，以字行。永淳中，突厥圍豐州，都督崔智辯戰死，朝廷議棄豐保靈、夏。休璟以爲不可，上疏曰：「豐州控河遏寇，號爲襟帶，自秦漢以來，常郡縣之。土田良美，宜耕牧。隋季喪亂，不能堅守，乃遷就寧、慶，戎羯得以乘利而交侵，始以靈、夏爲邊。」

「戎羯」，通鑑二百三弘道元年五月條作「胡虜」。

張仁愿

張仁愿，華州下邽人。武后時，累遷殿中侍御史。後王孝傑爲吐剌軍總管，與吐蕃戰不利，仁愿監其軍，因入言狀，孝傑坐免，擢仁愿爲侍御史。萬歲通天中，監察御史孫承景監清邊軍，戰還。自圖先鋒當矢石狀。武后歎曰：「御史乃能如是乎！」擢爲右肅政臺中丞，詔仁愿即敍其麾下功。仁愿先問承景破敵曲折，承景實不行，所問皆窮。仁愿劾奏承景罔上，虛列虜級。貶爲崇仁令，以仁愿代爲中丞，檢校幽州都督。

御史監軍。

卷一百一十二　列傳第三十七

王求禮

王求禮，許州長社人。武后時，爲左拾遺、監察御史。后方營明堂，琱飾譎怪，侈而不法。求禮以爲「鐵鷟金龍、丹雘珠玉，乃商瓊臺、夏瑶室之比，非古所謂茅茨棌椽者。自軒轅以來，服牛乘馬，今輦以人負，則人代畜。」上書譏切。久不報。

北宋人亦有此説。

柳澤

開元中，轉殿中侍御史，監嶺南選。時市舶使、右威衛中郎將周慶立造奇器以進。

市舶使。

卷一百一十三　列傳第三十八

徐有功附商

〔有功〕五世孫商，徙節山南東道，褱多山棚，爲票賊，商取材卒爲捕盜將，别爲屯營，寇所發，輒迹捕，捕必得，遂爲精兵。

山棚。

卷一百一十四　列傳第三十九

崔　融

〔崔融〕曾孫從。從字子乂。召拜户部尚書。復授檢校尚書左僕射、淮南節度副大使，知節度事。揚州凡交易貲産、奴婢有貫率錢，畜羊有口算，又貿麴牟其嬴，以佐用度，從皆蠲除之。

官吏俸帛常加估以給，獨節度使則否，從皆與之同。此東晉以來舊例。舊傳作「官吏禄俸有布帛加估之給，節度使獨不在此例。從至，一例估折給之。」加估之義當同虚估，宋子京不解，致有此誤。參舊書一百七十七崔慎由傳。

卷一百一十五　列傳第四十

狄仁傑

時發兵戍疏勒四鎮，百姓怨苦。仁傑諫曰：「方今關東荐饑，蜀漢流亡，江淮而南，賦斂不息。人不復本，則相率爲盜，本根一摇，憂患非淺。所以然者，皆貪功方外，耗竭中國也。」又請廢安東，復高姓爲君長，省江南轉饟以息民。不見納。

唐以江淮賦税供東、西北邊軍防，自武后時始轉甚，至開元、天寶時遂為常例矣。

卷一百一十六　列傳第四十一

王綝

王綝字方慶，以字顯。武后時累遷廣州都督。南海歲有崑崙舶，市外區琛琲，前都督路元叡冒取其貨，舶酋不勝忿，殺之。方慶至，秋毫無所索。

南海崑崙舶。

后嘗就求羲之書，方慶奏：「十世從祖羲之書四十餘番，太宗求之，先臣悉上送，今所存惟一軸。并上十一世祖導、十世祖洽、九世祖珣、八世祖曇首、七世祖僧綽、六世祖仲寶、五世祖騫、高祖規、曾祖褒并九世從祖獻之等凡二十八人書共十篇。」

唐人所謂五世祖者，高祖上一輩之義，此可證。

韋思謙附弘景

韋思謙名仁約，……其先出雍州杜陵，後客襄陽，更徙爲鄭州陽武人。中書令褚遂良市地不如直，思謙劾之，罷爲同州刺史。及復相，出思謙清水令。子承慶、嗣立。嗣立孫弘景，擢進士第，數佐節度府。張仲方黜李吉甫謚得罪，憲宗意弘景擿助，出爲綿州刺史。

劾褚遂良。

弘景以進士科進，故黨於仲方，雖居鄭州，本非山東舊族，宜與李吉甫不合也。

陸元方

陸元方字希仲，蘇州吴人。諸子皆美才，而象先、景倩、景融尤知名。〔象先〕以保護功，封兖國公，賜封户二百。初，難作，睿宗御承天樓，羣臣稍集，帝麾曰：「助朕者留，不者去！」於是有投名自驗者。事平，玄宗得所投名，詔象先收按，象先悉焚之。帝大怒，欲并加罪，頓首謝曰：「赴君之難，忠也。陛下方以德化天下，奈何殺行義之人？故臣違命，安反側者，其敢逃死？」帝寤，善之。

中宗登玄武門樓，而節愍太子敗死，此玄宗所以欲收按投名之人也。承天與玄武地望不同，此成敗所以異趣歟？可并參考本書一二一王琚傳及一二二郭元振傳。元振以驪山講武得罪，疑與此有關，俟考。

李日知

舊書一百八十八孝友傳。

李日知，鄭州滎陽人。日知貴，諸子方總角，皆通婚名族，時人譏之。後少子伊衡以妾爲妻，鬻田宅，至兄弟訟鬩，家法遂替云。

杜佑亦以此致譏。唐時風俗如此，知此意，方可讀會真記。

卷一百一十七　列傳第四十二

魏玄同

魏玄同字和初，定州鼓城人。永淳元年，詔與中書、門下同承受進止平章事，封鉅鹿男。上疏言選舉法弊曰：「漢制：諸侯自置吏四百石以下，其傅、相大臣則漢爲置之；州郡掾吏、督郵、從事，悉任之牧守。自魏晉以後，始歸吏部，而迄于今。」

掾吏等選用之歸吏部，實起於齊，成于隋，非自魏晉始也。

吉頊

舊書一百八十六上酷吏傳。

卷一百一十八　列傳第四十三

張廷珪

武后稅天下浮屠錢，營佛祠於白司馬坂，作大象，廷珪諫，后善之，召見長生殿，賞慰良厚，因是罷役。

長生殿。

會詔市河南河北牛羊、荆益奴婢，置監登、萊，以廣軍資。廷珪上書曰：「荆、益奴婢多國家户口，姦豪掠買，一入於官，永無免期。南北異宜，至必生疾，此有損無益也。」

荆益奴婢，疑多是家生獠。參本書一百二十二郭元振傳。

韓朝宗

朝宗初歷左拾遺。睿宗詔作乞寒胡戲，諫曰：……帝稱善。

乞寒胡。

朝宗孫佽，字相之。元和初第進士。自山南東道使府入爲殿中侍御史。累遷桂管觀察使，部二十餘州，自參軍至縣令無慮三百員，吏部所補纔十一，餘皆觀察使商才補職。

邊州縣令、參軍多爲州牧所選用。

宋務光

時又有清源尉呂元泰，亦上書言國政，曰：「比見坊邑相率爲渾脱隊，駿馬胡服，名曰『蘇莫遮』。」

渾脱隊，蘇莫遮。

裴潾

高宗時，處士孫思邈達於養生，其言曰：「人無故不應餌藥，藥有所偏助，則藏氣爲不平。」推此論之，可謂達見至理。

中國藥多有副作用，而醫不知，故思邈云然。

卷一百一十九　列傳第四十四

白居易

會王承宗叛，帝詔吐突承璀率師出討，居易諫：「唐家制度，每征伐，專委將帥，責成功，比年始以中人爲都監。韓全義討淮西，賈良國監之；高崇文討蜀，劉貞亮監之。後世且傳中人爲制將自陛下始，陛下忍受此名哉？」

玄宗輒以中人監軍，不始自德宗、憲宗時也。

白行簡

行簡敏而有辭，後學所慕尚。

託名行簡之文甚多。

卷一百二十　列傳第四十五

桓彦範

舊書九十一。

薛季昶

舊書一百八十五上良吏上。

崔玄暐

崔玄暐，博陵安平人。舉明經，爲高陵主簿。居父喪盡禮。廬有燕，更巢共乳。母盧，有賢操，常戒玄暐曰：「吾聞姨兄辛玄馭云：『子姓仕宦，有言其貧窶不自存，此善也；若貲貨盈衍，惡也。』吾嘗以爲確論。比見親表仕者務多財以奉親，而親不究所從來。必出于禄稟則善，如其不然，何異盗乎？若今爲吏，不能忠清，無以戴天地。宜識吾意。」故玄暐所守以清白名。母亡，哀毁，甘露降庭樹。

此乃山東舊族家法。

玄暐三世不異居，家人怡怡如也。貧寓郊墅，羣從皆自遠會食，無它爨，與〔弟〕昇尤友愛。族人貧孤者，撫養教勵。後雖秉權，而子弟仕進不使踰常資，當時稱重。少頗屬辭，晚以非己長，不復構思，專意經術。

玄暐以明經進，又專意經術，鄭覃之流也。

崔　渙

會渙兼税地青苗錢物使，以錢給百官，而吏用下直爲使料，上直爲百司料。〔元〕載諷皇城副留守張清擿其非，詔尚書左丞蔣渙按實，且載所惡，由是貶道州刺史。

舊書一百八。上直即加估。

張柬之

張柬之字孟將，襄州襄陽人。誅二張也，柬之首發其謀。以功擢天官尚書、同鳳閣鸞臺三品、漢陽郡公，實封五百户。不半歲，以漢陽郡王加特進，罷政事。柬之既失權，願還襄州養疾，乃授襄州刺史。至州，持下以法，雖親舊無所縱貸。會漢水漲齧城郭，柬之因壘爲隄，以遏湍怒，闔境賴之。

子愿、漪。愿仕至襄州刺史。

後考會昌元年牛僧孺任襄州時，水復大漲，壞堤。

近世張愿等墓志出土。

袁恕己

袁恕己，滄州東光人。與誅二張，又從相王統南衙兵備非常，以功加銀青光禄大夫、中書侍郎、同中書門下三品，封南陽郡公。

南衙兵不足重輕，虛張聲勢而已。

卷一百二十一　列傳第四十六

崔日用

崔日用，滑州靈昌人。擢進士第。由荆州長史入奏計，因言：「太平公主逆節有萌，陛下往以宫府討有罪，臣子勢須謀與力，今據大位，一下制書定矣。」帝曰：「畏驚太上皇，奈何？」日用曰：「庶人之孝，承順顔色；天子之孝，惟安國家，定社稷。若令姦宄竊發，以亡大業，可爲孝乎？請先安北軍而後捕逆黨，於太上皇固無所驚。」帝納之。

此爲唐代中央革命成功之手段。

王琚

先天二年七月，乃與岐王、薛王、姜皎、李令問、王毛仲、王守一以鐵騎至承天門。太上皇聞外譁譟，召郭元振升承天樓，閉關以拒。俄而侍御史任知古召募數百人於朝堂，不得入。少選，琚從帝至樓下，誅蕭至忠、岑羲、竇懷貞，斬常元楷、李慈北闕下，賈膺福、李猷於内客省。

參本書一百一十六陸象先傳及一百二十二郭元振傳。

王毛仲

舊書一百六。

卷一百二十二　列傳第四十七

魏元忠

安樂公主私請廢太子，求爲皇太女，帝以問元忠，元忠曰：「公主而爲皇太女，駙馬都尉當何名？」主恚曰：「山東木彊安知禮？阿母子尚爲天子，我何嫌？」宫中謂武后爲阿母子，故主稱之。

本書八十三安樂公主傳作「阿武子」，通鑑二百八神龍二年十二月考異引統紀作「阿母子」，與此同。

郭元振

郭震字元振，魏州貴鄉人，以字顯。十八舉進士，爲通泉尉，任俠使氣，撥去小節，嘗盜鑄及掠賣部中口千餘以餉遺賓客，百姓厭苦。

本書一百十八張廷珪傳。

又遣甘州刺史李漢通闢屯田，盡水陸之利，稻收豐衍，舊涼州粟斛售數千，至是歲數登，至匹縑易數十斛，支廥十年，牛羊被野。治涼五歲，善撫御，夷夏畏慕，令行禁止，道不舉遺。河西諸郡置生祠，揭碑頌德。

參婁師德、陳子昂傳。

玄宗誅太平公主也，睿宗御承天門，諸宰相走伏外省，獨元振總兵扈帝。事定，宿中書者十四昔乃休。俄又兼御史大夫，復爲朔方大總管，以備突厥。未行，會玄宗講武驪山，既三令，帝親鼓之，元振遽奏禮止，帝怒軍容不整，引坐纛下，將斬之。劉幽求、張説扣馬諫曰：「元振有大功，雖得罪，當宥。」乃赦死，流新州。

參本書一百一十六陸象先傳及一百二十一王琚傳。

卷一百二十三　列傳第四十八

李　嶠

然其仕前與王勃、楊盈川接，中與崔融、蘇味道齊名，晚諸人没，而爲文章宿老，一時學者取法焉。

應作楊炯，此稱楊盈川，蓋因襲舊文而疏忽忘改者也。

蕭至忠

舊書九十二。

後依太平，復當國。嘗出主第，遇宋璟，璟戲曰：「非所望於蕭傅。」至忠曰：「善乎宋生之言。」然不能自返也。

通鑑二百十先天元年二月條：璟曰：「非所望於蕭君也。」

卷一百二十四　列傳第四十九

姚崇

姚崇字元之，陝州硤石人。崇始名元崇，以與突厥叱剌同名，武后時以字行，至開元世，避帝號，更以今名。

通鑑二百七長安四年八月：時突厥叱列元崇反，太后命元崇以字行。

贊曰：姚崇以十事要説天子而後輔政，顧不偉哉，而舊史不傳。觀開元初皆已施行，信不誣已。

十事出升平源，見通鑑二百一十開元元年十月考異，温公不信其為真實。

卷一百二十五　列傳第五十

蘇　瓌

歲旱，兵當番上者不能赴。瓌奏：「宿衛不可闕，宜月賜增半糧，俾相給足，則不闕番。」

此府兵制武后時破壞之證。

張　說

張說字道濟，或字說之，其先自范陽徙河南，更爲洛陽人。永昌中，武后策賢良方正，詔吏部尚書李景諶糊名較覆，說所對第一，后署乙等，授太子校書郎，遷左補闕。后嘗問：「諸儒言氏族皆本炎、黄之裔，則上古乃無百姓乎？若爲朕言之。」說曰：「古未有姓，若夷狄然。自炎帝之姜、黄帝之姬，始因所生地而爲之姓。其後天子建德，因生以賜姓，黄帝二十五子，而得姓者十四。德同者姓同，德異者姓殊。其後或以官，或以國，或以王父之字，始爲賜族，久乃爲姓。降唐、虞，抵戰國，姓族漸廣。周衰，列國既滅，其民各以舊國爲之氏，下及兩漢，人皆有姓。故姓之以國者，韓、陳、許、鄭、魯、衛、趙、魏爲多。」

太平廣記氏族類謂說「婚姻專求山東舊門，人皆惡之」云云，足知燕公非高門。自稱范陽郡望，亦所謂「遥遥華胄」之類耳。

〔張說〕素與姚元崇不平，罷爲相州刺史、河北道按察使。

說與崇似出兩種不同社會階級，雖俱為武氏拔擢而不相得，疑其氣類本不相近也。

朔方軍大使王晙誅河曲降虜阿布思也，九姓同羅、拔野固等皆疑懼。說持節從輕騎二十，直詣其部，宿帳下，召見酋豪慰安之。由是九姓遂安。

據本書一百十一王晙傳及通鑑二百十二開元八年條，晙所誅為突厥僕固都督勺磨等，而阿布思則天寶元年來降之西突厥葉護之名也。

> 時慶州方渠降胡康願子反，自爲可汗，掠牧馬，西涉河出塞。說進討，至木槃山禽之，俘獲三千。乃議徙河曲六州殘胡五萬於唐、鄧、仙、豫間，空河南朔方地。以功賜實封三百户。故時，邊鎮兵嬴六十萬，說以時平無所事，請罷二十萬還農。天子以爲疑，說曰：「邊兵雖廣，諸將自衛、營私爾，所以制敵，不在衆也。以陛下之明，四夷畏威，不慮減兵而招寇，臣請以闔門百口爲保。」帝乃可。時衛兵貧弱，番休者亡命略盡，說建請一切募勇彊士，優其科條，簡色役。不旬日，得勝兵十三萬，分補諸衛，以彊京師，後所謂「彍騎」者也。

府兵制之破壞於燕公，亦非偶然之事，蓋宇文泰關中本位集團，實以府兵制為中心，燕公乃武氏擢拔之別一社會階級，宜其與舊日之統治者所依附之制度不能相容也。若李鄴侯，則關中本位集團之子孫，故主復府兵制。此俱有主觀傳統之原因，非僅客觀環境之條件也。

卷一百二十六　列傳第五十一

盧懷慎

盧懷慎，滑州人，蓋范陽著姓。子奐、奕。〔奐〕天寶初，爲南海太守。南海兼水陸都會，物産瓌怪，前守劉巨鱗、彭杲皆以贓敗，故以奐代之。汙吏斂手，中人之市舶者亦不敢干其法，遠俗爲安。

彭杲即建和羅法者。通鑑玄宗天寶四載作「果」，與舊書同，此作「杲」，疑誤寫，俟考。

張九齡

張九齡字子壽，韶州曲江人。會張説謫嶺南，一見厚遇之。居父喪，哀毁，庭中木連理。擢進士，始調校書郎，以道侔伊吕科策高第，爲左拾遺。時張説爲宰相，親重之，與通譜系，常曰：「後出詞人之冠也。」始，説知集賢院，嘗薦九齡可備顧問。

曲江與燕公敍昭穆，蓋俱出寒門而以文采著，其氣類本相近也。（九齡）長安二年進士擢第，先天元年道侔伊吕科及第。

卷一百二十七　列傳第五十二

張弘靖

舊書一百二十九。

始入幽州，老幼夾道觀。河朔舊將與士卒均寒暑，無障蓋安輿，弘靖素貴，肩輿而行，人駭異。俗謂禄山、思明爲「二聖」，弘靖懲始亂，欲變其俗，乃發墓毁棺，衆滋不悦。

舊傳無「二聖」句。

唐書卷一百二十七考證

張嘉貞傳：遂出爲豳州刺史。〇舊書：因出爲幽州刺史。

本書宰相表亦作「豳州」，惟今通行本通鑑二百十二開元十一年二月條則作「幽州」，與舊書同，疑俱譌寫。

卷一百二十九　列傳第五十四

裴子餘

〔子餘〕景龍中，爲左臺監察御史。涇、岐有隋世番户子孫數千家，司農卿趙履温奏籍爲奴婢，充賜口。子餘曰：「官户以恩原爲番户，且今又子孫，可抑爲賤乎？」履温倚宗楚客勢，辯于廷，子餘執對不撓，遂詘其議。

官户。番户。

崔沔

舊書一百八十八孝友傳。

卷一百三十　列傳第五十五

宋慶禮

舊書一百八十五下良吏傳下。

俄兼營州都督，又集商胡立邸肆，不數年倉廥充，居人蕃輯。

營州多商胡。

崔隱甫

崔隱甫，貝州武城人。張説當國，隱甫素惡之，乃與中丞宇文融、李林甫暴其過，不宜處位，説賜罷。始，帝欲相隱甫也，謂曰：「牛仙客可與語，卿常見否？」對曰：「未也。」帝曰：「可見之。」隱甫終不詣。他日又問，對如初。帝乃不用。贊曰：嚴挺之拒宰相不肯見李林甫，崔隱甫違詔不屈牛仙客，信剛者乎！二人坐是皆不得相，彼亦各申其志也。管夷吾以編棧諭之，信曲與直不相函哉！

張說、張九齡、嚴挺之皆武后所提獎，而以文采進者，皆非山東舊門也，故與武黨及武周外戚楊氏有關，對于牛仙客之以吏才進及清河崔氏之山東舊族皆不融洽，理所當爾。凡開元、天寶之政争，李、楊、張、牛之仇視，俱可據此點窺測推演。

卷一百三十一　列傳第五十六　宗室宰相

李石附福

李石字中玉，襄邑恭王神符五世孫。弟福，字能之。大和中，第進士。僖宗初，以檢校尚書左僕射就拜留守，改南山東道節度使。王仙芝寇南山，福團訓鄉兵邀險須之，賊不敢入，轉略岳、鄂，以逼江陵，節度使楊知温求援於福，乃自將州兵，率沙陀壯騎五百赴之。賊已殘江陵郛而聞福至，乃走。

沙陀。

贊曰：周之卿士，周、召、毛、原，皆同姓國也。唐宰相以宗室進者九人。林甫姦諛，幾亡天下。李程知柔，在位無所發明。其餘以材稱職，號賢宰相。秦、隋棄親侮賢，皆二世而滅。周、唐任人不疑，得親親用賢之道，饗國長久。嗚呼盛歟！

此九人中，林甫、適之、勉，時代較先，其餘（包括福在内）均以進士出身者。本書七十上宗室世系表序云：「至其世遠親盡，則各隨其人賢愚，遂與異姓之臣雜而仕宦。」唐自中葉後，宰相幾盡以進士之高選者為之，故宗室之為宰相，乃進士詞科政治勢力之故也。

唐書卷一百三十一考證

李勉傳：明年至者乃四千餘柁。○臣德潛按：舊書：末年至者四十餘。夷舶至者四十餘，未見不暴征之效也。新書爲允。

四千恐亦太多。新書「千」字疑是「十」字譌寫。

卷一百三十二　列傳第五十七

韋　述

先是，詔脩六典，徐堅構意歲餘，歎曰：「吾更脩七書，而六典歷年未有所適。」及蕭嵩引述撰定，述始摹周六官，領其屬事，歸於職規，制遂定。

此六典之性質。

蔣乂

會詔問神策軍建置本末，中書討求不獲，時集賢學士甚衆，悉亡以對。乃訪乂，乂條據甚詳。宰相高郢、鄭珣瑜歎曰：「集賢有人哉！」明日，詔兼判集賢院事。父子爲學士，儒者榮之。

神策軍建置本末。

卷一百三十三　列傳第五十八

張守珪

張守珪，陝州河北人。……以平樂府別將從郭虔瓘守北庭。開元初，虜復攻北庭，守珪從儳道奏事京師，因上書言利害，請引兵出蒲昌、輪臺夾擊賊。再遷幽州良杜府果毅。

開元初幽州府兵。

牛仙客

牛仙客，涇州鶉觚人。初爲縣小史，令傅文静器之，會爲隴右營田使，引與計事，積功遷洮州司馬。

此仙客習于和糴事之記録也。

卷一百三十四　列傳第五十九

韋堅

豫章力士甆飲器、茗鐺、釜。

舊書一百五堅傳作「豫章郡船，即名瓷、酒器、茶釜、茶鐺、茶椀」。

王鉷

子準，爲衛尉少卿，以鬬鷄供奉禁中。

參李白詩及陳鴻祖東城老父傳。

卷一百三十五　列傳第六十

哥舒翰

乾祐爲陣，十十五五，或却或進，而陌刀五千列陣後。

陌刀。

高仙芝

城下據娑勒川。

本書一百三十八李嗣業傳作「娑勒」，是。「娑」「婆」字形近而譌。

九載，討石國，其王車鼻施約降，仙芝爲俘獻闕下，斬之，由是西域不服。其王子走大食乞兵，攻仙芝於怛邏斯城，以直其寃。

大食、吐蕃與中國三民族中亞之競爭。

〔邊〕令誠已斬〔封〕常清，陳尸於蘧蒢。仙芝自外至，令誠以陌刀百人自從，曰：「大夫亦有命。」

陌刀，參本書一百三十八李嗣業傳。

封常清

祿山度河，陷滎陽，入罌子谷，先驅至葵園。常清使驍騎拒之，殺拓羯數十百人。

拓羯。

卷一百三十六　列傳第六十一

李光弼

舊書一百十。

營州柳城人。父楷洛，本契丹酋長，武后時入朝。上元元年，加太尉中書令，進圍懷州。光弼壁野水度，既夕還軍，留牙將雍希顥守。

雍希顥見本書一百四十一李澄傳。

白元光

白元光字元光，其先突厥人。

突厥人姓白罕見。

贊曰：李光弼生戎虜之緒，沈鷙有守。遭祿山變，拔任兵柄，其策敵制勝不世出，賞信罰明，士卒爭奮，毅然有古良將風。本夫終父喪，不入妻室，位王公，事繼母至孝，好讀班固漢書，異夫庸人武夫者。及困於口舌，不能以忠自明，奄侍內構，遂陷嫌隙，謀就全安，而身益危，所謂工於料人而拙於謀己邪！方攘袂徇國，天下風靡；一爲遷延，而田神功等皆不受約束，卒以憂死。功臣去就，可不慎邪？嗚呼，光弼雖有不釋位之誅，然讒人爲害，亦可畏矣，將時之不幸歟！

此贊中述光弼傳所不載逸事，仿史記項羽本紀太史公曰「項羽亦重瞳子」之例也。

卷一百三十七　列傳第六十二

郭子儀

回紇赤心請市馬萬匹，有司以財乏，止市千匹。子儀曰：「回紇有大功，宜答其意，中原須馬，臣請内一歲奉，佐馬直。」詔不聽，人許其忠。

馬值。

卷一百三十八　列傳第六十三

李嗣業

後應募安西，軍中初用陌刀，而嗣業尤善，每戰必爲先鋒，所嚮摧北。馬靈詧爲節度，出戰必與俱。高仙芝討勃律，署嗣業及中郎將田珍爲左右陌刀將。

參本書一百三十五高仙芝傳。

時吐蕃兵十萬屯娑勒城，據山瀕水，聯木作郛以拒王師。

娑勒，高仙芝傳作「婆勒」，非。

卷一百三十九　列傳第六十四

房琯

琯雅自負，以天下爲己任，然用兵本非所長。其佐李揖、劉秩等皆儒生，未嘗更軍旅，琯每詫曰：「彼曳落河雖多，能當我劉秩乎？」

今通典中兵典所載皆兵法而非兵制，或亦杜君卿襲自秩之政典也。

房啓

〔房〕琯孫啓，以蔭補鳳翔參軍事，累調萬年令。素贅附王叔文。貞元末，叔文用事，除容管經略使，陰許以荆南帥節。啓至荆湖，宿留不肯進，會叔文與韋執誼内忿争，不果拜。俄而皇太子監國，啓惶駭就鎮。凡九年，改桂管觀察使。州邸以賂請有司飛驛送詔，既而憲宗自遣宦人持詔賜啓，啓畏使者邀重餉，即曰：「先五日已得詔。」使者紿請視，因馳歸以聞，貶太僕少卿。啓自陳獻使者南口十五，帝怒，殺宦人，貶啓虔州長史，死。始詔五管、福建、黔中道不得以口饋遺、博易，罷臘口等使。

參本書二百七高力士吐突承璀傳，柳子厚河東集十七童區寄傳，白香山道州民樂府，劉夢得文集十傷秦姝行并引。又本書二百二十新羅傳：張保皋歸新羅，謁其王曰：「遍中國以新羅人為奴婢，願得鎮清海，使賊不得掠人西去。」清海，海路之要也。王與保皋萬人守之。自大和後，海上無鬻新羅人者。（出杜牧樊川文集）

李泌

舊書一百三十。

〔帝〕因從容問破賊期，對曰：「賊掠金帛子女，悉送范陽，有苟得心，渠能定中國邪？華人爲之用者，獨周摯、高尚等數人，餘皆脅制偷合，至天下大計，非所知也。不出二年，無寇矣。」

河北本為胡化地域，安、史所以能以之為根據。故安、史之亂乃外患而兼內亂，非單純之內亂，亦略似西晉劉、李之亂也。

是時，州刺史月奉至千緡，方鎮所取無藝，而京官祿寡薄，自方鎮入八座，至謂罷權。泌以爲外太重，內太輕，乃請隨官閑劇，普增其奉，時以爲宜。而竇參多沮亂其事，不能悉如所請。太子妃蕭母郜國公主也，坐蠱媚，幽禁中。帝怒，責太子，太子不知所對。泌入，帝數稱舒王賢，泌揣帝有廢立意。因稱：「昔太宗詔：『太子不道，藩王窺伺者，兩廢之。』陛下疑東宮而稱舒王賢，得無窺伺乎？」執爭數十，意益堅，帝寤，太子乃得安。

通鑑二百三十二貞元三年六月條及二百三十三貞元三年八月條甚詳，蓋採鄴侯家傳，較此傳猶多也。

卷一百四十　列傳第六十五

唐書卷一百四十考證

吕諲傳：後泰芝終以贓徙死，承鼎追原其誣。○臣德潛按：此是承鼎之昭雪在泰芝死後也，而舊書則云「承鼎竟得雪，後泰芝竟以贓敗流死」，似雪罪以後泰芝始流死者然。據本書一百四十五嚴郢傳，承鼎昭雪在泰芝死後，舊書意亦與新書同，特語不明耳。

卷一百四十一　列傳第六十六

唐書卷一百四十一考證

崔光遠傳：光遠乃募官攝府縣，誰何宫闕，斬十餘人，乃定。○臣德潛按：「誰何宫闕」四字未明，舊書云「募人攝府縣官分守之，殺數十人方定」，較明白。

賈誼過秦論「陳利兵而誰何」。其他用者甚多。何謂未明?確士殆不得其解也。

李澄傳:使偏將雍希顥攻鄭。○舊書作雍顥。

本書一百三十五李光弼傳之雍希顥即此人。

卷一百四十二　列傳第六十七

崔祐甫

舊書一百十九。

卷一百四十三　列傳第六十八

郗士美

〔士美〕改河南尹,檢校工部尚書,充昭義節度使。昭義自李抱真以來皆武臣,私廚月費米六千石、羊千首、酒數十斛,潞人困甚。士美至,悉去之,出稟錢市物自給。又盧從史時,日具三百人膳以餉牙兵，士美曰：「卒衛於牙，固職也，安得廣費爲私恩？」亦罷之。

牙兵饌。參本書一百五十八韓充傳。

卷一百四十五　列傳第七十

楊　炎

舊書一百十八。

楊炎字公南，鳳翔天興人。炎美須眉，峻風宇，文藻雄蔚，然豪爽尚氣。德宗在東宮，雅知其名，又嘗得炎所爲李楷洛碑，置于壁，日諷玩之。及即位，崔祐甫薦炎可器任，即拜門下侍郎、同中書門下平章事。

楊公南確為中唐第一才相。

〔楊炎〕素德元載，思有以報之，於是復議城原州。涇州平，而原卒不能城。

復城原州而不就。

會盧杞以門下侍郎同中書門下平章事，進炎中書侍郎，同秉政。

此時中書省高於門下省。

嚴　郢

嚴郢字叔敖，華州華陰人。郢及進士第，至德初擢大理司直。吕諲鎮江陵，表爲判官。方士申泰芝以術得幸肅宗，遨遊湖、衡間，以妖幻詭衆，姦贓鉅萬，潭州刺史龐承鼎按治。帝不信，詔還泰芝，下承鼎江陵獄。郢具言泰芝左道，帝遣中人與諲雜訊有狀，帝不爲然。御史中丞敬羽白貸泰芝，郢方入朝，亟辨之。帝怒，叱郢去。郢復曰：「承鼎劾泰芝詭沓有實，泰芝言承鼎驗左不存。今緩有罪，急無罪，臣死不敢如詔。」帝卒殺承鼎，流郢建州。泰芝後坐妖妄不道誅。代宗初，追還承鼎官，召郢爲監察御史，連署帥府司馬。

本書一百四十吕諲傳。

卷一百四十六　列傳第七十一

李栖筠

是時，楊綰以進士不鄉舉，但試辭賦浮文，非取士之實，請置五經、秀才科。詔羣臣議，栖筠與賈至、李廙以綰所言爲是。

其孫德裕之惡進士科亦與祖同，蓋山東舊門之好尚也。

李鄘

（李鄘）子拭。拭子磎。磎子沇，字東濟。

宰相世系表作「涚」，誤刊。

唐書卷一百四十六考證

李鄘傳：李鄘子拭，仕歷宗正卿、京兆尹、河東鳳翔節度使，以秘書監卒。○臣德潛按：舊書又有子柱，官至浙東觀察使，此新書所無，而舊書亦無子拭。本書七十二宰相世系表江夏李氏房有拭無柱。

卷一百四十七　列傳第七十二

馮河清

拜〔姚〕況太子中舍人，跡性簡退，未嘗言功，屬歲凶，奉稍不自給，以飢死。太子中舍人以飢死。

卷一百四十八　列傳第七十三

令狐彰

舊書一百二十四。

張孝忠

舊書一百四十一。

張孝忠，本奚種，世爲乙失活酋長。子茂昭、茂宗、茂和。茂昭封延德郡王。順宗立，進同中書門下平章事，復遣之鎮。憲宗元和二年，請朝，五奏乃聽。願留，不許，加兼太子太保。乃請舉宗還朝，表數上，帝乃許。北鎮遣客間説，皆不納。詔左庶子任迪簡爲行軍司馬，乘馹往代。茂昭奉兩州符節，管鑰、圖籍歸之。先敕妻子上道，戒曰："吾使而曹出易，庶後世不爲汙俗所染。"未半道，迎拜兼中書令，充河中、晉、絳、慈、隰節度使。至京師，雙日開延英，對五刻罷。又表還墳墓于京兆，許之。

河北風俗與長安政府所轄地大異，蓋民族文化不同之故。

裴夷直

夷直字禮卿，亦婞亮，第進士，歷右拾遺，累進中書舍人。武宗立，夷直視册牒，不肯署，乃出爲杭州刺史，斥驩州司户參軍。宣宗初内徙，復拜江、華等州刺史。終散騎常侍。

武宗以皇太弟繼統固不甚順，而宣宗以皇太叔嗣其姪更為不倫矣。

康承訓

咸通中，南詔復盜邊。武寧兵七百戍桂州，六歲不得代，列校許佶、趙可立因衆怒殺都將，詣監軍使丐糧鎧北還，不許，即擅斧庫，劫戰械，推糧料判官龐勛爲長，勒衆上道。

龐勛事參考此傳及崔彦曾傳。

劉澭

憲宗立，方士羅令則詣澭營，妄言廢立以動澭，命縶之，辭曰：「吾之黨甚衆，公無囚我，約大行梓宫發兵，無不濟。」澭械送闕下，殺之。

此永貞内禪必有之風謡也。

田弘正

舊書一百四十一。

卷一百四十九　列傳第七十四

劉　晏

初，州縣取富人督漕輓，謂之「船頭」，主郵遞，謂之「捉驛」，稅外橫取，謂之「白著」。

白著。

盧　徵

會同州刺史缺，〔竇〕參請用尚書左丞趙憬，德宗惡參，欲間其腹心，更用徵爲之。

參下卷趙憬傳。

卷一百五十　列傳第七十五

常　衮

始，回紇有戰功者，得留京師，虜性易驕，後乃創邸第、佛祠，或伏甲其間，數出中渭橋，與軍人格鬭，奪含光門魚契走城外。

摩尼教廟，非佛祠也。

趙憬

貞元中，咸安公主降回紇，詔關播爲使，而憬以御史中丞副之。異時使者多私齎，以市馬規利入，獨憬不然。使未還，尚書左丞缺，帝曰：「趙憬堪此。」遂以命之。竇參當國，欲抑爲刺史，帝不許。參罷，進中書侍郎、同中書門下平章事，與陸贄同輔政。贄於裁決少所讓，又徙憬門下侍郎。

參上卷盧徵傳。

中書侍郎與門下侍郎此時之高下如此。

盧邁

舊書一百三十六。

卷一百五十一　列傳第七十六

劉全諒附客奴

劉正清事。

趙宗儒

穆宗立，〔宗儒〕俄檢校右僕射，守太常卿。太常有五方師子樂，非大朝會不作。

五方師子。

卷一百五十二　列傳第七十七

姜公輔

姜公輔，愛州日南人。第進士，補校書郎，以制策異等授右拾遺，爲翰林學士。歲滿當遷，上書以母老賴祿而養，求兼京兆户曹參軍事。

本書七十三下宰相世系表亦不詳著九真姜氏之由來。

武元衡

武元衡字伯蒼。舉進士。德宗欽其才，召拜比部員外郎。歲内三遷，至右司郎中，以詳整任職，擢爲御史中丞。順宗立，王叔文使人誘以爲黨，拒不納。俄爲山陵儀仗使，監察御史劉禹錫求爲判官，元衡不與，叔文滋不悦。

此夢得之所以不滿于伯蒼也。

李絳

絳言：「江淮流亡，所貸未廣，而宫人猥積，有怨曠之思，當大出之，以省經費。嶺南之俗，鬻子爲業，可聽；非劵劑取直者，如掠賣法，敕有司一切苛止。」

參河東集十七柳宗元童區寄傳。

帝患朋黨，以問絳，答曰：「自古人君最惡者朋黨，小人揣知，故常藉口以激怒上心。朋黨者，尋之則無跡，言之則可疑。小人常以利動，不顧忠義；君子者，遇主知則進，疑則退，安其位不爲它計，故常爲奸人所乘。夫聖人同跡，賢者求類，是同道也，非黨也。陛下奉遵堯、舜、禹、湯之德，豈謂上與數千年君爲黨耶？道德同耳。漢時名節骨鯁士，同心愛國，而宦官小人疾之，起黨錮之獄，訖亡天下。趨利之人，常爲朋比，同其私也；守正之人，常遭構毁，違其私也。小人多，譖言常勝；正人少，直道常不勝。可不戒哉！」

通鑑二百八唐紀中宗神龍元年五月考異云：統紀曰：「太后善自粉飾，雖子孫在側，不覺其衰老。及在上陽宫，不復櫛頮，形容羸悴。上入見，大驚。太后泣曰：『我自房陵迎汝來，固以天下授汝矣，而五賊貪功，驚我至此。』上悲泣不自勝，伏地拜謝死罪。由是三思等得入其謀。」按中宗頑鄙不仁，太后雖毁容涕泣，未必能感動移其意。其所以疏忌五王，自用韋后、三思之言耳。今不取。

教坊使稱密詔閲良家子及别宅婦人内禁中，京師囂然。絳以吉甫畏不敢諫，遂獨上疏。別宅婦人，亦見張九江集。

大中初，詔史官差第元和將相，圖形凌煙閣，絳在焉，獨留中。絳所論事萬餘言，其甥夏侯孜以授蔣偕，次爲七篇。

此傳多採李相國論事集，故事增於舊。

卷一百五十六　列傳第八十一

楊朝晟

舊書有二傳，一在一百二十二，一在一百四十四。

杜希全

尋兼夏綏銀節度都統，建言：「鹽州據要會，爲塞保鄣，自平涼背盟，城陷于虜，於是靈武勢縣，鄜坊單逼，爲邊深患，請復城鹽州。」乃詔希全及朔方、邠寧、銀夏、鄜坊、振武及神策行營諸節度合選士三萬五千屯鹽州，又敕涇原、劍南、山南軍深入吐蕃，牽橈其力，使不得犯塞。執築凡六千人，閱二旬畢。由是虜憚，不輕入。

參白氏新樂府城鹽州。

卷一百五十七　列傳第八十二

陸贄

及贄秉政，始請臺閣長官得自薦其屬，有不職，坐舉者。帝初許之，或言諸司所引皆親黨，招賂遺，無實才，帝復詔宰相自擇。贄奏言：「往武后收人心，務拔擢，非徒人得薦士，亦許自舉其才，豈不易哉？然而課責嚴，進退速，故當世稱知人之明，累朝賴多士之用。陛下賞鑒獨任，難於公舉，有登延之路，無練覈之方。武后以易得人，陛下以精失士。今擇宰相以重於庶品，選長官以愈於下流，及宰相獻言，長吏薦士，則又納横議，廢始謀，是任以重者輕其言，待以輕者重其事也。」

坊本陸宣公奏議讀本至删節關於武后語，可笑也。

又以西北邊歲調河南、江淮兵，謂之「防秋」。士不素練，戰數敗，將統制不一，亡以應敵，乃上陳其弊曰：「又有以邊軍詭爲奏請遥隸神策者，稟賜之饒，有三倍之益，此士類所以忿恨，經費所以徧置。」

參本書一百四十五李晟傳。

卷一百五十八　列傳第八十三

韋　皋

乃遣幕府崔佐時由石門趣雲南，而南詔復通。石門者，隋史萬歲南征道也，天寶中，鮮于仲通下兵南溪，道遂閉。至是鑿徑北谷，近吐蕃，故皋治復之。繇黎州出邛部，直雲南，置青溪關，號曰「南道」。

本書四十二地理志戎州及巂州條注。

吐蕃釋靈、朔兵，使論莽熱以内大相兼東境五節度大使，率雜虜十萬來救。

雜虜殆包括黑衣大食等。

張建封

是時，宦者主宫市，置數十百人閲物廛左，謂之「白望」。無詔文驗覈，但稱宫市，則莫敢誰何，大率與直十不償一。

白望。

韓充

自弘去汴，監軍選軍中敢士二千直閣下，日秩酒肴，物力幾屈，然不敢廢。充未入時，李質總軍事，乃曰：「韓公至而頓去二千人食，豈不失人心乎？不去，且無以繼，可以弊事遺吾帥乎！」因悉罷之，而後迎充。

參本書一百四十三郗士美傳。

卷一百五十九　列傳第八十四

蕭昕

大曆中，持節弔回紇。回紇恃功，廷讓昕曰：「乃中國亂，非我無以平，奈何市馬不時歸我直？」衆失色。昕徐曰：「非天子卹舊功，則隻馬不得出塞下，孰爲失信者？」回紇大慚，因厚禮昕，遣使者約和。

回紇馬直。

吳　湊

京師苦宫市彊估取物，而有司附媚中官，率阿從，無敢争。湊見便殿，因言：「中人所市，不便宵民，徒紛紛流議。宫中所須，責臣可辦。若不欲外吏與聞禁中事宜，料中官高年謹信者爲宫市令，平賈和售，以息衆讙。」

宫市。參張建封傳。

盧　坦

舊制，官階勳三品始聽立戟，後雖轉四品官，非貶削者，戟不奪。

官階勳俱三品始聽立戟。

卷一百六十　列傳第八十五

孟簡

户部有二員，判使案者居别一署，謂之左户。元和後選委華重，宰相多由此進。

元和後宰相多由左户進。

崔元略

元略弟元受、元式、元儒，皆舉進士第。

此所以為牛黨。

卷一百六十一　列傳第八十六

張薦

張薦字孝舉，深州陸澤人。祖鷟，字文成，早惠絶倫。鷟屬文下筆輒成，浮豔少理致，其論著率詆誚蕪猥，然大行一時，晚進莫不傳記。武后時，中人馬仙童陷默啜，問：「文成在否？」答曰：「近自御史貶官。」曰：「國有此人不用，無能爲也。」新羅、日本使至，必出金寶購其文。

遊仙窟所以迄今猶存於日本，元和體詩之所以盛行海外者，亦此故也。

舊書一百三十七。

趙　涓

徐　岱

帝以誕日，歲歲詔佛老者大論麟德殿，并召岱及趙需、許孟容、韋渠牟講説。始三家若矛楯然，卒而同歸於善。帝大悦，賚予有差。

三教合一。

卷一百六十二　列傳第八十七

許孟容附季同

弟季同。時京兆尹元義方出爲鄜坊觀察使，奏劾宰相李絳與季同舉進士爲同年，才數月輒徙。帝以問絳，絳曰：「進士、明經，歲大抵百人，吏部得官至千人，私謂爲同年，本非親與舊也。今季同以兄嫌徙少尹，豈臣所助邪？且忠臣事君，不以私害公，設有才，雖親舊當白用，避嫌不用，乃臣下身謀，非天子用人意。」帝然之。

此出李相國論事集。

薛存誠

浮屠鑒虚者，自貞元中關通賂遺，倚宦豎爲姦，會坐于頔、杜黄裳家事，逮捕下獄。存誠窮劾之，得贓數十萬，當以大辟。權近更保救於帝，有詔釋之，存誠不聽。明日，詔使詣臺諭曰：「朕須此囚面詰，非赦也。」存誠奏曰：「獄已具，陛下必欲召赦之，請先殺臣乃可。不然，臣不敢奉詔。」鑒虚卒抵死。

鑒虚。

卷一百六十三　列傳第八十八

孔巢父附戣

舊書一百五十四。

孔巢父從子戣、戡、戢。戣字君嚴，擢進士第。條上四事：一、多冗官，二、吏不奉法，三、百姓田不盡墾，四、山澤榷酤爲州縣弊。憲宗異其言。中人劉希光受賕二十萬緡，抵死，吐突承璀坐厚善，逐爲淮南監軍。

吐突承璀以此被逐。

先是，屬刺史俸率三萬，又不時給，皆取部中自衣食。戣乃倍其俸，約不得爲貪暴，稍以法繩之。南方鬻口爲貨，掠人爲奴婢，戣峻爲之禁。親吏得嬰兒於道，收育之，戣論以死。由是閭里相約不敢犯。

參本書一百三十九房啓傳等。

穆寧

舊書一百五十五。

崔邠

舊書一百五十五。

崔氏四世緦麻同爨，兄弟六人至三品，邠、郾、鄲凡爲禮部五，吏部再，唐興無有也。居光德里，構便齋，宣宗聞而歎曰：「鄲一門孝友，可爲士族法。」因題曰「德星堂」。後京兆民即其里爲「德星社」云。

崔氏父子兄弟雖俱以進士科起家，然猶守山東舊門禮法，故李德裕敬重之也。李紳雖進士出身，然其祖敬玄與趙郡合族，且聯姻山東舊門，故亦為李黨。

柳公綽

舊書一百六十五。

卒，年六十八。贈太子太保，謚曰元。

舊傳作「成」，因話録作「元」。

柳仲郢

〔公綽〕子仲郢。會廢浮屠法，盡壞銅象爲錢。仲郢爲鑄錢使，吏請以字識錢者，不答。既，淮南鑄會昌字，久之，僧反取爲鍾鈸云。

會昌錢。

知吏部銓。德裕頗抑進士科，仲郢無所徇。是時，以進士選，無受官惡者。宣宗初，德裕罷政事，坐所厚善，出爲鄭州刺史。

李惡進士科乃山東舊門之風習也。

柳公權

公權字誠懸，公綽弟也。年十二，工辭賦。元和初擢進士第。其書法結體勁媚，自成一家。嘗書京兆西明寺金剛經，有鍾、王、歐、虞、褚、陸諸家法，自爲得意。

敦煌有拓本。

柳子華

子華，公綽諸父也。代宗將幸華清宮，先命完葺，欲以子華爲京兆少尹，尹惡其剛方，沮解之，遂爲昭應令，檢校金部郎中、脩宮使。設棘圍於市，徇邑中曰：「民有得華清瓦石材用，投圍中，踰三日不還者死。」不終日，已山積矣，營辦略足。

圓明園如何?!

贊曰：穆、崔、柳代爲孝友聞家，君子之澤遠哉！

六朝士族，初皆以孝友禮法為重，非必官爵高顯也。此卷穆、崔、柳諸傳，即其一例。但此諸族實亦染習武后後新興士族之風，非若鄭覃、李德裕之保守舊習者也。至楊氏之稱震後，或為僞託，其家世所出，疑與唐代後起之進士詞科階級同流也。

卷一百六十四　列傳第八十九

衛次公

舊書一百五十九。

時皇太子久疾，禁中或傳更議所立，衆失色。

唐代太子非必得立者也。

時方討蔡，數建請罷兵，帝將相之，制稾具而蔡捷書至，乃追止。

參元氏長慶集。

殷侑

初，鹽鐵度支使屬官悉得以罪人繫在所獄，或私置牢院，而州縣不聞知，歲千百數，不時決。侑奏許州縣糾列所繫，申本道觀察使，並具獄上聞。許之。

鹽鐵度支使得置獄繫罪人。

王彦威

因上占額圖，又言：「至德迄元和，天下觀察者十，節度者二十有九，防禦者四，經略者三，大都邑皆有兵，最凡八十餘萬。長慶籍户三百五十萬，而兵乃九十九萬，率三户資一兵。今舉天下之入，歲三千五百萬，上供者三之一，又三之二則衣賜仰給焉。自留州留使外餘四十萬衆皆仰度支。」又爲供軍圖，上之。

舊書十七下文宗紀開成二年。

俄檢校禮部尚書，爲忠武節度使，毁山房三千餘所，盗無所容。

山棚本胡族。見呂元膺傳、張説傳。

卷一百六十五　列傳第九十

鄭從讜

黄頭軍以糧少劫其貲，從讜間走絳州，方道梗不通。

「黄頭軍」本書一百六十七王式傳，一百七十一李光顏傳。舊書一百五十八從讜傳無「黄頭軍」語。

鄭珣瑜

大曆中，以諷諫主文科高第，授大理評事。

李栖筠與鄭珣瑜皆以仕進無他歧，不能不以進士詞科進也。

鄭裔綽

〔鄭覃〕子裔綽，峭立有父風，以門廕進，爲李德裕所知。楊漢公爲荊南節度使，坐貪沓，貶祕書監，尋拜同州刺史，裔綽與鄭公輿封還制書。帝自即位，諫臣規正無不納。至是，有爲漢公地者，遂終不易。會賜宴禁中，天子擊毬，至門下官，謂二人曰：「近論漢公事，類朋黨者。」裔綽曰：「同州，太宗興王地，陛下爲人子孫，當慎所付。且漢公墨没敗官，奈何以重地私之？」帝變色。翌日，貶商州刺史。

漢公，牛黨，自為裔綽所惡也。

鄭朗

覃弟朗，字有融。始，朗舉進士，有相者言：「君當貴，然不可以科第進。」俄而有司擢朗第一，既又覆實被放，相者賀曰：「安之。」已而果相。

此説疑是反對者所造。

權德輿

又言：「大曆中，一縑直錢四千，今止八百，税入如舊，則出於民者五倍其初。」

翰苑集。

參陸贄傳、裴垍傳等。

〔帝〕嘗問政之寬猛孰先，〔德輿〕對曰：「唐家承隋苛虐，以仁厚爲先。太宗皇帝見明堂圖，始禁鞭背，列聖所循，皆尚德教。故天寶大盜竊發，俄而夷滅，蓋本朝之化，感人心之深也。」帝曰：「誠如公言。」

白居易新樂府：「以心感人人心歸。」

卷一百六十六　列傳第九十一

賈　耽

舊書一百三十八。

杜　佑

舊書一百四十七。

杜佑字君卿，京兆萬年人。父希望。信安郡王禕表署靈州別駕，關内道支度判官。自代州都督召還京師，對邊事，玄宗才之。屬吐蕃攻勃律，勃律乞歸，右相李林甫方領隴西節度，故拜希望鄯州都督，知留後。擢鴻臚卿。

希望以邊將進，本非世家望族，猶牛僧孺之引牛弘爲其先之類，故佑孫牧所以爲牛黨歟？

本書七十二上宰相世系表杜氏。

建中初，河朔兵拏戰，民困，賦無所出。佑以爲救敝莫若省用，省用則省官，乃上議曰：「漢光武建武中廢縣四百，吏率十署一；魏太和時分遣使者省吏員，正始時并郡縣；晉太元省官七百；隋開皇廢郡五百；貞觀初省内官六百員。自漢至唐，因征戰艱難以省吏員，誠救弊之切也。」

此取之通典。

「議者以天下尚有跋扈不廷，一省官吏，被罷者皆往托焉。」

長慶中，朱克融亂幽州，然則議者之説亦未可非也。

「今田悦輩繁刑暴賦，惟軍是卹，遇士人如奴。」

唐皇室與河朔異者在此。

杜牧

牧追咎長慶以來朝廷措置亡術，復失山東，鉅封劇鎮，所以繫天下輕重，不得承襲輕授，皆國家大事，嫌不當位而言，實有罪，故作罪言。其辭曰：「山東叛且三五世，後生所見言語舉止，無非叛也，以爲事理正當如此，沈酣入骨髓，無以爲非者，至有圍急食盡，啖屍以戰。以此爲俗，豈可與決一勝一負哉？」

山東習俗胡化久矣，非叛之故也。牧之此言，倒果為因。

令狐楚

舊書一百七十二。

元和十二年，〔裴〕度以宰相領彰義節度使，楚草制，其辭有所不合，度得其情。時宰相李逢吉與楚善，皆不助度，故帝罷逢吉，停楚學士，但爲中書舍人。

據本書一百七十三裴度傳，則制辭有「激賊怒弘」之嫌。

卷一百六十七　列傳第九十二

裴延齡

時大旱，人情愁惴。延齡言：贄等失權怨望，顯言歲饑民流、度支糧芻乏，以激怒衆士。它日，帝畋苑中，而神策軍訴度支不賦廄芻者，天子惑延齡言，乃下詔斥逐贄等，朝廷震恐。

崔　損

德宗蓋懲涇原師變之前事也。

舊書一百三十六。

李齊運

晚以妾爲妻，具冕服行禮，士人嗤之。

參杜佑等傳。

王　起

方蝗旱，粟價騰踊，起下令家得儲三十斛，斥其餘以市，否者死。神策士怙勢不從，置於法。

由是廥積咸出，民賴以生。

防禁屯積食糧之令。

王式

忠武戍卒服短後褐，以黄冒首，南方號「黄頭軍」，天下鋭卒也。初，交阯數有變，懼式威，不自安，譁曰：「黄頭軍將度海襲我矣！」相率夜圍城，合譟：「請都護北歸，我當抗黄頭軍。」

參本書一百六十五鄭從讜傳、一百七十一李光顔傳。黄頭軍，疑本胡族。

咸通三年，徐州銀刀軍亂，以式檢校工部尚書，徙武寧節度使，詔許、滑兵自隨。視事三日，悉以計誅亂兵。

銀刀軍。

卷一百六十八　列傳第九十三

王叔文

舊書一百三十五。

卷一百六十九　列傳第九十四

韋澳

一日，〔宣宗〕召入，屏左右問曰：「朕於敕使何如？」澳陳帝威制前世無比。帝搖首曰：「未也。策安出？」澳倉卒答曰：「若謀之外廷，則大和事可用追鑒，不若就擇可任者與計事。」帝曰：「朕固行之矣。自黄至緑，自緑至緋，猶可，衣紫即合爲一矣。」澳愧汗不能對，乃罷。

唐語林二政事下。

卷一百七十　列傳第九十五

王鍔

舊書一百五十一。

先是，天寶末，西域朝貢酋長及安西、北庭校吏歲集京師者數千人，隴右既陷，不得歸，皆仰稟鴻臚禮賓，月四萬緡，凡四十年，名田養子孫如編民。至是，鍔悉藉名王以下無慮四千人，畜馬二千，奏皆停給。宰相李泌盡以隸左右神策軍，以酋長署牙將，歲省五十萬緡。

此事鄴侯家傳當詳載，通鑑即取之家傳。

〔鍔〕性纖嗇，有所程作，雖碎瑣無所遺。官曹簾壞，吏將易之，鍔取壞者付船坊以緘箬。每燕饗，輒録其餘賣之以收利。故鍔家錢徧天下。

陶侃以出身貧窶，故能儉嗇，王鍔當亦如此。

王茂元

討劉稹也，李德裕以茂元兵寡，詔王宰領陳許合義成兵援之，以河陰所貯兵械、內庫甲弓矢陌刀賜之。

唐六典金庫令。陌刀，見李嗣業傳。

卷一百七十一　列傳第九十六

李光顔

許師勁悍，常爲諸軍鋒，故素立勳。王仙芝、黄巢反，諸道告急，多請以助守。大校曹師罕以千五百人隸招討使宋威，張貫以四千人隸副使曾元裕。僖宗倚許軍以屏蔽東都，有請以爲援，率不報。大將張自勉討雲南、党項，龐勛亂，解圍壽州，戰淮口，以功累擢右威衛上將軍。至是表請討賊，詔乘傳赴軍，解宋州圍。威忌自勉成功，請以隸麾下，且欲殺之。宰相得其謀，不聽，以自勉代元裕。

參本書一百六十七王式傳。

石　雄

石雄，徐州人，系寒，不知其先所來。少爲牙校，敢毅善戰，氣蓋軍中。

石氏大約出自石國，殆柘羯也。徐州銀刀軍或與此族有關，俟考。

初，雄討稹，水次見白鷺，謂衆曰：「使吾射中其目，當成功。」一發如言。帝聞，下詔褒美。宣宗立，徙鎮鳳翔。雄素爲李德裕識拔。王宰者，智興子，於雄故有隙。潞之役，雄功最多，宰惡之，數欲沮陷。會德裕罷宰相，因代歸。白敏中猥曰：「黑山、天井功，所酬已厭。」拜神武統軍。失勢，怏怏卒。

見香山詩集。

贊曰：世皆謂李愬提孤旅入蔡縛賊爲奇功，殊未知光顔於平蔡爲多也。是時，賊戰日窘，盡取鋭卒抗光顔，憑空堞以居，故愬能乘一切勢，出賊不意。然則無光顔之勝，愬烏能奮哉？

此論甚確。然則淮蔡之平，實胡兵之力也。

卷一百七十二　列傳第九十七

王智興

王智興字匡諫，懷州温人。少驍鋭，爲徐州牙兵，事刺史李洧。册拜太傅，封鴈門郡王，進兼侍中。改忠武、河中、宣武三節度。

參前卷石雄傳。智興少為徐州牙將，又本書七十五下宰相世系表謂其家平州，從侯希逸南遷，則疑是胡族。合石雄傳觀之，徐州牙軍問題大可研究。

王宰

德裕以宰乘破竹勢不遂取澤州，以其子晏實守磁，爲顧望計，帝有詔切責。晏實幼機警，智興自養之，故名與諸父齒。

胡族武人父子之倫本不甚注意，此蓋漢化，非胡族所習也。

杜中立

〔杜兼〕子中立，字無爲，以門蔭歷太子通事舍人。開成初，文宗欲以真源、臨真二公主降士族，謂宰相曰：「民間脩昏姻，不計官品而上閥閱。我家二百年天子，顧不及崔、盧耶？」詔宗正卿取世家子以聞。中立及校書郎衛洙得召見禁中，拜著作郎。月中，遷光禄少卿、駙馬都尉，尚真源長公主。京師惡少優戲道中，具騶唱珂衛，自謂「盧言京兆」，驅放自如。中立部從吏捕繫，立箠死。

參鄭覃傳。

卷一百七十三　列傳第九十八

裴度

又制詔有異辭，欲激賊怒（韓）弘者，意弘怏怏，則度無與共功。度請易其辭，窒疑間之嫌。舊書一百七十度傳載楚所草制元文「以剪其類」，即此所謂「激賊」者，「更張琴瑟」，即此所謂「怒弘」者也。參本書一百六十六令狐楚傳。

唐書卷一百七十三考證

裴度傳：自見功高位極，不能無慮，稍詭迹避禍。於是牛僧孺、李宗閔同輔政，媢度勳業久居上，欲有所逞，乃共訾其跡損短之。○臣酉按：按舊書云：「初，王播廣事進奉，度亦掇拾羨餘以効播。後進宰相李、牛等不悦其所爲。」其語意竟似牛、李以公心惡度者。當以新書爲實。

蘇詩云：「洛陽相君忠孝家，可憐亦進姚黄花。」觀晉公晚節，不禁為之嘆息也。

卷一百七十四　列傳第九十九

李逢吉

舊書一百六十七。

牛僧孺

舊書一百七十二。

李宗閔

舊書一百七十六。

卷一百七十六　列傳第一百一

唐書卷一百七十六考證

韓愈傳：父仲卿，爲武昌令，有美政，既去，縣人刻石頌德。終祕書郎。○舊書：父仲卿，無名位，二書不合。

新書據石頌文補，而考證於此了無分別，疏矣。

卷一百七十七　列傳第一百二

錢　徽

是時，内積財，圖復河湟，然禁無名貢獻，而至者不甚却。

參吐蕃傳、李絳論事集及杜牧河湟詩等。

高鈛

高鈛字翹之，史失其何所人。舊書一百六十八鈛傳亦不著籍貫，新書七十一下宰相世系表高氏條復未載鈛等名，俟考。

馮宿

舊書一百六十八。

盧弘止

徐自王智興後，吏卒驕沓，銀刀軍尤不法，弘止戮其尤無狀者，終弘止治，不敢譁。銀刀軍，見王式等傳。

李景讓

宣宗銜穆宗舊怨，景讓建請遷敬、文、武三主，以猶子行爲嫌，請還代宗以下主復入廟，正昭穆。事下百官議，不然，乃罷，德望稍衰矣。然清素寡欲，門無雜賓。李涿罷浙西，以同里訪之，避不見，及去，命斲其騙石焉。元和後，大臣有德望者，以居里顯，景讓宅東都樂和里，世稱清德者，號「樂和李公」云。

昭穆。

居里。

卷一百七十八　列傳第一百三

劉　蕡

贊曰：漢武帝三策董仲舒，仲舒所對，陳天人大概，緩而不切也。蕡與諸儒偕進，獨譏切宦官，然亦太疏直矣。戒帝漏言，而身誦語于廷，何邪？其後宋申錫以謀泄貶，李訓以計不臧死，宦者遂彊，可不戒哉！意蕡之賢，當先以忠結上，後爲帝謀天下所以安危者，庶其紓患邪！

此為對策之文，可言而不可行者也。然是唐代政治有關之一大文字。此傳不能不録元文，故當時文體不能改易。

卷一百七十九　列傳第一百四

贊曰：李訓浮躁寡謀，鄭注斬斬小人，王涯暗沓，舒元輿險而輕，邀幸天功，寧不殆哉！李德裕嘗言天下有常勢，北軍是也。訓因王守澄以進，此時出入北軍，若以上意説諸將，易如靡風，而返以臺、府抱關游徼抗中人以搏精兵，其死宜哉！文宗與宰相李石、李固言、鄭覃稱：「訓稟五常性，服人倫之教，不如公等，然天下奇才，公等弗及也。」德裕曰：「訓曾不得齒徒隸，尚才之云！」世以德裕言爲然。傳曰：「國將亡，天與之亂人。」若訓等持腐株支大厦之顛，天下爲寒心豎毛，文宗偃然倚之成功，卒爲閹謁所乘，天果厭唐德哉！

談何容易！李德裕語出窮愁志。

卷一百八十　列傳第一百五

李德裕

所居安邑里第，有院號起草，亭曰精思，每計大事，則處其中，雖左右侍御不得豫。不喜飲酒，後房無聲色娛。生平所論著多行于世云。

今發見衛公妾徐氏及劉氏墓石。

李　燁

仕汴宋幕府，貶象州立山尉。

象州當作蒙州，舊傳同譌。

（傳末）

唐自武宗後，史料闕略，故此傳末所言多誤。近日洛陽李氏諸墓志出土，千年承譌之事，一旦發明，誠可快也。

唐書卷一百八十考證

李德裕傳：漳王養母。○舊書作「養女」，誤。

今通行本舊書亦作「母」。

卷一百八十一　列傳第一百六

陳夷行

舊書一百七十二。

李讓夷

舊書一百七十六。

卷一百八十二　列傳第一百七

李　珏

舊書一百七十三。

李珏字待價，其先出趙郡，客居淮陰。舉明經，李絳爲華州刺史，見之曰：「日角珠廷，非庸人相，明經碌碌，非子所宜。」乃更舉進士高第。以拔萃補渭南尉，擢右拾遺。鹽鐵使王播增茶稅十之五以佐用度。珏上疏謂：「榷率本濟軍興，而稅茶自貞元以來有之。方天下無事，忽厚斂以傷國體，一不可。茗爲人飲，與鹽粟同資，若重稅之，售必高，其敝先及貧下，二不可。山澤之産無定數，程斤論稅，以售多爲利，若價騰踊，則市者稀，其稅幾何？三不可。陛下初即位，詔懲聚斂。今反增茶賦，必失人心。」帝不納。

飲茶之普及。

崔珙附遠

諸崔自咸通後有名，歷臺閣藩鎮者數十人，天下推士族之冠。始，其曾王母長孫春秋高，無齒，祖母唐事姑孝，每旦乳姑。一日病，召長幼言：「吾無以報婦，願後子孫皆若爾孝。」世謂崔氏昌大有所本云。

雖爲山東舊族，然實以附染新興階級之風尚，因科第顯，但家法猶未全泯，於此可見也。此節見柳玭家訓。（録者注：本書一百六十三柳玭傳。）

鄭肅

鄭肅字乂敬，其先滎陽人，以儒世家。肅力于學，有根柢。第進士、書判拔萃，補興平尉。〔開成〕五年，以檢校尚書右僕射同中書門下平章事，與李德裕叶心輔政。

此與德裕取李紳者同，蓋皆山東舊門，雖科第無嫌也。

盧鈞

擢嶺南節度使。蕃獠與華人錯居，相婚嫁，多占田營第舍，吏或橈之，則相挺爲亂，鈞下令蕃華不得通婚，禁名田産，闔部肅壹無敢犯。

蕃華通婚治産。

卷一百八十三　列傳第一百八

畢諴

畢諴字存之，黄門監構從孫。構弟栩生凌，凌生匀，世失官爲鹽估。匀生諴，蚤孤。

出於構説可疑。

累官駕部員外郎、倉部郎中。故事，要家勢人以倉駕二曹爲辱。誠沛然如處美官。以倉，駕二曹為辱。

崔彦昭

崔彦昭字思文，其先清河人。淹貫儒術，擢進士第。與王凝外昆弟也。凝大中初先顯，而彦昭未仕，嘗見凝，凝倨不冠帶，嫚言曰：「不若從明經舉。」彦昭爲憾。至是，凝爲兵部侍郎。母聞彦昭相，敕婢多製履襪，曰：「王氏妹必與子皆逐，吾將共行。」彦昭聞之，泣且拜，不敢爲怨。而凝竟免。

可與李珏傳參，又北夢瑣言。

劉鄴

鄴傷德裕以朋黨抱誣死海上，令狐綯久當國，更數赦，不爲還官爵。至懿宗立，綯去位，鄴乃申直其寃，復官爵。世高其義。

若依據此傳，則德裕（歸葬在大中時）復官爵固在懿宗立後也，當詳考之。并參通鑑考異。近敦煌有鄴集，俟訪之。

朱　朴

朱朴，襄州襄陽人。以三史舉。擢國子毛詩博士。上書言當世事，議遷都曰：「惟襄、鄧實惟中原，人心質良，去秦咫尺，而有上洛爲之限，永無夷狄侵軼之虞，此建都之極選也。」不報。

李綱亦如此主張。朴乃襄人，殆鄉土之見。

卷一百八十四　列傳第一百九

楊　收

收因建言：「漢制，總羣官而聽曰省，分務而專治曰寺。」

省、寺之别。

蠻勢益張，收議豫章募士三萬，置鎮南軍以拒蠻。悉教蹋張，戰必注滿，蠻不能支。又峙食汎舟餉南海。天子嘉其功，進尚書右僕射，封晉陽縣男。

海運。參一百八十五鄭畋傳。

韋保衡

性浮淺，既恃恩據權，以嫌愛自肆，所悅即擢，不悅擠之。保衡舉進士王鐸第，于籍、蕭遘與同升，以嘗薄于己，皆見斥。

不顧座主及同年之誼，自為可怪！

盧攜

攜姿陋而語不正，與鄭畋俱李翱甥，同位宰相，然所處議多駁。

語不正。

唐書卷一百八十四考證

盧攜傳：乾符五年。○舊書作「四年」。臣浩按：昭宗紀在元年。三處互異。

舊書十九下僖宗紀：乾符元年五月，户部侍郎、知制誥、翰林學士、賜紫金魚袋盧攜本官同平章事。

新書九僖宗紀：乾符元年十月，翰林學士承旨、户部侍郎盧攜同中書門下平章事。六十三宰相表下同。

通鑑二百五十二僖宗乾符元年十月：翰林學士承旨、户部侍郎盧攜守本官同平章事。

據此當以乾符元年十月為是，而陳浩乃誤「僖」為「昭」，疏忽之至，可笑！

卷一百八十五　列傳第一百一十

鄭畋

交、廣、邕南兵，舊取嶺北五道米往餉之，船多敗没。畋請以嶺南鹽鐵委廣州節度使韋荷，歲煮海取鹽直四十萬緡，市虔、吉米以贍安南，罷荆、洪等漕役，軍食遂饒。

參一百八十五楊收傳。

卷一百八十六　列傳第一百一十一

周寶

寶和裕，喜接士，以京師陷賊，將赴難，益募兵，號「後樓都」。

端己秦婦吟末數語所以作也。

卷一百八十八　列傳第一百一十三

楊行密

初，行密有鋭士五千，衣以黑繒黑甲，號「黑雲都」。又并盱眙、曲溪二屯，籍其士爲黃頭軍，以李神福爲左右黃頭都尉，兵鋭甚。

此黃頭軍殆襲舊名以為聲勢耶？

卷一百八十九　列傳第一百一十四

高仁厚

高仁厚，亡其系出。初事劍南西川節度使陳敬瑄爲營使。黄巢陷京師，天子出居成都，敬瑄遣黄頭軍部將李鋋、鞏咸以兵萬五千戍興平，數敗巢軍。賊號蜀兵爲「鵶兒」，每戰，輒戒曰：「毋與鵶兒鬭。」敬瑄喜其兵可用，益選卒二千，使仁厚將而東。

黄頭軍。

先是，京師有不肖子，皆著疊帶冒，持梃剽閭里，號「閑子」。

「閑子」即「爛仔」。

卷一百九十　列傳第一百一十五

鍾　傳

廣明後，州縣不鄉貢，惟傳歲薦士，行鄉飲酒禮，率官屬臨觀，資以裝齎，故士不遠千里走傳府。

廣明後，州縣不鄉貢。

卷一百九十一　列傳第一百一十六　忠義上

敬君弘

舊書一百八十七上忠義上。

李玄通

玄通藍田人。爲隋鷹揚郎將，高祖入關，率所部自歸，拜定州總管。爲黑闥所破，愛其才欲以爲將。不聽，乃潰腹死。

潰腹。

安金藏

安金藏，京兆長安人。在太常工籍。睿宗爲皇嗣，俄有誣皇嗣異謀者，武后詔來俊臣問狀，左右畏慘楚，欲引服。金藏大呼曰：「公不信我言，請剖心以明皇嗣不反也。」引佩刀自剚腹中，腸出被地，眩而仆。

剚腹。

卷一百九十二　列傳第一百一十七　忠義中

張巡

張巡字巡，鄧州南陽人。

舊書一百八十七下以為蒲州河東人，常例，舊書稱郡望。

至德二載，禄山死，慶緒遣其下尹子琦將同羅、突厥、奚勁兵與朝宗合，凡十餘萬，攻睢陽。

同羅。

巡使南霽雲等開門徑抵子琦所，斬將拔旗。有大酋被甲，引拓羯千騎麾幟乘城招巡。

拓羯。

「今胡人務馳突，雲合鳥散，變態百出。」

曳落河所以無敵於當時，宜封常清之敗潰也。

贊曰：張巡、許遠，可謂烈丈夫矣。大小數百戰，雖力盡乃死，而唐全得江淮財用，以濟中興，引利償害，以百易萬矣。

此點最足為巡、遠功。參本書文藝傳李華附李翰傳。

卷一百九十四　列傳第一百一十九　卓行

司空圖

黄巢陷長安，將奔，不得前。圖弟有奴段章者，陷賊，執圖手曰：「我所主張將軍喜下士，可往見之，無虚死溝中。」圖不肯往，章泣下。遂奔咸陽，間關至河中。

可與黄巢傳參觀。

卷一百九十七　列傳第一百二十二　循吏

薛克構

陳思忠居父喪，詔奪服，客往弔，思忠辭以辰日不見。克構曰：「事親者，避嫌可也；既孤矣，則無不哭。」世服其言。

辰日。

羅讓

有仁惠名。或以婢遺讓者，問所從，答曰：「女兄九人皆爲官所賣，留者獨老母耳。」讓慘然，爲焚券，召母歸之。

參房啓傳及柳河東集童區寄傳。

韋宙

民貧無牛，以力耕，宙爲置社，二十家月會錢若干，探名得者先市牛，以是爲準，久之，牛不乏。今所謂「邀會」。

韋岫

宙弟岫，字伯起，亦有名。宙在嶺南，以從女妻小校劉謙，或諫止之，岫曰：「吾子孫或當依之。」謙後以功爲封州刺史，生二子，即隱、龔。盧攜舉進士，陋甚，岫獨謂攜必大用。攜執政，岫自泗州刺史擢福建觀察使云。

參北夢瑣言(卷五)及藤田豐八中外交通史南海編。

盧弘宣

弘宣患士庶人家祭無定儀，乃合十二家法，損益其當，次以爲書。盧氏禮法。

薛元賞

都市多俠少年，以黛墨鑱膚，夸詭力，剽奪坊閭。今日猶有此俗。

唐書卷一百九十七考證

韋景駿傳：司農少卿弘機孫。〇臣酉按：弘機子餘慶，餘慶子岳，岳子景駿，則景駿乃弘機曾孫也。此云孫，誤。總由以岳子、景駿爲二人，皆餘慶子，故以景駿爲弘機孫也。辨詳舊書考證。

坊本舊書景駿傳無考證。

卷一百九十八　列傳第一百二十三　儒學上

曹　憲

憲始以梁昭明太子文選授諸生，而同郡魏模、公孫羅，江夏李善相繼傳授，於是其學大興。

本書二百二李邕傳則稱揚州江都人。

歐陽詢

舊書一百八十九上儒學上。

卷一百九十九　列傳第一百二十四　儒學中

王元感

所撰書糾謬、春秋振滯、禮繩愆等凡數十百篇，長安時上之，丐官筆楮寫藏祕書。有詔兩館學士、成均博士議可否。祝欽明、郭山惲、李憲等本章句家，見元感詆先儒同異，不憚，數沮詰其言，元感緣鋒申釋，竟不詘。魏知古見其書，歎曰：「五經指南也。」而徐堅、劉知幾、張思敬等惜其異聞，每爲助理，聯疏薦之，遂下詔褒美，以爲儒宗。

元感頗有識見，故與知幾同志歟？

元感初著論三年之喪以三十有六月，譏詆諸儒。鳳閣舍人張柬之破其說。

方植之又申王説。

王紹宗

少貧狹，嗜學，工草隸，客居僧坊，寫書取庸自給，凡三十年。庸足給一月即止，不取贏，人雖厚償，輒拒不受。

寫經。

柳沖

初，太宗命諸儒撰氏族志。甄差羣姓，其後門胄興替不常，沖請改脩其書。至先天時，復詔沖及堅、兢與魏知古、陸象先、劉子玄等討綴，書乃成，號姓系録。開元初，詔沖與薛金南復加刊竄，乃定。後柳芳著論甚詳，今删其要，著之左方。芳之言曰：「秦既滅學，公侯子孫失其本系。漢興，司馬遷父子乃約世本脩史記，因周譜明世家，乃知姓氏之所由出，虞、夏、商、周、昆吾、大彭、豕韋、齊桓、晉文皆同祖也。漢高帝興徒步，有天下，命官以賢，詔爵以功，誓曰：『非劉氏王、無功侯者，天下共誅之。』先王公卿之胄，才則用，不才棄之，不辨士與庶族，然則始尚官矣。然猶徙山東豪傑以實京師，齊諸田，楚屈、景，皆右姓也。其後進拔豪英，論而録之，蓋七相、五公之所由興也。魏氏立九品，置中正，尊世胄，卑寒士，權歸右姓已。其州大中正、主簿，郡中正、功曹，皆取著姓士族爲之，以定門胄，品藻人物。晉、宋因之，始尚姓已。然其別貴賤，分士庶，不可易也。于時有司選舉，必稽譜籍，而考其真僞。故官有世胄，譜有世官，賈氏、王氏譜學出焉。由是有譜局，令史職皆具。過江則爲『僑姓』，王、謝、袁、蕭爲大；東南則爲『吴姓』，朱、張、顧、陸爲大；山東則爲『郡姓』，王、崔、盧、李、鄭爲大；關中亦號『郡姓』，韋、裴、柳、薛、楊、杜首之；代北則爲『虜姓』，元、長孫、宇文、于、陸、源、竇首之。『虜姓』者，魏孝文帝遷洛，有八氏十姓，三十六族九十二姓。八氏十姓，出於帝宗屬，或諸國從魏者；三十六族九十二姓，世爲部落大人。並號河南洛陽人。『郡姓』者，以中國士人差第閥閲爲之制。凡三世有三公者曰『膏粱』，有令、僕者曰『華腴』，尚書、領、護而上者爲『甲姓』，九卿若方伯者爲『乙姓』，散騎常侍、太中大夫者爲『丙姓』，吏部正員郎爲『丁姓』。凡得入者，謂之『四姓』。又詔代人諸胄，初無族姓，其穆、陸、奚、于，下吏部勿充猥官，得視『四姓』。北齊因仍，舉秀才、州主簿、郡功曹，非『四姓』不在選。故江左定氏族，凡郡上姓第一則爲右姓；太和以郡四姓爲右姓；齊浮屠曇剛類例凡甲門爲右姓；周建德氏族以四海通望爲右姓；隋開皇氏族以上品、茂姓則爲右姓；唐貞觀氏族志凡第一等則爲右姓；路氏著姓略，以盛門爲右姓；柳沖姓族系録凡四海望族則爲右姓。不通歷代之説，不可與言譜也。今流俗獨以崔、盧、李、鄭爲四姓，加太原王氏號五姓，蓋不經也。夫文之弊，至于尚官；官之弊，至于尚姓；姓之弊，至于尚詐。隋承其弊，不知其所以弊，乃反古道，罷鄉舉，離地著，尊執事之吏。於是乎士無鄉里，里無衣冠，人無廉恥，士族亂而庶人僭矣。故善言譜者，繫之地望而不惑，質之姓氏而無疑，綴之婚姻而有別。山東之人質，故尚婚婭，其信可與也；江左之人文，故尚人物，其智可與也；關中之人雄，故尚冠冕，其達可與也；代北之人武，故尚貴戚，其泰可與也。及其弊，則尚婚婭者先外族、後本宗，尚人物者進庶孽、退嫡長，尚冠冕者略伉儷、慕榮華，尚貴戚者徇勢利、亡禮教。四者俱弊，則失其所尚矣。……初，漢有鄧氏官譜，應劭有氏族一篇，王符潛夫論亦有姓氏一篇。宋何承天有姓苑二篇。譜學大抵具此。魏太和時，詔諸郡中正，各列本土姓族次第爲舉選格，名曰『方司格』，人到于今稱之。」

蘇綽六條之一，排斥四姓專郡佐之事。

秀才之選，其初本與門第有關。唐高宗、武則天後科舉之制，始為破壞門第制，與其初旨趣異也。

河北實以崔、盧、李、鄭、太原王五姓為右姓，此蓋歷來社會所遺傳者，而柳沖以己家不在此中，遂不謂然，蓋非確論。

可參顏氏家訓及唐會要氏族類、舊唐書高士廉傳等。

南不嫌庶孽，可與顏氏家訓嫁娶篇及南、北史傳參證。

孔若思

有遺以褚遂良書者，納一卷焉，其人曰：「是書貴千金，何取之廉？」答曰：「審爾，此爲多矣。」更還其半。

褚書價。

孔至

若思子至，字惟微。歷著作郎，明氏族學，與韋述、蕭穎士、柳沖齊名。撰百家類例，以張説等爲近世新族，剗去之。説子垍方有寵，怒曰：「天下族姓，何豫若事，而妄紛紛邪？」垍弟素善至，以實告。初，書成，示韋述，述謂可傳，及聞坩語，懼，欲更增損，述曰：「止！丈夫奮筆成一家書，奈何因人動搖？有死不可改。」遂罷。時述及穎士、沖皆撰類例，而至書稱工。

參太平廣記氏族類。

卷二百　列傳第一百二十五　儒學下

啖助

贊曰：春秋、詩、易、書，由孔子時師弟子相傳，歷暴秦，不斷如系。至漢興，剗挾書令，則儒者肆然講授，經典寖興。左氏與孔子同時，以魯史附春秋作傳，而公羊高、穀梁赤皆出子夏門人。三家言經，各有回舛，然猶悉本之聖人，其得與失蓋十五，義或繆誤，先儒畏聖人，不敢輒改也。啖助在唐，名治春秋，摭詘三家，不本所承，自用名學，憑私臆決，尊之曰「孔子意也」，趙(匡)、陸(質)從而唱之，遂顯于時。嗚呼！孔子没乃數千年，助所推著果其意乎？其未可必也。以未可必而必之，則固；持一己之固而倡茲世，則誣。誣與固，君子所不取。助果謂可乎？徒令後生穿鑿詭辨，詬前人，捨成説，而自爲紛紛，助所階已。

北宋孔、石春秋之學，非景文所喜，與永叔異趣，觀此論可見。

卷二百一　列傳第一百二十六　文藝上

袁朗

朗遠祖滂，爲漢司徒。自滂至朗凡十二世，其間位司徒、司空者四世，淑、顗、察皆死宋難，昂著節齊、梁時。朗自以中外人物爲海内冠，雖琅邪王氏踵爲公卿，特以累朝佐命有功，鄙不爲伍。朗孫誼，神功中爲蘇州刺史。司馬張沛者，侍中文瓘子，嘗白誼曰：「州得一長史，隴西李亶，天下甲門也。」誼曰：「夫門户者，歷世名節爲天下所高，老夫是也。山東人尚婚媾，求利禄耳，至見危受命，則無人焉，何足尚邪？」沛大慚。

魏晉門第本尚禮法，袁氏僅以名節自高，亦非其舊也。

張昌齡

舊書一百九十上文苑傳上。

與兄昌宗皆以文自名，州欲舉秀才，昌齡以科廢久，固讓，更舉進士。秀才科廢久。

王勃

武后時，李嗣真請以周、漢爲二王後，而廢周、隋，中宗復用周、隋。玄宗下詔以唐承漢，黜隋以前帝王，廢介、酅公，尊周、漢爲二王後，以商爲三恪。楊國忠爲右相，自稱隋宗，建議復用魏爲三恪，周、隋爲二王後，酅、介二公復舊封。

武氏（則天）、楊氏（玉環）皆與隋室有關。

元義方

歷虢商二州刺史、福建觀察使。中官吐突承璀，閩人也，義方用其親屬爲右職。李吉甫再當國，陰欲承璀奥助，即召義方爲京兆尹。李絳惡其黨，出爲鄜坊觀察使。

此李吉甫與吐突承璀之關係。見李相國論事集。

卷二百二　列傳第一百二十七　文藝中

劉　憲

武后時，敕吏部糊名考判，求高才，惟憲與王適、司馬鍠、梁載言入第二等。

若糊名則不能論門第矣。

李　邕

李邕字泰和，揚州江都人。父善，有雅行，淹貫古今，不能屬辭，故人號「書簏」。顯慶中，累擢崇賢館直學士、兼沛王侍讀。爲文選注，敷析淵洽，表上之，賜賚頗渥。除潞王府記室參軍，爲涇城令，坐與賀蘭敏之善，流姚州，遇赦還。居汴、鄭間講授，諸生四遠至，傳其業，號「文選學」。邕少知名。始善注文選，釋事而忘意。書成以問邕，邕不敢對，善詰之，邕意欲有所更，善曰：「試爲我補益之。」邕附事見義，善以其不可奪，故兩書並行。

本書一百九十八曹憲傳則稱「江夏李善」。近有李邕墓志出土。文選本類書，曹憲等譔桂苑珠叢，是正文字，又注廣雅，皆是訓詁之學，其「文選學」亦是同一性質。

蕭穎士

蕭穎士字茂挺，梁鄱陽王恢七世孫。祖晶，賢而有謀，任雅相伐高麗，表爲記室。越王貞舉兵，杖策詣之，陳三策，王不用，晶度必敗，乃亡去，客死廣陵。

穎士，南人也。

賊別校攻南陽，〔源〕洧懼，欲退保江陵，穎士說曰：「官兵守潼關，財用急，必待江淮轉餉乃足，餉道由漢、沔，則襄陽乃今天下喉襟，一日不守，則大事去矣。」

參本書忠義傳張巡傳及文藝傳李華附翰傳。

蕭存

存，字伯誠，亮直有父風。韓愈少爲存所知，自袁州還，過存廬山故居，而諸子前死，唯一女在，爲經贍其家。

蕭氏居江南可知。

卷二百三　列傳第一百二十八　文藝下

李翰

翰傳巡功狀：「江淮以完，巡之力也。若無巡，則無睢陽，無睢陽，則無江淮。有如賊因江淮之資，兵廣而財積，根結盤據，西向以拒，雖終殲滅，其曠日持久必矣。」

參文藝傳蕭穎士傳。

卷二百五　列傳第一百三十　列女

朱延壽妻王

當楊行密時，延壽事行密爲壽州刺史，惡行密不臣，與寧國節度使田頵謀絶之以歸唐。

所謂唐者，非真李氏天子，實朱全忠也。行密與全忠較，則化源猶勝於朱三。

卷二百六　列傳第一百三十一　外戚

（序）：代、德而降，閹尹參孌，後宮雖多，無赫赫顯門，亦無刀鋸大戮。

唐代女禍與宦寺二者不並盛。

武承嗣

中宗復位，侍中敬暉等言諸武不當王。帝柔昏不斷，又素畏太后，且欲悦安之，更言攸暨、三思皆與去二張功，以折暉等，纔降封一級。

攸暨、三思實與去二張功也。

宗兄崇訓尚安樂公主，數與宴昵，頗通突厥語，倣虜謳舞，姿度閑冶，主愛悦。會崇訓死，遂私侍主，後因尚焉。

突厥歌舞為宫廷所愛尚。

武三思

補闕張景源建言：「母子承業，不可言中興，所下制書皆除之。」於是天下名祠改唐興、龍興云。

唐興、龍興寺名之由來。

卷二百七　列傳第一百三十二　宦者上

高力士

始，李林甫、牛仙客知帝憚幸東都，而京師漕不給，乃以賦粟助漕，及用和糴法，數年，國用稍充。帝齋大同殿，力士侍，帝曰：「我不出長安且十年，海內無事，朕將吐納導引，以天下事付林甫，若何？」力士對曰：「天子順動，古制也。稅入有常，則人不告勞。今賦粟充漕，臣恐國無旬月蓄；和糴不止，則私藏竭，逐末者衆。又天下柄不可假人，威權既振，孰敢議者！」帝不悅，力士頓首自陳：「心狂易，語謬當死！」

此節取郭湜高力士外傳。

初，太子瑛廢，武惠妃方嬖，李林甫等皆屬壽王，帝以肅宗長，意未決，居忽忽不食。力士曰：「大家不食，亦膳羞不具耶？」帝曰：「爾，我家老，揣我何爲而然？」力士曰：「嗣君未定耶？推長而立，孰敢爭？」帝曰：「爾言是也。」儲位遂定。天寶中，邊將爭立功，帝嘗曰：「朕春秋高，朝廷細務付宰相，蕃夷不龔付諸將，寧不暇耶？」對曰：「臣間至閤門，見奏事者言雲南數喪師，又北兵悍且彊，陛下何以制之？臣恐禍成不可禁。」其指蓋謂禄山。帝曰：「卿勿言，朕將圖之。」

此節取陳嶽唐統紀。

力士善揣時事勢候相上下，雖親昵，至當覆敗，不肯爲救力，故生平無顯顯大過。

力士固武氏舊隸，故每袒武氏。楊貴妃之進，力士有關，故力士亦助國忠排李林甫、安禄山。和羅法出牛仙客，乃李林甫、張九齡柄任黜退之關鍵，曲江與燕公皆武黨，力士之非和羅，蓋復與相干涉。非探索開元朝政黨派之内容者，不足語此也。

李林甫之相，亦與武三思女裴光庭夫人有關，特力士受託而不敢為助耳。見本書二百二十三上姦臣傳上李林甫傳。

吐突承璀

憲宗立，擢累左監門將軍、左神策護軍中尉、左街功德使，封薊國公。穆宗銜前議，殺之禁中。敬宗時，左神策中尉馬存亮論其寃，詔許子士曄收葬。宣宗時，擢士曄右神策中尉。憲宗與承璀同死於穆宗陳弘志之黨，宣宗為憲宗復仇，故亦奬承璀子也。

仇士良

始，士良、弘志憤文宗與李訓謀，屢欲廢帝。崔慎由爲翰林學士，直夜未半，有中使召入，至祕殿，見士良等坐堂上，帷帳周密，謂慎由曰：「上不豫已久，自即位，政令多荒闕，皇太后有制更立嗣君，學士當作詔。」慎由驚曰：「上高明之德在天下，安可輕議？慎由親族中表千人，兄弟羣從且三百，何可與覆族事？雖死不承命。」士良等默然，久乃啓後户，引至小殿，帝在焉。士良等歷階數帝過失，帝俛首。既而士良指帝曰：「不爲學士，不得更坐此。」乃送慎由出，戒曰：「毋泄，禍及爾宗。」慎由記其事，藏箱枕間，時人莫知。將没，以授其子胤，故胤惡中官，終討除之，蓋禍原於士良、弘志云。

此出皮光業見聞録，通鑑考異大和九年引之。温公不信其説。

卷二百八　列傳第一百三十三　宦者下

田令孜

初，成都募陳許兵三千，服黄帽，名「黄頭軍」，以捍蠻。帝至，大勞將士，扈從者已賜，而不及黄頭軍，皆竊怨令孜。

黄頭軍出於陳許，疑是胡族。參本書二百二十四下叛臣傳陳敬瑄傳，又李晟傳、楊行密傳。

卷二百九　列傳第一百三十四　酷吏

來俊臣

以官户無面首，聞吐蕃酋阿史那斛瑟羅有婢善歌舞，令其黨告以謀反，而求其婢，諸蕃長數十人，割耳剺面訟冤，僅得解。

舊書作「西蕃酋長」，是也。阿史那乃突厥姓，與吐蕃無涉。

周利貞

舊書一百八十六酷吏下。

卷二百一十　列傳第一百三十五　藩鎮魏博

（序）：遂使其人自視由羌狄然。

河北人民皆胡化也。杜牧樊川集九盧秀才墓誌可證。

田承嗣

舊書一百四十一。

史憲誠

舊書一百八十一。

何進滔

舊書一百八十一。

何進滔，靈武人，世爲本軍校。少客魏，委質軍中，事田弘正。

何亦西胡姓。

韓允中（君雄）

舊書一百八十一。

羅弘信

羅弘信字德孚，魏州貴鄉人。

據北夢瑣言中書蕃姓條，似羅亦西胡姓也。

羅紹威

魏牙軍，起田承嗣募軍中子弟爲之，父子世襲，姻黨盤互，悍驕不顧法令，〔史〕憲誠等皆所立，有不慊，輒害之無唯類。厚給稟，姑息不能制。時語曰：「長安天子，魏府牙軍。」謂其勢彊也。

長安代表漢化集團，河朔代表胡化集團，非僅其勢彊也。

贊曰：田承嗣幾禽矣，李寶臣怒承倩而釋魏。

本書二百十一李寶臣傳：天子遣中人馬希倩勞寶臣云云，而田承嗣傳僅作中人，不著姓名。

卷二百一十一　列傳第一百三十六　藩鎮鎮冀

李寶臣

舊書一百四十二。

王武俊

舊書一百四十二。

王廷湊

王廷湊，本回紇阿布思之族，隸安東都護府。曾祖五哥之，爲李寶臣帳下，驍果善鬬，王武俊養爲子，故冒姓王，世爲裨將。

本書二百十五下突厥傳云：其西葉護阿布思及葛臘哆率五千帳降。

又同卷蘇禄傳，本書四十三下地理志蹛林州盧山都督府條，舊書一百九十五迴紇傳：思結為盧山府，阿布思為蹛林州。

本書二百十七下回鶻傳葛邏禄條，本書二百二十五上安禄山傳。

至廷湊資凶悖，肆毒甘亂，不臣不仁，雖夷狄不若也。

本是夷狄也，何「不若」之有？

卷二百一十二　列傳第一百三十七　藩鎮盧龍

李懷仙

舊書一百四十三。

〔大曆〕七年，其下李瑗間衆之怨，殺之，共推朱泚爲留後。泚自有傳。

本書二百二十五中逆臣傳：朱泚，幽州昌平人。父懷珪，事安、史二賊，僞署柳城使。泚少推父蔭，籍軍中，與弟滔並為李懷仙部將。

劉濟

濟字濟。游學京師，第進士。

濟曾第進士，此為例外。

李載義

舊書一百八十。

自稱恒山愍王之後。性矜蕩，好與豪傑游，力挽彊搏鬭。劉濟在幽州，高其能，引補帳下。

載義是否為承乾後，固是問題，但其居幽州，胡化已久，則無疑也。

楊志誠

〔大和〕八年，爲下所逐，推部將史元忠總留後。

史亦胡姓。

張仲武

烏介失勢，往依康居，盡徙餘種，寄黑車子部。回鶻遂衰，名王貴種相繼降，捕幾千人。仲武表請立石以紀聖功，帝詔德裕爲銘，揭碑盧龍，以告後世。

此誤用李文饒文典故也。通鑑考異已辨之矣。

李茂勳

李茂勳，本回鶻阿布思之裔。張仲武時，與其侯王皆降。資沈勇，善馳射，仲武器之，任以將兵，常乘邊積功，賜姓及名。

舊書一百八十李可舉傳。

參本書二百十一王廷湊傳，二百十五下蘇祿傳。

卷二百一十三　列傳第一百三十八　藩鎮淄青橫海

李正己

舊書一百二十四。

李正己，高麗人。爲營州副將，從侯希逸入青州，希逸母即其姑，故薦爲折衝都尉。

侯希逸，至少其母統為高麗人。

李師古

貞元末，與杜佑、李欒皆得封妾媵以國爲夫人。

此非士族禮法所許，君卿所以貽譏也。

卷二百一十四　列傳第一百三十九　藩鎮宣武彰義澤潞

吴元濟

詔起沙陀梟騎濟師，命裴度爲彰義節度兼申、光、蔡四面行營招撫使。

後龐勛、黄巢之亂，皆仰沙陀梟騎矣。

帝御興安門受俘，羣臣稱賀，以元濟獻廟社，徇于市斬之，年二十五。夜失其首。

足見當時蔡黨勢力。

劉悟

其祖正臣，平盧軍節度使，襲范陽不克，死。

舊書一百六十一劉悟傳云：正臣本名客奴。天寶末，禄山叛，平盧軍節度使柳知晦受賊偽署，客奴時職居牙門，襲殺知晦，馳章以聞，授平盧軍節度使，賜名正臣。

舊書一百二十四李師道傳。

新書一百五十一董晉傳附陸長源傳中載劉客奴事。

蓋因劉全諒而追述及之。但客奴事似宜敍於澤潞傳，而子京不如此，殆以藩鎮傳皆非忠順之人，故别著之，以見褒貶之旨耶？

〔劉悟〕卒，贈太尉，表其子從諫嗣。晉王帝所愛，從諫饋獻相望，未幾，拜節度使。大和初，李聽敗館陶，走淺口，從諫引鐵騎黄頭郎救之，聽免。進檢校尚書左僕射，拜司空，封沛國公。

黄頭郎當即黄頭軍。

本書二百十六下吐蕃傳下：韓全義以陳許兵戰長武，而六十四方鎮表興鳳隴欄，大中五年，隴州置防禦使，領黄頭軍。兩者關係，殊可注意。參本書一百八十八楊行密傳，一百八十九高仁厚傳，一百六十七王式傳，一百六十五鄭從讜傳，一百七十一李光顔傳。四十三下地理志：隸靈州都督府有雞田州，注云：以阿跌部置，僑治回樂。舊書二百下黄巢傳。舊書十九下僖宗紀中和三年四月楊復光露布。

贊曰：唐中衰，姦雄圜睨而奮，舉魏、趙、燕之地，莽爲盗區，挐叛百年，夷狄其人，而不能復。胡化則夷狄矣。

唐書卷二百一十四考證

吴少陽傳：與少誠同在魏博軍，相友善。○舊書：少誠父翔在魏博軍，與少陽相友善。臣酉按：下文養以爲弟，不應父與相愛而少誠以爲弟也。當以新書爲正。據本書八十二，德宗且養順宗子諒為子，何故吴少誠不得以少陽為弟耶？

卷二百一十五上　列傳第一百四十上　突厥上

（序）：唐興，蠻夷更盛衰，嘗與中國亢衡者有四：突厥、吐蕃、回鶻、雲南是也。方其時，羣臣獻議盈廷，或聽或置，班然可睹也。劉貺以爲：周得上策，秦得其中，漢無策。漢以宗女嫁匈奴。皇室淑女，嬪於穹廬；掖庭良女，降於沙漠。帝女之號，與胡媪並御；蒸母報子，從其污俗。婉冶之姿，毀節異類，垢辱甚矣。漢之君臣，莫之恥也。誠能移其財以賞戍卒，則民富；移以爵以餌守臣，則將良。富利歸於我，危亡移於彼，無納女之辱，無傳送之勞。棄此而不爲，故曰漢無策。

宋之於遼、金、元，皆不嫁以公主。富弼之使契丹，亦拒納女。歐陽永叔崇徽公主詩，朱子謂為絶大議論。劉貺之論，實開其先矣。

參下突利傳。

頡利

突厥阿史那氏，蓋古匈奴北部也。其別部典兵者曰設，子弟曰特勒。

軍次豳州，可汗萬騎奄至，陣五龍坂，以數百騎挑戰，舉軍失色。秦王馳百騎掠陣，大言曰：「國家於突厥無負，何爲深入？我，秦王也，故來自與可汗決，若固戰，我纔百騎耳，徒廣殺傷，無益也。」頡利笑不答。又馳騎語突利曰：「爾往與我盟，急難相助，今無香火情邪？能一決乎？」突利亦不對。秦王縱反間，突利乃歸心，不欲戰，頡利亦無以彊之，乃遣突利及夾畢特勒思摩請和。

北里志所謂突厥法者也。

頡利之亡，其下或走薛延陀，或入西域，來降者尚十餘萬，詔議所宜。〔魏〕徵曰：「魏時有胡落分處近郡，晉已平吳，郭欽、江統勸武帝逐出之，不能用。劉、石之亂，卒傾中夏。陛下必欲引突厥居河南，所謂養虎自遺患者也。」

江統上疏在惠帝時，鄭公偶淆誤也。

〔温〕彦博曰：「聖人之道無不通，故曰『有教無類』。彼創殘之餘，以窮歸我，我援護之，收處内地，將教以禮法，職以耕農，又選酋良入宿衛，何患之卹？且光武置南單于，卒無叛亡。」帝主彦博語，卒度朔方地，自幽州屬靈州，建順、祐、化、長四州爲都督府，剖頡利故地，左置定襄都督、右置雲中都督二府統之。擢酋豪爲將軍、郎將者五百人，奉朝請者且百員，入長安自籍者數千户。乃以突利可汗爲順州都督，令率其下就部。

彦博曾陷於突厥，故所論最確，宜太宗之獨取之也。至結社率之變，乃別一問題，太宗因悔不用魏

徵言，非也。

長安突厥人不少。

突　利

頡利之立，用次弟爲延陀設，主延陀部，步利設主霫部，統特勒主胡部，斛特勒主斛薛部，以突利可汗主契丹、靺鞨部，樹牙南直幽州，東方之衆皆屬焉。突利斂取無法，下不附，故薛延陀、奚、霫等皆内屬。

上文云「其別部典兵者曰設」，今觀所列舉之部落，皆非突厥本支，則「別部」之界說、定義可推知也。石勒為匈奴別部，則其族類與匈奴不同明矣。至舊傳以車鼻可汗為突厥別部，而是阿史那族，殆關係極疏，與異族同，故亦可目之為別部耶？舊書一百九十四上突厥傳作「頡利嗣位，以為突利可汗，牙直幽州之北。突利在東偏，管奚、霫等數十部」，然則霫部乃突利所管，與此言「步利設主霫部」者微異。然觀頡利以薛延陀等部叛責突利，似舊傳含混之句為較妥。或者新書「東方之衆皆屬焉」之句即可括薛延陀耶？

思摩

思摩，頡利族人也。性開敏，善占對，始畢、處羅皆愛之。然以貌似胡，疑非阿史那種，故但爲夾畢特勒，不得爲設。

胡與突厥貌有不同，觀此可見。

> 詔左屯衛將軍阿史那忠爲左賢王，左武衛將軍阿史那泥孰爲右賢王。相之。
>
> 右賢王阿史那泥孰，蘇尼失子也。始歸國，妻以宗女，賜名忠。

據上文「阿史那忠為左賢王，阿史那泥孰為右賢王」，明是兩人，今又云「右賢王阿史那泥孰賜名忠」，俟考。據通鑑貞觀十三年條，此文「右賢王阿史那泥孰」語，疑有譌，似當作「左賢王阿史那忠」。

> 帝伐遼，或言突厥處河南，邇京師，請帝無東。帝曰：「朕策五十年中國無突厥患。」思摩衆既南，車鼻可汗乃盜有其地。車鼻亦阿史那族而突利部人也。

舊傳云：突厥別部有車鼻者，亦阿史那之族也。

車鼻

調露初，單于府大酋温傅、奉職二部反。明年，〔裴〕行儉戰黑山，大破之，其下斬泥孰匐，以首降，禽温傅、奉職以還，餘衆保狼山。

舊傳無「温傅」二字。此「温傅」二字應衍。通鑑永隆元年無此二字，會要九十四北突厥條亦無「温傅」字，舊書五高宗紀亦無「温傅」字。

通鑑二百二「調露元年冬十月，單于大都護府突厥阿史德温傅、奉職二部俱反」。胡注：阿史德，姓也，温傅其名。奉職，亦一部酋長之名。舊書五高宗紀同，會要九十四同。

卷二百一十五下　列傳第一百四十下　突厥下

默棘連

葉護乃自爲可汗。天寶初，其大部回紇、葛邏禄、拔悉蜜並起攻葉護，殺之，尊拔悉蜜之長爲頡跌伊施可汗，於是回紇、葛邏禄自爲左右葉護，亦遣使者來告。國人奉判闕特勒子爲烏蘇米施可汗，以其子葛臘哆爲西殺。帝使使者諭令内附，烏蘇不聽，其下不與，拔悉蜜等三部共攻烏蘇米施，米施遁亡。其西葉護阿布思及葛臘哆率五千帳降，以葛臘哆爲懷恩王。參本書二百二十五上安禄山傳及通鑑二百十五天寶元年八月條。本書二百十一王廷湊傳云：本回紇阿布思之族。本書二百十二李茂勳傳。

統葉護

可汗父莫賀設，本隸統葉護者，武德時來朝，太宗與之盟，約爲兄弟。此亦所謂香火情也。

阿史那彌射

葛邏禄、胡屋、鼠尼施三姓已内屬，爲默啜侵掠，以〔阿史那〕獻爲定遠道大總管，與北庭都護湯嘉惠等掎角。默啜在西方之勢力。

蘇祿

突騎施別種車鼻施啜蘇祿者，裒拾餘衆，自爲可汗。蘇祿善撫循其下，部種稍合，衆至二十萬，於是復雄西域。開元五年，始來朝，其後閱一二歲，使者納贄。蘇祿略人畜，發囷貯，徐聞〔杜〕暹已宰相，乃引去；即遣首領葉支阿布思來朝，玄宗召見，饗之。

阿布思。

卷二百一十六上　列傳第一百四十一上　吐蕃上

其後有君長曰瘕悉董摩，董摩生佗土度，佗土生揭利失若，揭利生勃弄若，勃弄生詎素若，詎素生論贊索，論贊生棄宗弄贊，亦名棄蘇農，亦號弗夜氏。其爲人慷慨才雄，常驅野馬、犛牛，馳刺之以爲樂，西域諸國共臣之。

世系諸名皆與嘉剌卜經合。

東贊不知書而性明毅，用兵有節制，吐蕃倚之，遂爲彊國。始入朝，占對合旨，太宗擢拜右衛大將軍，以琅邪公主外孫妻之。有子曰欽陵、曰贊婆、曰悉多于、曰勃論。祿東贊死，而兄弟並當國。

「勃論」即吐蕃語大臣之意。

自是歲入邊，盡破有諸羌羈縻十二州。總章中，議徙吐谷渾部于涼州旁南山。帝刈吐蕃之入，召宰相姜恪閻立本、將軍契苾何力等議先擊吐蕃。議不決，亦不克徙。咸亨元年，入殘羈縻十八州，率于闐取龜茲撥換城，於是安西四鎮並廢。詔右威衛大將軍薛仁貴爲邏娑道行軍大總管，左衛員外大將軍阿史那道真、左衛將軍郭待封副之，出討吐蕃，并護吐谷渾還國。師凡十餘萬，至大非川，爲欽陵所拒，王師敗績，遂滅吐谷渾而盡有其地。

參本書一百十一、舊書八十三薛仁貴傳及舊書一百九十六上吐蕃傳。

〔證聖元年〕遣使者請和，約罷四鎮兵，求分十姓地。武后詔通泉尉郭元振往使，道與欽陵遇。元振曰：「東贊事朝廷，誓好無窮。今猥自絕，歲擾邊。父通之，子絕之，孝乎？父事之，子叛之，忠乎？」欽陵曰：「然！然天子許和，得罷二國戍，使十姓突厥、四鎮各建君長，俾其國自守若何？」元振曰：「唐以十姓、四鎮撫西土，爲列國主，道非有它，且諸部與吐蕃異，久爲唐編人矣。」欽陵曰:「使者意我規削諸部爲唐邊患邪?我若貪土地財賦,彼青海、湟川近矣,今捨不爭何哉?突厥諸部磧漠廣莽,去中國遠甚,安有争地萬里外邪?且四夷唐皆臣并之,雖海外地際,靡不磨滅,吐蕃適獨在者,徒以兄弟小心,得相保耳。十姓五咄陸近安西,於吐蕃遠,俟斤距我裁一磧,騎士騰突,不易旬至,是以爲憂也。烏海、黄河,關源阻奥,多癘毒,唐必不能入;則弱甲孱將易以爲蕃患,故我欲得之,非闚諸部也。甘、涼距積石道二千里,其廣不數百,狹纔百里,我若出張掖、玉門,使大國春不耕,秋不穫,不五六年,可斷其右。今棄不爲,亦無虞于我矣。青海之役,黄仁素約和,邊守不戒,崔知辯徑俟斤掠我牛羊萬計,是以求之。」使使者固請,元振固言不可許,后從之。

可知吐蕃為唐代唯一勁敵,與諸外族不同。

信安王禕出隴西,拔石堡城,即之置振武軍,獻俘於廟。帝以書賜將軍裴旻曰:「敢有掩戰功不及賞者,士自陳,將吏皆斬。戰有逗留,舉隊如軍法。能禽其王者,授大將軍。」於是士益奮。

善舞劍器之裴將軍當即此人。

蕭炅代爲河西節度留後，杜希望隴右節度留後，王昱劍南節度使，分道經略，碎赤嶺碑。

杜希望即佑之父。

哥舒翰破洪濟、大莫門諸城，收九曲故地，列郡縣，實天寶十二載。於是置神策軍於臨洮西、澆河郡於積石西及宛秀軍以實河曲。

神策軍之始。

卷二一六下　列傳第一百四十一下　吐蕃下

〔貞元三年〕虜數千騎犯長武城，城使韓全義拒之。〔四年五月〕韓全義以陳許兵戰長武，無功。

本書三十七地理志：邠州宜祿縣有長武城。本書六十四方鎮表興隴鳳節度欄，大中五年，以隴州置防禦使，領黄頭軍，與陳許兵有關，長武亦在西北隅，似亦不無牽涉，俟考。

〔元和〕五年，以祠部郎中徐復往使，并賜鉢闡布書。鉢闡布者，虜浮屠豫國事者也，亦曰「鉢掣逋」。

參白氏長慶集。

十二年，贊普死，使者論乞髯來，以右衛將軍烏重玘、殿中侍御史段鈞弔祭之。可黎可足立爲贊普。

敦煌石室頗多此贊普時遺文。此贊普即彝泰贊普也。

唐書卷二百一十六下考證

吐蕃傳下：馬璘屯原州。○舊書作「洄中」，疑誤。

「洄」字疑「洄」字之譌，洄中即回中也。

卷二百一十七上　列傳第一百四十二上　回鶻上

〔回紇〕思結爲蹛林州。

舊書作「阿布思為歸林州，思結為盧山府」。本書四十三下地理志：「蹛林州以思結別部置」，可推知阿布思乃思結別部也。「盧山都督府以思結部置」。

〔德宗〕詔咸安公主下嫁，又詔使者合闕達干見公主於麟德殿，使中謁者齎公主畫圖賜可汗。

漢與匈奴和親或如此。西京雜記所言，當亦有所本也。公主畫圖，訂婚照片。

卷二百一十七下　列傳第一百四十二下　回鶻下

僕骨亦曰僕固，在多覽葛之東。……子曰懷恩，至德時以功至朔方節度使，自有傳。

僕固懷恩。

同羅在薛延陀北，多覽葛之東，距京師七千里而羸，勝兵三萬。……安祿山反劫其兵用之，號「曳落河」者也。曳落河，猶言健兒云。

曳落河。

渾在諸部最南者。……釋之子瑊，建中功臣也，自有傳。

渾瑊。

契苾亦曰契苾羽，在焉耆西北鷹娑川，多覽葛之南。……何力有戰功，忠節臣也。

契苾何力。

阿跌，亦曰訶咥，或爲䟡跌。始與拔野古等皆朝，以其地爲雞田州。開元中，䟡跌思泰自突厥默啜所來降。其後，光進、光顔皆以戰功至大官，賜李氏，附屬籍，自有傳。

李光顔。

葛邏禄本突厥諸族，在北庭西北、金山之西，……久之，葉護頓毗伽縛突厥叛酋阿布思，進封金山郡王。

阿布思。

黠戛斯，古堅昆國也。其君曰「阿熱」。回鶻稍衰，阿熱即自稱可汗。阿熱恃勝，乃肆詈曰：「爾運盡矣！我將收爾金帳。」回鶻不能討，其將句録莫賀導阿熱破殺回鶻可汗，諸特勒皆潰。

阿熱身自將，焚其牙及公主所廬。金帳者，回鶻可汗常坐也。

金帳，蒙古人襲稱之。

卷二百一十八　列傳第一百四十三　沙陀

沙陀，西突厥別部處月種也。處月居金娑山之陽，蒲類之東，有大磧，名沙陀，故號沙陀突厥云。沙陀素健鬬，〔范〕希朝欲藉以捍虜。希朝鎮太原，因詔沙陀舉軍從之。希朝乃料其勁騎千二百，號沙陀軍，置軍使，而處餘衆于襄川。〔朱邪〕執宜乃保神武川之黄花堆，更號陰山北沙陀。是時天子伐鎮州，執宜以軍七百爲前鋒，王承宗衆數萬伏木刀溝，與執宜遇，飛矢雨集。執宜提軍横貫賊陣鏖鬬，李光顔等乘之，斬首萬級。〔元和〕八年，回鶻過磧南取西城、柳谷，詔執宜屯天德。明年，伐吴元濟，又詔執宜隸李光顔，破蔡人時曲，拔凌雲栅。元濟平，授檢校刑部尚書，猶隸光顔軍。長慶初，伐鎮州，悉發沙陀，與易定軍掎角，破賊深州。

李光顔忠武軍之強，殆以沙陀部為其屬之故也。王永清謂光顔軍乃黄頭室韋，故號黄頭軍，俟考。

廣明元年，〔李〕琢進攻蔚州，〔李〕國昌敗，與〔李〕克用舉宗奔達靼。

達靼。

巢攻潼關，入京師。克用客塞下，衆數千無所屬。有詔拜克用代州刺史、忻代兵馬留後，促本軍討賊。克用募達靼萬人，趨代州。於是義武節度使王處存、河中節度使王重榮傳詔招克用同討巢。克用喜，即大閱鴈門，得忻、代、蔚、朔達靼衆三萬、騎五千而南。

克用客塞下，衆纔數千，益募達靼萬人，則平黃巢前，克用軍中達靼之數已多於沙陀。及大閱鴈門，得忻、代、蔚、朔達靼衆三萬、騎五千而南，則克用軍中達靼成份甚多也。黃巢之平，殊得達靼之力，與敗安、史，復都城，得力于回紇者同。

卷二百二十　列傳第一百四十五　東夷

高麗

有蓋蘇文者，或號蓋金，姓泉氏。

「蘇文」殆梵文 suvarna 之對音，故譯為金也。

於是帝欲自將討之，帝幸洛陽，乃以張亮爲平壤道行軍大總管，常何、左難當副之，……以李勣爲遼東道行軍大總管，江夏王道宗副之，張士貴、張儉、執失思力、契苾何力、阿史那彌射、姜德本、麴智盛、吴黑闥爲行軍總管隸之，帥騎士六萬趨遼東。

「黑闥」殆「黑獺」之同音歟？

有詔班師，拔遼、蓋二州之人以歸。兵過城下，城中屏息偃旗，酋長登城再拜，帝嘉其守，賜絹百匹。遼州粟尚十萬斛，士取不能盡。帝至渤錯水，阻淖，八十里車騎不通。長孫無忌、楊師道等率萬人斬樵築道，聯車爲梁，帝負薪馬上助役。十月，兵畢度，雪甚，詔屬燎以待濟。始行，士十萬，馬萬匹；逮還，物故裁千餘，馬死十八。船師七萬，物故亦數百。詔集戰骸葬柳城，祭以太牢，帝臨哭，從臣皆流涕。帝總飛騎入臨渝關，皇太子迎道左。初，帝與太子別，御褐袍，曰：「俟見爾乃更。」袍歷二時弗易，至穿穴。羣臣請更服，帝曰：「士皆敝衣，吾可新服邪？」及是，太子進潔衣，乃御。

通鑑貞觀十九年三月壬辰，車駕發定州；十月丙辰，上馳入臨渝關，道逢太子。遼東雖有餘粟，然已屆冬季，運道不通，不得不返師，觀歸途之困難可以知也。

〔乾封〕三年二月，勣率仁貴拔扶餘城，它城三十皆納款。仁貴橫擊，大破之，斬首五萬級，拔南蘇、木底、蒼巖三城，引兵略地，與勣會。侍御史賈言忠計事還，帝問軍中云何，對曰：「必克。昔先帝問罪，所以不得志者，虜未有釁也。」可見非有内釁，雖太宗亦不能勝。

百濟

大姓有八：沙氏、燕氏、劦氏、解氏、貞氏、國氏、木氏、苩氏。

董衝釋音：劦，力脂切。苩，入日切。

新羅

有張保皋、鄭年者，皆善鬭戰，工用槍。年復能没海，履其地五十里不噎，角其勇健，保皋不及也。年以兄呼保皋，保皋以齒，年以藝，常不相下。自其國皆來爲武寧軍小將。後保皋歸新羅，謁其王曰：「遍中國以新羅人爲奴婢，願得鎮清海，使賊不得掠人西去。」清海，海路之要也。王與保皋萬人守之。自大和後，海上無鬻新羅人者。

參舊書十六穆宗紀長慶元年三月：平盧薛平奏：海賊掠賣新羅人口於緣海郡縣，請嚴加禁絶，俾異俗懷恩。從之。杜牧樊川文集載張保皋事，新書此傳之所從出也。

卷二百二十一上　列傳第一百四十六上　西域上

泥婆羅

〔貞觀〕二十一年，遣使入獻波稜、酢菜、渾提葱。

菠菜。

高昌

獻狗高六寸，長尺，能曳馬銜燭，云出拂菻，中國始有拂菻狗。

拂菻狗。

敉高昌所部，披其地皆州縣之，號西昌州。改西昌州曰西州，更置安西都護府，歲調千兵，讁罪人以戍。黄門侍郎褚遂良諫曰:「昔陛下平頡利、吐谷渾,皆爲立君,蓋罪而誅之,伏而立之,百蠻所以畏威慕德也。今宜擇高昌可立者立之,召首領悉還本土,長爲藩翰,中國不擾。」書聞不省。

高昌,城郭之國,故可郡縣之,非突厥、吐谷渾之比也。

吐谷渾

既而與吐蕃相攻,上書相曲直,並來請師,天子兩不許。吐谷渾大臣素知貴奔吐蕃,言其情,吐蕃出兵擣虛,破其衆黄河上,諾曷鉢不支,與公主引數千帳走涼州。帝遣左武衛大將軍蘇定方爲安集大使,平兩國怨。吐蕃遂有其地。咸亨元年,乃以右威衛大將軍薛仁貴爲邏娑道行軍大總管,左衛員外大將軍阿史那道真、左衛將軍郭待封副之,總兵五萬討吐蕃,且納諾曷鉢於故廷。王師敗於大非川,舉吐谷渾地皆陷,諾曷鉢與親近數千帳纔免。

唐之盛時尚不敵吐蕃,可見吐蕃之强大也。

焉耆

開元七年,龍嬾突死,焉吐拂延立。於是十姓可汗請居碎葉,安西節度使湯嘉惠表以焉耆備四鎮。詔焉耆、龜茲、疏勒、于闐征西域賈，各食其征，由北道者輪臺征之。訖天寶常朝賀。太宗初平高昌，置安西都護府；後平龜茲，徙安西都護府于其都，統于闐、碎葉、疏勒及龜茲，號四鎮。今十姓可汗請居碎葉，故以焉耆代碎葉。

龜茲

葱嶺以東俗喜淫，龜茲、于闐置女肆，征其錢。

女肆。

跋禄迦

西羸百里至呾邏私城，亦比國商胡雜居。有小城，三百，本華人，爲突厥所掠，羣保此，尚華語。

或以李太白即出于此類華人，然無碻證。

卷二百二十一下　列傳第一百四十六下　西域下

康

君姓温，本月氏人。始居祁連北昭武城，爲突厥所破，稍南依葱嶺，即有其地。枝庶分王，曰安，曰曹，曰石，曰米，曰何，曰火尋，曰戊地，曰史，世謂「九姓」，皆氏昭武。

突厥當作匈奴，此誤改舊文所致。見唐會要九十九。

安者，一曰布豁，又曰捕喝，元魏謂忸蜜者。募勇健者爲柘羯。柘羯者，猶中國言戰士也。

玄奘西域記無柘羯即戰士之義，此語未詳所出。

何，或曰屈霜你迦，曰貴霜匿，即康居小王附墨城故地。城左有重樓，北繪中華古帝，東突厥、婆羅門，西波斯、拂菻等諸王，其君旦詣拜則退。俄以其地爲貴霜州。

今貴霜碑列諸國君銜名可證。

小勃律

國迫吐蕃，數爲所困，吐蕃曰：「我非謀爾國，假道攻四鎮爾。」

本書吐蕃傳。

大食

或曰：大食族中有孤列種，世酋長，號白衣大食。種有二姓，一曰盆尼末換，二曰奚深。有摩訶末者，勇而智，衆立爲王。闢地三千里，克夏臘城。傳十四世，至末換，殺兄伊疾自王，下怨其忍。有呼羅珊木鹿人並波悉林將討之，徇衆曰：「助我者，皆黑衣。」俄而衆數萬，即殺末換，求奚深種孫阿蒲羅拔爲王，更號黑衣大食。

據唐會要一百大食條，「或曰」以下乃賈躭四夷述。

贊曰：然中國有報贈、册弔、程糧、傳驛之費，東至高麗，南至真臘，西至波斯、吐蕃、堅昆，北至突厥、契丹、靺鞨，謂之「八蕃」，其外謂之「絶域」，視地遠近而給費。開元盛時，稅西域商胡以供四鎮，出北道者納賦輪臺。地廣則費倍，此盛王之鑒也。

八蕃。

卷二百二十二上　列傳第一百四十七上　南蠻上

南詔上

異牟尋立，悉衆二十萬入寇，與吐蕃并力。吐蕃封爲日東王。然吐蕃責賦重數，悉奪其險立營候，歲索兵助防，異牟尋稍苦之。稍謀内附，然未敢發。吐蕃疑之，因責大臣子爲質，異牟尋愈怨。後五年，乃決策遣使者三人異道同趣成都，遺〔韋〕臯帛書曰：「請加戍劍南、西山、涇原等州，安西鎮守，揚兵四臨，委回鶻諸國，所在侵掠，使吐蕃勢分力散，不能爲彊，此西南隅不煩天兵，可以立功云。」

此與韓滉、李泌計合。

吐蕃君長共計，不得嶲州，患未艾，常爲兩頭蠻挾唐爲輕重，謂南詔也。〔韋〕臯遣將邢毗以兵萬人屯南、北路，趙昱萬人戍黎、雅州。異牟尋謂臯曰：「虜聲取嶲州，實窺雲南，請武免督軍進羊苴咩。若虜不出者，請以來年二月深入。」時虜兵三萬攻鹽州，帝以虜多詐，疑繼以大軍，詔皋深鈔賊鄙，分虜勢。皋表「賊精鎧多置南屯，今向鹽、夏非全軍，欲掠河曲党項畜産耳」。俄聞虜破麟州，皋督諸將分道出，或自西山，或由平夷，或下隴陀和、石門，或徑神川、納川，與南詔會。是時，回鶻、太原、邠寧、涇原軍獵其北，劍南東川、山南兵震其東，鳳翔軍當其西；蜀、南詔深入，克城七，焚堡百五十所，斬首萬級，獲鎧械十五萬。圍昆明、維州，不能克，乃班師。振武、靈武兵破虜二萬，涇原、鳳翔軍敗虜原州，惟南詔攻其腹心，俘獲最多。

此即四面環攻吐蕃之戰略。

卷二百二十二中　列傳第一百四十七中　南蠻中

南詔下

故瀘州刺史楊慶復爲〔盧〕耽治攻具、藺石，置牢城兵，八將主之，樹笓格，夜列炬照城，守具雄新。又選悍士三千，號「突將」，爲長刀、巨橛斧，分左右番休，日隸于軍，士心侈欲鬬。

突將，參本書二百二十四下高駢傳。

南詔騎數萬晨壓官軍以騁，大將宋威以忠武兵戰，斬首五千，獲馬四百尾。

忠武兵。

〔牛〕叢因責之曰：「今吾有十萬衆，拾其半未用。以千人爲軍，十軍爲部，驍將主之。凡部有彊弩二百，鎛斧輔之；勁弓二百，越銀刀輔之；長戈二百，掇刀輔之；短矛二百，連鎚輔之。」

銀刀。

南詔知蜀彊，故襲安南，陷之，都護曾袞奔邕府，戍兵潰。會西川節度陳敬瑄申和親議，時盧攜復輔政，與豆盧瑑皆厚駢，乃譎説帝曰：「陛下初即位，遣韓重使南詔，將官屬留蜀期年，費不貲，蠻不肯迎。及駢節度西川，招嗢末，繕甲訓兵，蠻夷震動，遣趙宗政入獻，見天子，附驃信再拜；雲虔之使，驃信答拜。其於禮不爲少。宣宗皇帝收三州七關，平江、嶺以南，至大中十四年，內庫貲積如山，户部延資充滿，故宰相敏中領西川，庫錢至三百萬緡，諸道亦然。咸通以來，蠻始叛命，再入安南、邕管，一破黔州，四盜西川，遂圍盧耽，召兵東方，戍海門，天下騷動，十有五年，賦輸不内京師者過半，中藏空虛，士死瘴癘，燎骨傳灰，人不念家，亡命爲盜，可爲痛心！前年留宗政等，南方無虞，及遣還，彼猶冀望。蒙法立三年，比兵不出要防，其蓄力以間我虞。今朝廷府庫匱，甲兵少，牛叢有北兵七萬，首尾奔衝不能救，況安南客戍單寡，涉冬寇禍可虞。誠命使者臨報，縱未稱臣，且伐其謀，外以縻服蠻夷，内得蜀休息也。」帝謂然，乃以宗室女爲安化長公主許婚。

通鑑二百五十三唐僖宗廣明元年五月。

通鑑二百三十七元和二年十二月條：是歲李吉甫撰元和國計簿上之，總計天下方鎮四十八，州府二百九十五，縣千四百五十三。其鳳翔、鄜坊、邠寧、振武、涇原、銀夏、靈鹽、河東、易定、魏博、鎮冀、范陽、滄景、淮西、淄青等十五道，七十一州，不申户口外，每歲賦税倚辦，止於浙江東西、宣歙、淮南、江西、鄂岳、福建、湖南等八道，四十九州，一百四十四萬户，比天寶税户四分減三。天下兵仰給縣官者八十三萬餘人，比天寶三分增一，大率二户資一兵。其水旱所傷、非時調發不在此數。舊唐書憲宗紀元和二年同。

卷二百二十二下　列傳第一百四十七下　南蠻下

環　王

林邑其言不恭，羣臣請問罪，太宗曰：「昔苻堅欲吞晋，衆百萬，一戰而亡。隋取高麗，歲調發，人與爲怨，乃死匹夫手。朕敢妄議發兵邪？」赦不問。

太宗不以南方用兵為便耳，故為此言。否則何以解于後來之用兵于高麗耶？

真臘

德宗初即位，珍禽奇獸悉縱之，蠻夷所獻馴象畜苑中，元會充廷者凡三十二，悉放荆山之陽。

白香山新樂府。

訶陵

有毒女，與接輒苦瘡，人死尸不腐。

殆梅毒歟？

驃

開州刺史唐次述驃國獻樂頌以獻。

此傳所據即唐次文也。見陶宗儀説郛。

兩爨蠻

黎、邛二州之東，又有凌蠻。西有三王蠻，蓋筰都夷白馬氏之遺種。楊、劉、郝三姓世爲長，襲封王，謂之「三王」部落。疊甓而居，號鍋舍。

當即與後來「金川之碉」同一語。

南平獠

戎、瀘間有葛獠，居依山谷林菁，踰數百里。俗喜叛，州縣撫視不至，必合黨數千人，持排而戰。

葛獠。

卷二百二十三上　列傳第一百四十八上　姦臣上

李林甫

時武惠妃寵傾後宫，子壽王、盛王尤愛。林甫因中人白妃，願護壽王爲萬歲計，妃德之。侍中裴光庭夫人武三思女，嘗私林甫，而高力士本出三思家。及光庭卒，武請力士以林甫代爲相。力士未敢發，而帝因蕭嵩言，自用韓休，方具詔，武擿語林甫，使爲休請。休既相，重德林甫，而與嵩有隙，乃薦林甫有宰相才，妃陰助之，即拜黄門侍郎。尋爲禮部尚書、同中書門下三品，再進兵部尚書。

玄宗朝武后勢力猶在，高力士最有關係。參本書二百七宦者傳高力士傳。

卷二百二十四上　列傳第一百四十九上　叛臣上

李懷光

舊書一百二十一。

陳少游

累遷侍御史、回紇糧料使，加檢校職方員外郎充使，檢校郎官自少游始。

檢校郎官之始。

卷二百二十四下　列傳第一百四十九下　叛臣下

李忠臣

舊書一百四十五。

高駢

蜀有突將，分左右二廂。廂有虞候，詰火督盜賊，有兵馬虞候，主調發。駢罷其一，各置一虞候。又以蜀兵孱，詔鑾新定，人未安，罷突將月稟并餐錢，約曰：「府庫完，當如舊。」

蜀突將亦猶他鎮之牙兵。

以磚築城。

蜀之土惡，成都城歲壞，駢易以塼甓，陴堞完新，負城丘陵悉墾平之，以便農桑。

陳敬瑄

陳敬瑄，田令孜兄也。令孜得罪，敬瑄被流端州。會昭宗立，敬瑄拒詔。令孜勸敬瑄募黄頭軍爲自守計。時王建盜據閬、利，故令孜召建。

參本書一百五十四李晟傳，參本書二百八宦者傳田令孜傳。觀王建出身，疑亦可目之與陳許黄頭軍同類也。

卷二百二十五上　列傳第一百五十上　逆臣上

安禄山

禄山計天下可取，逆謀日熾。峙兵積穀。養同羅、降奚、契丹曳落河八千人爲假子，教家奴善弓矢者數百，畜單于、護真大馬三萬，牛羊五萬。潛遣賈胡行諸道，歲輸財百萬。至大會，禄山踞重牀，燎香，陳怪珍，胡人數百侍左右，引見諸賈，陳犧牲，女巫鼓舞于前以自神。陰令羣賈市錦綵朱紫服數萬爲叛資。

中亞諸胡本善賈，祿山又以同種，故報致之為其任使也。

　　祿山不得志，乃悉兵號二十萬討契丹以報。帝聞，詔朔方節度使阿布思以師會。布思者，九姓首領也，偉貌多權略，開元初，爲默啜所困，内屬，帝寵之。祿山雅忌其才，不相下，欲襲取之，故表請自助。布思懼而叛，轉入漠北，祿山不進，輒班師。會布思爲回紇所掠，奔葛邏祿，祿山厚募其部落降之。葛邏祿懼，執布思送北庭，獻之京師。祿山已得布思衆，則兵雄天下，愈偪肆。

本書二百十七下回鶻傳葛邏祿條。阿布思，見本書二百十五下突厥傳。

　　帝賜書曰：「爲卿別治一湯，可會十月，朕待卿華清宫。」

必以十月幸華清宫。此亦足證甘澤謠、荔枝香條之誤，然本書禮樂志卻誤用袁書。

　　祿山以張通儒守東京，乾真爲京兆尹，使安守忠屯苑中。

下文既接以「田乾真為京兆尹」之語，則「東京」自是「西京」之譌，蓋寫誤也。

禄山未至長安，士人皆逃入山谷，東西絡繹二百里，宮嬪散匿行哭，將相第家委寶貨不貲，羣不逞爭取之，累日不能盡。又剽左藏大盈庫，百司帑藏竭，乃火其餘。禄山至，怒，乃大索三日，民間財貲盡掠之，府縣因株根牽連，句剥苛急，百姓愈騷。禄山怨慶宗死，乃取帝近屬自霍國長公主、諸王妃妾、子孫姻婿等百餘人害之，以祭慶宗。羣臣從天子者，誅滅其宗。

禄山未至長安，見通鑑考異。

帝以賊國讎，惡聞其姓，京師坊里有「安」字者，悉易之。

安遠門之易為開遠，亦其一例。

史思明

史思明，寧夷州突厥種，初名窣干，玄宗賜其名。

舊書二百上史思明傳：史思明，本名窣干，營州寧夷州突厥雜種胡人也。

思明知有亂，踰垣出，至廐下，將乘馬走，悦麾下周子俊射其臂，墜，問難所起，曰：「懷王也。」思明曰：「旦日失言，宜有此。然殺我太早，使我不得至長安。」大呼懷王三，曰：「因我可也，無取殺父名！」復罵曹將軍曰：「胡誤我！」

曹本胡姓。

史朝義

朝義乃即位，建元顯聖。初，思明諸子無嫡庶分：以少者爲尊。

胡俗如蒙古，即以少子為尊。

卷二百二十五中　列傳第一百五十中　逆臣中

李希烈

舊書一百四十五。

朱　泚

舊書二百下。

卷二百二十五下　列傳第一百五十下　逆臣下

秦宗權

秦宗權，蔡州上蔡人，爲許牙將。

秦宗權種姓由來俟考，疑為胡族也。

董衡唐書釋音

唐書卷七十六　后妃列傳上第一

唐書文：曌、𠀑、埊、𡆠、囝、〇、𠺞、𢘑、𠡦、𡕀、𠡽、𠔏。照、天、地、日、月、星、君、臣、初、載、年、朕。

沈德潛等考證跋語

舊書以完善勝，故司馬氏作通鑑往往取之；新書以識見勝，故朱子作綱目往往取之。如記玄宗立肅宗為太子事，通鑑即取新書高力士傳。

寅恪讀訖題記

旅昆明時購此書，歸香港三月，匆匆讀一過。時患氣管炎及肋骨關節炎，頗為困苦，故無多心得也。

一千九百三十九年九月三十日寅恪讀訖題記。

一千九百四十年，自昆明得心悸疾歸香港，賃廡九龍太子道三百六十九號洽廬，讀舊唐書，略檢此書以審其異同，似能稍窺作者之用心。惜時日、精力及工具俱不足，故未得詳悉言之，以張大歐、宋之學術也。

一千九百四十年十二月十四日寅又記。

一千九百四十二年春，匆匆又讀此書一過，凡兩閱月而畢。時在憂患、疾病、窮困之中，其無所心得自不俟言，但亦幸其尚能勉強讀一過也。

千九百四十二年四月十三日陳寅恪讀竟題記。

此刊本譌誤之處頗多，未及校正也。

陳寅恪題記。（下鈐「青園居士」陽文方印）

編者説明

讀書札記一集(舊、新唐書之部)中，寅恪先生批校之眉識，一九八六年由包敬第先生輯錄。此輯錄稿一九八七年初經王永興先生審閲通過，上海古籍出版社已排版付印，一九八七年九月又應王先生之請，重新審稿，上海古籍出版社於一九八九年四月始刊行。〔一〕

此次出版陳寅恪集，對照作者手蹟，發現一九八九年出版的讀書札記(舊唐書・新唐書之部)有不少刪漏，且仍有錯誤。作者一貫重視之民生、財政、胡族等問題，諸如「霜儉」「米價」「汴路」或追蹤「黄頭軍」「銀刀軍」「沙陀」「回紇阿布思」來龍去脈等等均一一標出，而上次出版時刪去未收。今重刊此讀書札記，美延作了增補校訂，將被刪除者標注補出，希望使讀者更能瞭解作者的思路及讀書過程。

由於本人水平所限，錯誤不當之處尚乞讀者指正。

陳美延　一九九八年七月三日

〔一〕一九八九年版刊出之弁言，於「蔣天樞」署名前之一行文字，為蔣撰弁言所無者，此次刊印「陳寅恪先生讀書札記弁言」，依據蔣天樞先生生前所撰弁言更正。

陳寅恪集後記

我們從小就知道全家最寶貴的東西是父親的文稿。從抗戰逃難直至「文化大革命」，父親文稿都是用全家最好的箱子裝載，家人呼之為「文稿箱」。避日軍空襲時，首先要帶的就是「文稿箱」。出版父親文集自然是父母，也是我們姐妹最大心願。

父親一生坎坷，抗日烽火中，顛沛流離，生活窘迫，雙目失明，暮年骨折卧床，更經痛苦。然而無論世道變換，病殘齊至，始終未曾間斷學術創作。而父親為學一貫堅持「獨立之精神，自由之思想」，「未嘗侮食自矜，曲學阿世」。如今父親全集出版，學界儻能於研究父親著述時，更知父親此種精神之所在，則為我們姐妹辛勞的最高報償。

一九六二年胡喬木同志來訪，談及文稿，父親直言：「蓋棺有期，出版無日。」胡答：「出版有期，蓋棺尚遠。」父親聽了很高興，以為有望見到文集面世。豈知「文化大革命」開始，父母備受摧殘，蒼涼離世，終未能見到陳集出版。父親生前已將出版文稿重任託付於弟子蔣天樞先生，不料文稿在「文革」中竟被洗劫一空，片紙不留。「文革」結束後，我們姐妹將歷經曲折於一九七八年五月追回的父親文稿，送交蔣天樞先生。蔣先生沒有辜負父親囑託，付出艱巨勞動，於一九八〇年主持出版了陳寅恪文集，由上海古籍出版社刊行，這只是父親文字的一部分。一九八八年六月，蔣天樞先生不幸突然病逝，於是我們姐妹繼續收集整理父親的文字。

現在出版的陳寅恪集，是在上海古籍出版社所刊印之陳寅恪文集基礎上進行的，增加了陳寅恪詩集（附唐篔詩存），書信集，讀書札記一集（舊新唐書之部）、二集（史記、漢書、晉書、唐人小説等之部）、三集（高僧傳之部），並講義及雜稿（兩晉南北朝史講義、唐史講義、備課筆記、論文、講話、評語、聽課筆記等）。一九八〇年出版的寒柳堂集，金明館叢稿初編、二編，隋唐制度淵源略論稿，唐代政治史述論稿，元白詩箋證稿，柳如是別傳諸集，此次出版時作了校對，除寒柳堂集中詩存併入詩集，寒柳堂記夢未定稿據一九八七年六月收回的殘稿作了校補外，其餘編排均不作變動，因父親生前託付蔣天樞先生代為出版文集過程中已親自審定文集編目及有關事宜，故仍按父親原意進行。而此次刊行全集所增補之內容，則是期望從不同角度反映父親的學術生涯。

父親的文稿墨跡命運亦如其人，頻遭劫難，面世困難。抗戰時已遺失了多箱撰有眉識的書籍，其中有的被戰火焚燬，有的在運輸途中被盜，或存放親友處丢失，現下落不明，難覓其蹤。這些皆為父親「廿年來所擬著述而未成之稿」，如蒙古源流注、世説新語注、五代史記注、佛教經典之存於梵文者與藏譯及中譯合校、巴利文長老尼詩偈集中文舊譯並補譯及解釋其詩等等（見一九四二年九月廿三日父親致劉永濟信）。而父親晚年整理就緒準備出版的文稿，於「文革」中全被查抄，「文革」過去撥亂反正後，雖於一九七八年五月及一九八七年六月兩次收回詩文稿，但仍未全部歸還。即便抗戰勝利後在清華大學授課、研究之講義、資料等，亦未曾得見。總之，散落在各處的文字，迄今尚有部分未能獲見。這次刊印父親文集，因其為目前所收集之最全者而拟名「陳寅恪全集」，轉又考慮到其實並不能「全」，故稱「陳寅恪集」。

此次父親遺作付梓，三聯書店非常重視，投入很大力量以保證質量；同時我們得到父母親朋故舊，海內外學者弟子，我們姐妹的友人以及相識或不相識的各界人士支持幫助。首先感謝蔣天樞先生一九八〇年於上海古籍出版社主持出版了陳寅恪文集，黃萱先生協助蔣先生做了不少工作。校補寒柳堂記夢未定稿及參與輯錄並審閱讀書札記等多位先生亦於此一併致謝。在我們收集父母詩文書信資料過程中，劉節先生的夫人錢澄女士，華忱之先生等將珍藏了多年「文革」劫後幸存的父親書函贈送，各種支持幫助不勝枚舉，難以一一敬列，在此謹向一切參與、推動、幫助、支持出版陳寅恪集的人士表示衷心感謝。

歷經十年的艱難曲折，陳寅恪集終於面世，當此之時，我們百感交集，真不知何以表述其經過於萬一。出版陳集為中外學者深望，此書之所以遲至今日方能面世，其間有許多我們始料未及的困擾，於此無需細述。而今陳集業已付印，我們希望以此集告慰逝去的父母，父親自謂「文字結習與生俱來，必欲於未死之前稍留一二痕跡以自作紀念」，他於「贖有文章供笑罵」之時，尚望「後世相知儻破顏」。我們更希望將父親的這些文字，作為祖國文化遺產，獻給後世相知。

陳流求、美延謹述　一九九九年七月三日父親誕生一百零九週年

陳寅恪集再版説明

三聯書店出版的陳寅恪集十三種十四册，自二〇〇一年一月至二〇〇二年五月面世後，時逾八載。現藉再版重印的機會我們做了少量校勘修訂工作，如：糾正個别誤字、圖片説明；唐代政治史述論稿對照手寫本唐代政治史略稿，個别詞句作了變動；略增改書信集、詩集中的某些注釋；更正書信集中致傅斯年、致胡適、致聞宥少數函件的時間認定，編排順序也相應有所變動。但未及增補近年來新發現的一些陳寅恪信札、詩作，亦屬憾事。

在此，特向熱心提供資料及指出陳寅恪集中訛誤的讀者朋友，致以衷心謝忱！並希望此次再版重印後仍一如既往得到大家的支持和幫助。

陳流求
陳美延　二〇〇九年四月